JN296541

学校における SST 実践ガイド

子どもの対人スキル指導

SOCIAL SKILLS TRAINING

佐藤正二・佐藤容子　【編】

金剛出版

まえがき

　本書は，現在わが国で行われている子どもの社会的スキル訓練（以下，SST）の実践の成果をまとめたものです。子どものSSTが登場して30年の節目に，海外の研究も含めて現在のSSTの到達点を示すことが本書の目的となっています。

　子どものSSTの30年の歴史の中で特記すべきことは，SSTが非常に多くの学問領域の研究者や実践家たちから注目され，多くの優れた実践が蓄積されてきたことです。行動療法，認知行動療法，発達心理学，社会心理学，障害児心理学，精神医学，看護学，ソーシャルワークなど実にさまざま領域で，SSTの実践が行われています。このことは，社会的スキルの概念にコンセンサスを得ることができないでいる原因の1つにもなっていますが，それ以上に，SSTの実践を多角的に活性化させた意義は，高く評価すべきだと思います。現在，SSTに関する研究や実践は，定着期に入り，対人関係にかかわる多くの領域で，予防的介入や治療的介入の訓練要素として採用されています。つまり，一時期にみられたようなSSTに対する過度な期待もようやくおさまりをみせ，SSTの限界と効用をしっかりと見据えた実践が行われるようになってきています。

　とはいえ，子どものSSTに関して言えば，社会的スキルと将来の社会的適応との関係が明らかになるにつれて，社会的スキルと関係した問題行動は非常に多いと言わざるをえません。たとえば，比較的古くからSSTの対象となってきた引っ込み思案な子ども，攻撃的な子ども，知的障害をもつ子どもに加えて，最近では，抑うつ的な子ども，社会不安障害をもつ子ども，あるいは学習障害（LD），注意欠陥／多動性障害（ADHD），広汎性発達障害（PDD）をもつ子どもたちの多くも，SSTの対象となっています。いずれも社会的スキルが十分に身についていないために，現在および将来にわたって社会的不適応が懸念されている子どもたちです。こうした子どもたちは，確実にその数が増えているように思います。本書ではこうした子どもたちに対するSSTの最新の成果を第4章〜第8章に紹介しました。

　学校の現場においては，社会的スキルと直接にかかわる学校不適応の問題が他にもあります。たとえば，心理的ストレス，いじめ，不登校といった現象です。

これらも対人的な問題を背景として生じることが比較的多いと言われています。また思春期以降に出現することが多い摂食障害も社会的スキルとのかかわりが指摘されています。このような問題は，SSTという切り口のみによってすべてを解決できるわけではありませんが，SSTが重要な解決の手立ての1つになっていることは間違いありません。本書では，SSTの視点からこうした問題についてアプローチした場合に，どのような示唆を与えることができるのかを，第9章〜第12章にわたって取りあげました。

さらに，最近になってわが国で盛んに実践されるようになった，学級を1つの単位として行う集団SSTについても取り上げました。集団SSTは，これまでのSSTの主流であった小集団SSTの各技法を，もっと大人数の学級集団に応用しようとする試みです。集団SSTでは一度に多くの子どもを訓練対象にできるので，子どもたち全般の社会的スキルを促す目的で行われます。上に挙げた気がかりな子どもたちばかりでなく，現代の子どもたち全体にわたって，社会的スキルの低下が指摘されています。したがって，子どもたち全体のスキルアップを図ることは，子どものメンタルヘルスの向上や将来の社会的不適応の予防という視点から，非常に重要であると言えるでしょう。本書では，幼稚園・保育園，小学校，中学校での実践事例を通して（第13章〜第15章），集団SSTの意義について考えてみたいと思います。

本書の執筆者は，子どものSSTのエキスパートとして活躍されている方々であり，長年にわたってSSTの研究や実践に取り組んでいます。そうした執筆者の方々のエキスとも言うべき内容を，しっかりと吸収して頂きたいと思います。ただし，本書は現在のわが国の研究成果の到達点を示しているに過ぎず，まだ発展途上にあるものです。したがって，今後の研究や実践の積み重ねによって，もっと洗練されたSST技法が登場するかもしれません。そのような積み重ねの中から生まれた，エビデンスに基づいたSSTが学校の現場のいたるところで実践されるようになることを心から期待しています。

最後になりましたが，本書の企画から出版まで随分と月日を費やしたにもかかわらず，惜しみないご支援を頂いた金剛出版編集部の立石正信氏，田所俊介氏にこの場を借りて心から感謝申し上げます。

平成18年2月1日

佐藤正二

佐藤容子

目　次

まえがき……………………………………………………………………………3

第1章　子どものSSTの考え方……………………………………………11
　　Ⅰ　社会的スキル（social skills）とは何か　11
　　Ⅱ　子どものSSTの諸技法　13
　　Ⅵ　子どものSSTに見られる新しい展開　20
　　Ⅴ　おわりに　24

第2章　社会的スキルの測定………………………………………………28
　　Ⅰ　社会的スキルを測定することの意義　28
　　Ⅱ　社会的スキルの測定方法　29
　　Ⅲ　まとめ　39

第3章　子どものSSTの実際………………………………………………41
　　Ⅰ　SSTの目的，対象，指導形態　41
　　Ⅱ　コーチング法を用いた典型的なSSTの手順　42
　　Ⅲ　どんな社会的スキルを指導するか　49

第4章　攻撃的な子どもへのSST…………………………………………52
　　Ⅰ　はじめに　52
　　Ⅱ　子どもの攻撃行動について　52
　　Ⅲ　攻撃的な子どもへのSSTの実際　55
　　Ⅳ　今後の課題　62

第5章　引っ込み思案な子どもへのSST …………………… 65
- Ⅰ　引っ込み思案とは　65
- Ⅱ　引っ込み思案と社会的適応　65
- Ⅲ　引っ込み思案児の社会的スキル　67
- Ⅳ　SSTの実際　68
- Ⅳ　今後の課題　74

第6章　学習障害（LD）をもつ子どもへのSST …………………… 76
- Ⅰ　学習障害児の仲間関係と社会的スキル　76
- Ⅱ　学習障害児へのSST　78
- Ⅲ　今後の課題　88

第7章　ADHDをもつ子どもへのSST …………………… 90
- Ⅰ　ADHDについて　90
- Ⅱ　指導上配慮すべきADHDの障害特性　92
- Ⅲ　機能的アセスメントに基づくSST　95
- Ⅳ　今後の課題──包括的援助計画を目指して──　101

第8章　知的障害のある子どもへのSST …………………… 105
- Ⅰ　知的障害のある子どもの定義とその実態　105
- Ⅱ　なぜ知的障害のある子どもにSSTは必要なのか　106
- Ⅲ　SSTの実践例，研究例の紹介　107
- Ⅳ　今後の課題　113

第9章　SSTによるいじめへの対応 …………………… 118
- Ⅰ　「いじめ」とは？　118
- Ⅱ　「いじめ」の改善　118
- Ⅲ　おわりに　127

第10章　SSTによる不登校への対応 ……………………………… 129
- Ⅰ　不登校とは　129
- Ⅱ　不登校の実態と対策　130
- Ⅲ　不登校へのSSTの必要性　131
- Ⅳ　事例研究　133
- Ⅴ　まとめ　140
- Ⅵ　今後の課題　142

第11章　SSTによる学校ストレスへの対応 ……………………… 144
- Ⅰ　子どものストレスと友人関係　144
- Ⅱ　学校ストレスの低減を目指したSSTの実践例　147
- Ⅲ　学校ストレスの低減を目指したSSTの研究例　153

第12章　摂食障害の主張訓練（Assertion Training）………… 158
- Ⅰ　摂食障害とは　158
- Ⅱ　摂食障害の心理療法　159
- Ⅲ　摂食障害と主張性　160
- Ⅳ　再帰属療法を取り入れた摂食障害の主張訓練　161
- Ⅴ　方　法　163
- Ⅵ　まとめと考察　169

第13章　幼稚園・保育園で行う集団SST ………………………… 173
- Ⅰ　集団SSTの必要性　173
- Ⅱ　集団SSTの利点　174
- Ⅲ　幼児を対象とした集団SSTの意義　174
- Ⅳ　幼児を対象とした集団SSTに関する研究　176
- Ⅴ　幼児を対象とした集団SSTの実践例　177
- Ⅵ　今後の課題　180

第14章　小学校で行う集団SST ································· 182
　Ⅰ　はじめに　182
　Ⅱ　小学生を対象とした研究　182
　Ⅲ　教室におけるSST　184
　Ⅳ　今後の課題　197

第15章　中学校で行う集団SST ································· 200
　Ⅰ　中学生を対象とした集団SSTの意義　200
　Ⅱ　中学生を対象とした集団SSTに関する研究　201
　Ⅲ　中学生を対象とした集団SSTの実践例　201
　Ⅳ　今後の課題　208

　執筆者一覧 ··· 212

学校におけるSST実践ガイド
子どもの対人スキル指導

第1章

子どものSSTの考え方

　社会的スキル指導あるいは社会的スキル訓練（以下，SST）は，良好な対人関係を発展させたり，あるいは対人関係のつまずきを改善させたりすることによって，子どもたちの心理的健康や社会的適応の増進・改善をめざした心理社会的な指導・治療技法である。子どものSSTは，近年，仲間関係のトラブルや社会性の発達の遅れを示す子どもが増加しているとの指摘を契機に，わが国でも盛んに実践されるようになっている。SSTの対象者は，表1-1のように多岐にわたっており，また介入のレベルも，予防的なものから治療的なものまでさまざまである。

　本章では，こうしたさまざまな対象児にさまざまな介入レベルで実践されているSSTの基本的な考え方とこれまでに開発されてきた技法についてまとめていきたい。

I　社会的スキル（social skills）とは何か

　成人であれ，子どもであれ，対人関係の原則は，やりとりするもの同士がお互いに利益を受ける関係を作り，それを維持・発展させていくことである。どちらか一方だけが利益を受けるような関係は，相手に大きな不満を残してしまうので，長続きはしない。したがって，このような不満をできるだけ残さないためには，お互いが利益をうまく調整して，適切に折り合いをつけていくためのスキルを身につける必要がある。社会的スキルとは，まさにこのような人間関係の原則に直接かかわるスキルである。

　社会的スキルという用語は，これまで広範な領域の研究者や実践家によって，さまざまな意味を込めて使用されてきた。そのために社会的スキルの定義は非常に多く提案されてきたにもかかわらず，いまだ統一的な定義がないのが実情である（相川，2000; Merrell & Gimpel, 1998）。その背景として，社会的スキルが複

表1−1　SSTの対象者と介入のレベル

1. 発達促進的視点＝社会性発達を促す
   - 子どもの全般的な社会的スキルレベルを高める（学級単位のSST）
2. 予防的視点（リスクのある子どもへの対応）
   - 社会的スキルに欠けている子どもを早期に発見し，適切な指導を試みる
      ○引っ込み思案行動
      ○攻撃・妨害行動
      ○不注意・多動行動
      ○非主張性
      ○周囲からの社会的受容
3. 治療的視点（臨床的・治療アプローチ）
   - 重度の社会的スキル欠如を治療し，再適応をはかる
      ○極度の引っ込み思案／孤立＝引きこもり
      ○極端な攻撃行動・妨害行動（反抗挑戦性障害，行為障害）
      ○極端な多動・不注意（注意欠陥／多動性障害〔ADHD〕）
      ○発達障害（知的障害，自閉症）
      ○学習障害（LD）

雑な対人的状況を含んでいるために，どのような対人的状況を重視するかによって，社会的スキルを理解するための理論的枠組みが異なってくることを挙げなければならない。

　子どもの社会的スキルについては，以下のような社会的スキルの定義が採用されることが多い。コムズとスレービー（Combs & Slaby, 1977）は，「社会的スキルとは，社会的に受け入れられているか，あるいは社会的に価値ありとみられているやり方で，社会的場面において，本人にも，相手にも互いに利益になるように相互作用する能力」であると定義した。

　しかし，こうした定義に対して社会的スキルの具体像が描きにくいとの批判がなされている。そこで相川（2000）は，これまでの社会的スキルの定義を詳細に検討し，社会的スキルの概念に含まれる要素を次のようにまとめている。すなわち，

①社会的スキルは，具体的な対人場面で用いられるものである。
②社会的スキルは，対人目標を達成するために使われるものである。対人目標とは，当該の対人場面から手に入れたいと思う成果のことである。
③社会的スキルは，「相手の反応の解読」または「対人目標の決定」に始まり，

「対人反応の決定」や「感情のコントロール」を経て,「対人反応の実行」に至るまでの認知過程および実行過程のすべてを指す概念である。
④社会的スキルは,言語的ないしは非言語的な対人反応として実行される。この実行過程が他者の反応を引き起こす。
⑤社会的スキルについての他者からの評価は,主に実行過程に関して,効果性と適切性の観点から行われる。
⑥社会的スキルは,他者の反応と自分自身の反応をフィードバック情報として取り入れ,変容していく自分と他者との相互影響過程である。
⑦社会的スキルの各過程は,具体的に記述することができ,また,各過程の不足や過多,あるいは不適切さは,特定することができる。
⑧社会的スキルは,不慣れな社会的状況や新しい対人反応の実行時には,意識的に行われるが,熟知した状況や習熟した対人反応の実行時には,自動化している。
⑨社会的スキルは,社会的スキーマの影響を受ける。

相川(2000)の定義は,社会的スキルの生起過程をうまく表現しており,社会的スキルの定義としてもっともコンセンサスを得やすいものである。ただし,相川の定義では明示されていないが,後述するSSTの理論的根拠ともなっているミチェルソンら(Michelson, et al., 1983)による定義の一部である「社会的スキルは学習によって獲得される」「社会的スキルの実行は,社会的強化(周囲の環境から与えられる肯定的反応)を最大にするものである」という2つの点は,社会的スキルの性質の基本として挙げておく必要がある思われる。

Ⅱ 子どものSSTの諸技法

SSTの基本的考え方は,ラッド(Ladd, 1985)によって明快にまとめられている。つまり,

1)仲間関係に問題のある子どもは,社会的スキルに欠けている。
2)子どもは,SSTを通じて,社会的スキルを学習することができる。
3)SSTによって学習された社会的スキルは,仲間関係を改善する。

これから紹介するSSTの諸技法は，たとえ指導・治療上の立場が異なっていても，少なくともこの基本的考え方に基づいていると言ってよい。

1．子どものSSTの始まり──強化法とモデリング法

子どものSSTは，アレンら（Allen, et al., 1964）の孤立行動の顕著な幼児にオペラント条件づけの原理（強化法と呼ばれる）を適用した事例に始まるとされている。1960年代から1970年代にかけては，ポジティブな社会的行動（たとえば，友だちに笑いかける，友だちに好意的に働きかけるなど）が生じた場合に，それに随伴して社会的強化子（たとえば，賞賛や注目）を与えられるという手続きによって，幼児の社会的行動の変容を引き起こそうとする研究が多く行われた。またオコーナー（O'Connor, 1972）に始まるモデリング法の適用もその後活発に研究されるようになった。モデリング法は，対人的相互作用が上手な仲間をモデルとして，フィルムなどで提示する方法を用いて，主に幼児の孤立行動や攻撃行動の低減を目的としていた。強化法やモデリング法は，共通して，社会的やりとりの少ない子どもの相互作用レベルを引き上げることを目標としていた。しかし，これらの手続きを単独で用いた場合には，訓練によって習得した社会的スキルが，さまざまな人や場面に般化しにくいこと，長期的な維持が起こりにくいことなどが指摘され（Hops, 1982），1980年代になると，これらの手続きを単独で使用した研究は姿を消すようになった。しかし，強化法もモデリング法も，共にSST訓練パッケージの不可欠な要素として，今でも重要な役割を果たしていることは言うまでもない。

2．仲間媒介法（peer mediated method）

仲間媒介法の特徴は，訓練対象児に直接スキル訓練を行うのではなくて，クラスの仲間数名に対して訓練対象児との社会的相互作用を促進するためのスキルを教え，その仲間を媒介として訓練対象児に社会的働きかけを行い，その結果として対象児の社会的スキルを増加させることをめざしたアプローチをとるところにある。この介入法のもうひとつの特徴は，多くの研究が幼児を対象としており，また訓練の対象とされる圧倒的多数の幼児が，自閉症児，言語発達遅滞，虐待による引っ込み思案など比較的重症の障害をもつ子どもたちである点にある。

仲間媒介法の歴史的な起源は，ハーローら（Suomi & Harlow, 1972）の孤立ザルの治療研究とワーラー（Wahler, 1967）の仲間を社会的強化の担い手とした初

期の研究にあると言われている（Strain, et al., 1996）。ハーローらは孤立して養育された社会性欠如の顕著な子ザルを，そのサルよりもいくぶん年少で，健常な社会性をもった子ザルとペアにしたところ，孤立ザルの社会性が大きく改善されることを確認した。ところが，同年齢や成人のサルを用いても，このような治療効果は認められなかった。その後，ファーマン，ラーエ，ハータップ（Furman, et al., 1979）は，引っ込み思案の幼児をやや年少の社会的に有能な仲間と接触させたところ，同様な効果があることを見出した。

また先に挙げたワーラー（1967）の研究以来，仲間による強化は，個別的に適用されても，集団として適用されても大きな行動変容が生じることが示されている（Odom, et al., 1985）。さらに，仲間による集団強化随伴性手続きを用いると成人媒介法よりも優れた結果が得られており，行動変容の担い手としての仲間の役割が注目されるようになった。

オドムとストレイン（Odom & Strain, 1984）は，仲間が訓練対象児と直接やりとりし，対象児の社会的スキルに影響を与える仲間媒介法の手続きを3つのタイプに分類している。第一のタイプは，仲間接近法と呼ばれており，この手続きでは対象児が対人的に有能な仲間と一緒に配置される。こうしたペアリングの手続きは，有能な仲間から訓練対象児へと自然に社会的スキルが伝達されるような社会的やりとりの機会を設定すれば，対象児の社会的スキルが改善されるだろうという考えに基づいたものである。第二のタイプは，仲間プロンプト法と仲間強化法である。この方法では，仲間が訓練対象児の反応をプロンプトしたり，強化したりするように訓練を受ける。この方法は，以前に述べた成人による強化法の手続きを仲間に置き換える手続きであると理解してよい。第三の訓練手続きは，仲間働きかけ法とか社会的働きかけ法（social initiation method）と呼ばれており，仲間媒介法の中ではもっとも頻繁に採用されている手続きである。この方法では，社会的スキルの優れた仲間が，訓練対象とされる子どもに社会的働きかけを試みたり，対象児の働きかけに適切に応答する方法を訓練を通して習得し，それを訓練対象児に対して使用できるように指導を受ける。

さて，仲間媒介法において主要な介入者として仲間を使用する根拠については，次のような説明がなされている。まずオドムとブラウン（Odom & Brown, 1993）によれば，仲間は相互作用における自然な参加者であり，したがって，将来相互作用を試みる場合の直接的な手がかりになりやすい。また相互作用の機会を増加させることによって，訓練対象児は仲間に対する適切な応答の仕方を学習し，さ

らに相互作用そのものがもっている強化特性（やりとりすることそのものが楽しい）を理解しはじめる。また仲間媒介法では訓練対象児に対して成人（とくに教師）が直接プロンプトや強化を与える必要がない。そのために，仲間をサポートする必要はあっても，仲間の影響力はそのまま利用することができる。またマシューとラダフォード（Mathur & Rutherford, 1991）は，行動の担い手の役割を仲間にとらせることの理由を次のようにまとめている。1）仲間媒介法は，般化を促進する機会を与えてくれる，2）子どもたちはさまざまな場面で仲間の行動にポジティブな影響を与えることができる，3）仲間は，標的となった子どもの行動を持続的に，しかも自然な場面でモニターすることができるので，教師よりも効果的な行動変容の担い手になれる。

さらに佐藤（1996）は，仲間媒介法を使用する根拠を訓練対象児だけでなく，訓練に参加する仲間の社会的スキルや対象児に対する仲間の認知の変容も促進する手段ととらえる視点から以下の3つの根拠を挙げている。すなわち，①クラスの仲間を訓練に参加させることで，日常場面に近い訓練場面を設定できるので，自然場面への訓練の般化が容易になる，②訓練対象児の社会的スキルの向上が，クラスの仲間たちに認知されやすくなるので，仲間による社会的受容が促進される，③クラスの仲間の社会的スキルも向上し，訓練対象児が自然場面で強化を受ける環境が整いやすくなる。現在，学級を単位として行われている集団SSTでは，上に述べた利点が重視されているが，ここで指摘されているような仲間媒介法のメリットが，SSTに参加した子どもたちにどの程度及ぶのかについては非常に興味深い検討課題である。

そもそも仲間媒介法は，強化法の基本原理を踏襲しているが，最近ではさまざまな立場からのSSTが，仲間媒介あるいは仲間の協力の重要性を認めている。なぜなら，社会的スキルが対人的場面で展開されるスキルである以上，訓練対象児へのSSTは当然のことであるが，それと同時にその相手となる仲間が，訓練対象児の社会的スキルの使用を積極的に強化する環境を整えておくことは，SSTを成功させるための不可欠の要素と言えるからである。

3．コーチング法（coaching method）

オーデンとアッシャー（Oden & Asher, 1977）によって開発されたコーチング（coaching）法と呼ばれるSST技法は，強化法やモデリング法を中心とする社会的相互作用の水準を引き上げることをめざした訓練法とは異なり，標的とすべき

表 1 － 2　コーチング法の介入要素（Bierman, 2004）

介入要素	なぜするのか？	何をするのか？
スキル提示	それぞれのスキルがどのようなものか，どうして大切なのか，どのように使えばよいかなどについて子どもの理解を深める	モデリング 言語的教示 話し合い 多様な例の提示
スキル練習	助言，サポート，強化を用いて，新しいスキルの実行の仕方を援助する	ロールプレイ 構造化された活動
実行フィードバック	スキルの実行を調整したり，改善したりする。また自分の行動や対人的反応をセルフモニタリングできるように援助する	話し合い 自己評価 相手からのフィードバック ビデオ視聴
般化促進	自然な場面の中で自力でスキルの実行ができるように援助する	ホームワーク 自然な仲間とのやりとりの中での練習 スキルが実行できそうな新しい場面での練習

　社会的スキルを明確に定義し，言語的教示や話し合いを多用しながら，そのスキル概念を教え，それを実行に移す練習をさせ，さらには自分で実行の状態をモニタリングするスキルまでを教えようとする認知行動的スキル訓練プログラムである。ビアマン（Bierman, 2004）は，このコーチング法の要素を表 1 － 2 のようにまとめている。コーチング法の 1 つの特徴は，社会的スキルを「随伴性によって形成された行動」というよりもむしろ「ルールに支配された行動」としてとらえる点にある（Elliott & Gresham, 1991）。「ルールに支配された行動」の大きな利点は，子どもが使用するすべての社会的スキルや子どもが出会うすべての場面をひとつひとつ教える必要がないということである。むしろ，子どもにはさまざまな場面に適用できる社会的ルールを教えればよい。強化随伴性によって形成された行動は，子どもが自然環境の中で出会うありとあらゆる場面に対して，特定の行動随伴性を教えなければならない。したがって，コーチング法がめざすSSTは，このルールに支配された行動を習得させるので，新しく習得したスキ

ルの般化や維持の促進が期待できるのである。こうしたコーチング法の発想を訓練モデルとして具体化させたラッドとマイズ (Ladd & Mize, 1983) は，まず最初に社会的スキルの認知的要素（社会的スキルの概念とその具体例）をしっかりと教え，それに引き続いて行動的要素を定着させ，そして最後には，社会的スキルを適切に自己コントロールするためのメタ認知的要素（たとえば，自己評価，セルフモニタリングなど）を訓練すべきであると提案した。

コーチング法のもうひとつの特徴は，上記の認知的訓練要素を具体的な行動に置き換えるために従来から使用されてきた行動的技法（行動リハーサル，社会的強化〔フィードバックを含む〕，モデリング）も重視し，これらを訓練要素に取り入れていることである。こうした認知的要素と行動的要素との組み合わせ（またはパッケージ化）は，訓練効果の大きさ，持続性，普遍性を最大にできると考えられている。このように，コーチング法は，社会的スキルを認知と行動の両面から教えることによって，訓練対象児の自発的な社会的スキルの運用を可能にし，大きな訓練効果をあげることをめざしている。コーチング法が本格的に適用されるようになった1980年代以降のSSTは，コーチング法という名称を用いていなくても，コーチング法の重要な訓練要素である「言語的教示（話し合いを含む）」，「モデリング」，「練習（行動リハーサル，ロールプレイと呼ばれることもある）」，「社会的強化（フィードバックを含む）」を取り入れているものがほとんどである（佐藤ら，2000）。

4．社会的問題解決スキル訓練

社会的問題解決スキル訓練は，対人的場面に対する子どもの考え方，あるいは仮設的な対人的問題についての解決法を変容させようとする社会認知的アプローチの1つであり，とくに問題解決のプロセスを重視する。この訓練を行う多くの研究者や臨床家は，この問題解決のプロセスがいったん学習されると，日常生活で生じるさまざまな問題場面にこれを適用することができると仮定している。つまり，問題解決プロセスに含まれる各ステップのスキルを学習すれば，新しい場面や文脈に直面したとしても，それを自動的に般化させ，問題の解決に至ると考えられる。

社会的問題解決スキルを使うと，子どもたちは対人的な問題の解決の仕方を身につけることができる。そのために，スキル訓練を通して代替可能な適応的な解決策を訓練対象児に教えることをめざしている (Goldfried & D'Zurilla, 1969)。

社会的問題解決スキル訓練は，個別でも，小集団でも，あるいはクラス全体でも実施できるが，この訓練では，具体的な社会的スキルを教えることに焦点を当てるのではなく，問題解決過程を構成する一連の情報処理ステップを教えることをねらいとしている。そのために認知的スキルや言語的スキルをかなり多用するので，これらのスキルをある程度備えた，比較的動機づけの高い子どもに有効であるとされている（Elliott & Gresham, 1991）。

　社会的問題解決スキル訓練では，最初のステップ（ステップ1）として対人的問題の定義の仕方を教える。たとえば，ある子どもが，休憩時間中に他の子とゲームをしたいと思っているが，グループから排斥されている。子どもはここでの問題を「自分は遊びたいのに，他の子がそうさせてくれない。すごく気分がよくない」と定義するかもしれない。このステップでは，まず何が問題なのかを客観的に定義することが求められる。トレーナー（あるいは治療者）は，1）そうなって欲しいと思っていることを明らかにする，2）実際にはどんなことが起こっているのかを明らかにする，3）そのことで子どもがどんな気持ちになっているのかを明示する，4）子どもがなぜそんな気持ちになっているのかを識別すること，などを明確にするための質問を子どもとのやりとりの中で投げかける。こうしたステップは，子どもが自分で問題を定義しようとする思考スタイルを発達させるのにも役立つと考えられている（Cartledge & Milburn, 1995）。

　問題解決のステップ2は，子どもがある特定の社会的相互作用から得たいと思っていることを確認するための目標（たとえば，何かをもっとよく知りたい，楽しみたい，ゲームに勝ちたいなど）を明らかにするのを援助する。ステップ3では，子どもに代替可能な解決策を見出させる。このステップの意図は，それぞれの解決策の実行可能性について考えるのではなく，とにかく多くの解決策を出せるように子どもに援助するのである。続くステップ4では，見出したそれぞれの解決策の起こりうる結果について考える。実際の訓練場面においては，子どもたちの記憶や理解を高めるための工夫が必要である。たとえば，訓練対象児が年少の子どもであれば，子どもたちが考え出した解決策やその結果の予想を線画のようなもので示すと分かりやすい。またもっと年長の子どもでは，黒板に解決策やその結果を書いておく。ステップ5では，その結果を考慮しながら，一番効果的な解決策を選択する。そして最後のステップとなるステップ6では，選んだ解決策を実行するときに必要な手順を特定する。このステップでは，ロールプレイを通して解決策を実際に実行してみる。実際の問題となる場面が不安を誘発したり，

あるいは望ましい解決策が対象児にとって馴染みのない複雑な行動からなっている場合には，解決策がスムーズに実行できるように行動リハーサルを取り入れる必要がある。したがって，問題の性質や解決策の内容によっては，トレーナーによるモデリング，行動リハーサル，あるいは実際の生活場面での練習といったコーチング法と類似した訓練要素が盛り込まれる。またもっとも効果的であると子どもが判断した解決策であっても，必ずうまくいくとは限らないので，解決策がうまくいかなかった場合のバックアッププランも考えておきたい。そして最後に，子どもたちは，解決の結果を実際に検証することになる。社会的問題解決訓練のプログラムによっては，感情への気づき，対人的因果推理，他者の視点への気づきなどの社会的視点取得スキルを併せて訓練することもある。

Ⅵ 子どものSSTに見られる新しい展開

子どものSSTは，強化法による社会的やりとりの促進を手がけてから40年，SSTという名称が使用されるようになったコーチング法の開発から30年にわたる実践が蓄積されてきた。すでに指摘したようにSSTの手続きはコーチング法の手続きがスタンダードとなっている。しかし，その間にSSTに対する克服すべき課題も多く指摘されるようになり，1990年代以降には，従来のSSTとは異なるさまざまな試みがなされるようになってきた。本章では，各章との重複を避けるために，第4章以降で取り上げていない，最近のSSTの新たな展開例をいくつか見ていくことにしたい。

1．SST技法のマルチ化

まず第一に挙げたい新しい展開は，従来，単独で使用されてきたSSTが複合的に採用されるマルチ化が進んできたことである。たとえば，デロージアー（DeRosier, 2004, 2005）が開発した社会的スキル集団介入法（S. S. GRIN）は，コーチング法と問題解決スキル訓練とを融合させたプログラムである。このプログラムのねらいは，1）基本的な行動的，認知的な社会的スキルを育て，2）向社会的な態度や行動を強化し，3）からかいや仲間のプレッシャーといった対人的な問題に対処する適応的なコーピング法を補強することによって，いじめ，攻撃行動，社会的不安などを低減させることである。デロージアーは，従来のSSTが社会的行動のみに焦点を当てがちだったことを指摘し，このプログラム

は，対人関係や感情の認知的側面にも焦点を当てることを強調している。デロージアーのプログラムで取り上げられている標的スキルは，コミュニケーションに必要な向社会的スキル（言語的，非言語的），働きかけ，協調，妥協，交渉，ネガティブな行動に対処する感情マネジメントスキル，衝動性コントロール，ポジティブな主張性を含むからかいや仲間の圧力に対処するスキルなど多様であり，認知，感情，行動のコントロールを重視している。

こうした複合的なSSTが実施されるようになった背景には，仲間媒介法，コーチング法，問題解決スキル訓練のいずれもが，効果はあるのだが，期待されたほどの大きな効果を生じさせなかったという反省がある。たとえば，社会的問題解決スキル訓練を単独で使用した場合に，行動的スキルや社会的適応を大きく改善することを示す証拠を比較的少ない。このことは，社会的問題解決スキルと呼ばれる社会認知的スキルの習得のみでは，直接，社会的適応を改善する媒介因子とはなりにくいことを示唆している。つまり，社会的問題解決スキルは，それが行動的スキルに具体化されて初めて他者の行動，感情，そして認知に影響を与えるものであり，これがスムーズに進行するためには，行動的な社会的スキルを併せて訓練することが不可欠の条件と言えるかもしれない。逆にコーチング法では，これまで友情形成スキルを中心とした円滑な仲間関係の形成を目標としてきた。そのために，仲間から受けるプレッシャーに対する対処のような葛藤解決スキルは，あまり標的とすることがなかった。そのために，攻撃的行動や抑うつ傾向を示す子どものように，認知的歪みや認知的欠如，感情のコントロールのまずさを示す場合には，スキルレベルでの十分な対処がとられてこなかった可能性がある。社会的問題解決スキル訓練ではまさにこのような葛藤解決が標的となることが多いので，これら2つのSSTを組み合わせれば，お互いの長所を補完できることになる。

2．他技法を併用したマルチモーダル介入

SST技法の複合化の動きとほぼ同様に，SST技法と他の技法（たとえば，ペアレント・トレーニング，教師訓練，教室マネジメントなど）との複合化もマルチモーダル介入として最近とくに活発に行われるようになった。たとえば，ファーストトラック・プログラム（FAST Track：CPPRG, 1992）は，小学校1年生から5年生までの攻撃的行動が顕著な子どもに縦断的に介入し，将来の行為問題を予防するために開発されたものである。このプログラムでは，教師による学級

単位の集団マネジメント（社会的スキル，自己コントロールスキル，社会的問題解決スキル），フレンドシップ・グループ（ハイリスク児童を対象に5，6名で行う社会的スキル・コーチング），仲間ペアセッション（学級の仲間と一緒の活動をする。1回30分），学習指導（週3回，1セッション30分で読みの指導），ペアレント・トレーニング（1年生1回60分で22セッション，2年生1回90分で14セッションで，家庭と学校の円滑な関係作り，年齢にふさわしい発達期待をもつ，ペアレント・トレーニング，親自身の自己コントロール）から構成されたマルチモーダル介入が実施された。このプログラムで取り上げられている社会的スキルの標的スキルは，ビアマン（Bierman, 2004）によって表1－3のようにまとめられている。介入の結果，教師や親の報告による学校や家庭での行動上の問題が減少したこと，小学1年生のときの介入効果が小学3年生まで持続していることなどが報告されている（CPPRG, 2002）。

　もう少し年齢の高い子どもたちを対象にして，子どもたち全般の抑うつを予防しようとするマルチモーダル介入も行われている。スペンスら（Spence, et al., 2003）は，認知的再体制化と問題解決スキル訓練から構成された「生活のための問題解決（Problem Solving for Life, PSFL）」というプログラムを開発し，その有効性を検討した。対象者は，中学2年生（12～14歳）1,500名で，そのうち751名を介入群，749名を統制群とした。PSFLは，担任教師によって実施される1セッション45～50分からなる8セッションのプログラムである。認知的再体制化では，考え方のパターンに注目して，まず考え方と感情，そして問題場面をそれぞれ識別する練習を行い，併せてこれらの関係を理解するための教育を行った。またネガティブな感情や抑うつ症状を引き起こす否定的な考えや不合理な考えを見つけ出し，これを肯定的で，合理的な考えに変えるための方法を教えた。問題解決スキル訓練では，問題解決にポジティブに向き合う方法を教えた。教示法は，言語的教示，マンガによる教材の提示，個別，小集団，あるいは学級全体での練習や活動，ホームワーク，日記などから構成された。

　このプログラムに参加したハイリスク群は，統制群と比較して，介入後に抑うつ症状が有意に減少し，問題解決得点が有意に増加した。またリスクの低い子どもたちにも介入による抑うつ得点の減少が認められたが，ハイリスク群ほどには大きな減少ではなかった。その後スペンスら（Spence, et al., 2005）は，2～4年後のフォローアップのデータも分析しているが，このときには介入効果が消失していた。よって，このプログラムの有効性を明らかにするには，介入効果の維

表1−3　社会的スキルの7つの領域（Bierman, 2004を一部改変）

スキル領域	スキル要素
社会的参加	仲間と一緒に遊びや活動をする 仲間に注目する 仲間とのやりとりを楽しく感じる やりとりを始めたり，遊びに仲間入りしたりする
情緒的理解	相手の気持ちを正確にとらえる 自分の気持ちを適切に表わす 相手の気持ちに適切に反応する
向社会的行動	協調して遊ぶ 順番を守る 相手を援助する 人と分け与えをする 相手に親切な気持ちを示す
自己コントロール	過敏な反応を抑える 欲求不満，不安，怒りに効果的に対処する 目標を決め，それに向かって頑張る
コミュニケーションスキル	適切に自己表現する 相手のことを尊重して聴く 質問する 質問に答える
フェアプレイスキル	ルールに従う スポーツマンシップを発揮する
社会的問題解決スキル	問題を見つける 解決策を考え出し，評価する 実行計画を作り，実行する 相手と交渉して，良いアイデアをもち続ける 対処法を評価したり，再考したりする

持が出現するようにプログラムの修正ないしは担任教師への研修の強化を図っていかなければならない。

　以上，異なるタイプのマルチモーダル介入の事例を取り上げた。ファーストトラック・プログラムは標的となる子どもを特定しての介入であり，スペンスのプログラムは，学校全体で取り組む介入であった。いずれも現在進行中の研究であるので，まだ明確な結論を述べるところまでは至っていないが，ここでは，行為

問題や抑うつの予防のために，従来のSSTが他の技法と組み合わされてマルチモーダルな介入技法として発展している点に注目したい。

V おわりに

　本章では，これまでにあまり詳しく触れられることがなかったSSTの技法についてかなり詳しく述べた。また最後には，SST技法の最新の活用例をいくつか紹介した。このような例を紹介したのは，第4章以降で取り上げられているわが国におけるSSTの先端的な研究がいずれ進むであろう方向性を示しておきたかったからである。

　しかし，上述したマルチモーダル介入プログラムでは，対象となる子どもの特徴や症状に特殊な内容を多角的に取り入れることができる点で，介入効果の促進には有効であると考えられる。ただ，こうした介入効果にどの介入要素がどのように寄与しているのかはまだ明らかにされていない。この点が明らかになれば，不要な介入要素を除去することも可能となる。結果として，実践家が取り組む介入プログラムが，もっとスリムで実施負担の少ないものになるだろう。このような取り組みは，すでにウェブスター・ストラットンら（Webster-Stratton, et al., 2004）やサクホドルスキら（Sukhodolsky, et al., 2005）によって始まっているが，しかし，まだ緒についたばかりである。今後のSST研究においては，第4章以下でも述べられているようなケース研究や群比較法に基づく確実なデータの積み上げとともに予防的視点に立ったSSTを含むマルチモーダル介入やもっとも効果的な訓練要素の抽出などが課題となるであろう。

文　献

相川充：人づきあいの技術――社会的スキルの心理学――，サイエンス社，2000.
Allen, K.E., Hart, B., Buell, J.B., Harris, R.W. & Wolf, M.M.: Effects of social reinforcement of isolated behavior of a nursery school child. Child Development, 34: 511-518, 1964.
Bierman, K.L.: Peer rejection: Developmental processes and intervention strategies. The Guilford Press, New York, 2004.
Cartledge, G. & Milburn, J.F.: Teaching social skills to children and youth: Innovative approaches. Allyn & Bacon, Boston, 1995.
Combs, M.L. & Slaby, D.A.: Social skills training with children. In B.B.Lahey & A.E.Kazdin (Eds.), Advances in clinical child psychology, Vol.1. Plenum Press, New York, 1977.

Conduct Problems Prevention Research Group: A developmental and clinical model for the prevention of conduct disorder: The FAST Track Program, Developmental Psychopathology, 4: 509-527, 1992.

Conduct Problems Prevention Research Group: Evaluation of the First 3 years of the FAST Track prevention traial with children at high risk for adolescent conduct problems. Journal of Abnormal Child Psychology, 30: 19-35, 2002.

DeRosier, M.E.: Bulding friendships combating bullying: Effectiveness of a school-based social skills group intervention. Journal of Clinical Child and Adolescent Psychology, 33: 125-130, 2004.

DeRosier, M.E. & Marcus, S.R.: Building friendships and combating bullying: Effectiveness of S.S. GRIN at one-year follow-up. Journal of Clinical Child and Adolescent Psychology, 34: 140-150, 2005.

Elliott, S.N. & Gresham, F.M.: Social skills intervention guide: Practical strategies for social skills training. American Guidance Services, Minesota, 1991.

Furman, W., Rahe, D. & Hartup, W.: Rehabilitation of socially withdrawn preschool children through mixed-age and same-age socialization. Child Development, 50: 915-922, 1979.

Goldfried, M.R. & D'Zurilla, R.J.: A behavioral analytic model for assessing competence. In C.D.Spielberger (Ed.), Current topics in clinical and community psychology, Vol.1 Academic Press, California, pp.151-196, 1969.

Hops, H.: Social skills training for socially/isolated children. In P. Karoly & J. Steffen (eds.), Enhancing children's competence. Lexington Books, New York, pp.39-97. 1982.

Ladd, G.W.: Documenting the effects of social skill training with children: Process and outcome assessment. In B.H. Schneider, K.H. Ribin, & J.E. Ledingham (Eds.), Children's peer relationships: Issues in assessment and intervention. Springer-Verlag, New York, 1985.

Ladd, G.W. & Mize, J.: A cognitive-social learning model of social skill training. Psychological Review, 90: 127-157, 1983.

Mathur, S.R. & Rutherford, Jr.: Peer-mediated interventions promoting social skills of children and youth with behavioral disorders. Education and Treatment of Children, 14: 227-242, 1991.

Merrell, K.W. & Gimpel, A.: Social skills of children and adolescents: Conceptualization, assessment, & treatment. Lawrence Erlbaum Associates, New York, 1998.

Michelson, L., Sugai, D.P., Wood, R.P., & Kazdin, A.: Social skills assessment and training with children, Plenum Press, New York, 1983.（高山巌・佐藤正二・佐藤容子・園田順一訳：子どもの対人行動　社会的スキル訓練の実際，岩崎学術出版社，1987.）

O'Connor, R.D.: Relative efficacy of modeling, shaping, and the combined procedures for modification of social withdrawal. Journal of Abnormal Psychology, 79: 327-334. 1972.

Oden, S.L. & Asher, S.R.: Coaching low accepted children in social skills: A follow-up sociometric assessment. Child Development, 48: 496-506, 1977.

Odom, S.L. & Brown, W.H.: Social interaction skills interventions for young children with disabilities in integrated settings. In C.A. Peck, S.L. Odom, & D.D. Bricker (Eds.), Integrating young children with disabilities into community programs. Paul H. Brookes, Baltimore, pp.39-64, 1993.

Odom, S.L., Hoyson, M., Jamieson, B., & Strain, P.S.: Promoting the social interaction of handicapped preschool children: Cross-setting and component analysis. Journal of Applied Behavior Analysis, 18: 3-16, 1985.

Odom, S.L. & Strain, P.S.: Peer-mediated approaches to increasing children's social interactions: A review. American Journal of Orthopsychiatry, 54: 544-557, 1984.

Conduct Problems Prevention Research Group: A developmental and clinical model for the prevention of conduct disorder: The FAST Track program. Development and Psychopathology, 4: 509-527, 1992.

佐藤正二：引っ込み思案と社会的スキル．相川充・津村俊充（編）：社会的スキルと対人関係，誠信書房，pp.93-110, 1996.

佐藤正二・佐藤容子・岡安孝弘・高山巖：子どもの社会的スキル訓練——現況と課題——．宮崎大学教育文化学部紀要（教育科学）3：81-105, 2000.

Spence, S.H., Sheffield, J.K., & Donovan, C.L.: Preventing adolescent depression: An evaluation of the problem solving for life program. Journal of Consulting and Clinical Psychology, 71: 3-13, 2003.

Spence, S.H., Sheffield, J.K. & Donovan, C.L.: Long-term outcome of a school-based, universal approach to prevention of depression in adolescents. Journal of Consulting and Clinical Psychology, 73: 160-167, 2005.

Strain, P.S., Kohler, F.W., & Goldstein, H.: Learning experience...Analternative program: Peer-mediated interventions for young children with autism. In E.D. Hibbs & P.S. Jensen (Eds.), Psychosocial treatments for child and Adolescent disorders: Empirically based strategies for clinical practice. American Psychological Association, Washington, pp.573-587, 1996.

Sukhodolsky, D.G., Golub, A., Stone, E.C., & Orban, L.: Dismantling anger control training for children: A randomized pilot study of social problem-solving versus social skills training components. Behavior Therapy, 36: 15-23, 2005.

Suomi, S. & Harlow, H.F.: Social rehabilitation of isolated-rearedmonkeys. Developmental Psychology, 6: 487-496, 1972.

Wahler, R.G.: Child-child interactions in free-field settings: Some experimental analyses. Journal of Experimental Child Psychology, 5: 278-293, 1967.

Webster-Stratton, C., Reid, M.J., & Hammond, M.: Treating children with early-onset conduct problems: Intervention outcomes parent, children, and teacher training. Journal of Consulting and Clinical Psychology, 33: 105-124, 2004.

第 2 章

社会的スキルの測定

I 社会的スキルを測定することの意義

　社会的スキルを適切に，しかもより簡便に測定することは，社会的スキルが対人関係や社会的適応にどのような影響を及ぼすのかという基礎的研究において欠かすことができない。また，社会的スキルの習得欠如や実行欠如によって社会的不適応状態にある子どもの指導・援助においても，どのようなSSTを行えばよいのかという訓練方針を立案する上でも重要である。

　たとえば，コイエとクレビール（Coie & Krehbiel, 1984）は，社会的スキルの欠如している子どもは，ソシオメトリック・テストで肯定的指名が非常に少なく否定的指名が多い，仲間から受容されにくい拒否児であることを指摘している。また，佐藤ら（1988）は，ソシオメトリック指名法によって分類された拒否児は，攻撃行動や引っ込み思案行動が顕著に認められ，いずれも仲間との相互作用に必要な社会的スキルが欠如していることを指摘している。社会的スキルとメンタルヘルスとの関連性については，たとえば嶋田ら（1996）は，社会的スキルが高い小学生はそれが低い小学生よりも，強いストレッサーにさらされた場合に，それほど高いストレス反応を示さないことを報告している。また，戸ヶ崎（1997）は，中学生の社会的スキルは"関係参加行動""関係向上行動""関係維持行動"から構成されており，関係参加行動が著しく低い生徒は，学校における友人関係や学業に関して強いストレスを感じていることや，社会的スキルのバランスがとれている生徒はストレス症状の表出が低いことを報告している。このように，社会的スキルが子どもの社会的不適応状態や，攻撃行動，引っ込み思案行動などの問題行動にどのような影響を及ぼしているのかという知見は，社会的スキルを適切に測定することなしには得られないものである。

　また，マトソンとオレンディック（Matson & Ollendick, 1988）は，教師評定

や行動観察など複数の方法を組み合わせて社会的スキルを測定することによって、子どもに欠けている社会的スキルを特定し、それを改善するために認知行動的方法に基づくSSTを行った結果、子どもの社会的行動や主張性などを改善することに成功している。佐藤ら（1998）も、行動観察と教師による社会的相互作用の評定をもとに引っ込み思案児のSSTを行い、仲間に対する働きかけや協調的行動を増加させ、社会的孤立行動を減少させることに成功している。また、後藤ら（2000）も、小学生を対象として、教師評定と子どもによる自己評定によって社会的スキルを測定し、その結果に基づいてクラス単位での集団SSTを実施し、いずれの評定値も改善したことを報告している。

このように、対人関係や社会的適応における社会的スキルの役割を明らかにするための実証的研究においても、社会的不適応状態や問題行動を示す子どもを指導・援助するための臨床的実践においても、最初に行うべきことは、社会的スキルを適切に測定することなのである。そこで本章では、これまで用いられてきた社会的スキルを測定するための代表的な方法について概説することにする。

Ⅱ 社会的スキルの測定方法

子どもの社会的スキルの代表的な測定方法として、1．教師、親、または子ども自身による評定、2．教師、親、子どもとの面接、3．行動観察、4．行動的ロールプレイがある（Elliott, et al., 1989）。

1．教師，親，または子ども自身による評定

子どもの社会的スキルを測定するための方法として、基礎的研究においても、臨床的実践においてももっともよく用いられるものが、教師、親、または子ども自身による評定（質問紙法）である。

子どもの社会的スキルの測定を試みた初期の測度として、「マトソン年少者用社会的スキル評価尺度」（Matson Evaluation of Social Skills with Youngsters: MESSY；Matson, et al., 1983）と「教師評定用社会的スキル評定尺度」（Teacher Ratings of Social Skills - Children: TROSS-C；Clark, et al., 1985）がある。

MESSYは、"適切な社会的スキル"と"不適切な社会的スキル"の2つのカテゴリーからなる教師評定用質問項目（64項目）と、"適切な社会的スキル"、"不適切な主張性"、"衝動性／手に負えない行動"、"自信過剰の行動"、"嫉妬深

さ／引っ込み思案"の5つのカテゴリーからなる自己報告用質問項目（62項目）で構成されている。

TROSS-Cは，子どもの社会的行動の出現頻度を教師が評定するものであり，"学業達成"，"社会的働きかけ"，"協調性"，"仲間強化"の4因子（計52項目）からなる尺度である。

これら以外にも，欧米においては，1990年頃から多くの尺度が開発されてきている。表2－1には市販されている代表的な尺度の一部とその特徴を示してある。

わが国における社会的スキル尺度は，信頼性や妥当性について十分検討され，標準化された尺度は数少ない。そのような試みが行われている尺度として，嶋田ら（1996）による「小学生用社会的スキル尺度」や戸ヶ崎ら（1997）による「中学生用社会的スキル尺度」がある。いずれも子どもによる自己評定尺度であり，項目数も比較的少なく実施が容易である。また，一般成人までを対象とした自己評定社会的スキル尺度としては，18項目からなる「KiSS-18 (Kikuchi's Scale of Social Skill)」（菊池・堀毛，1994）もある。

教師評定用の社会的スキル尺度としては，表2－2に示したように，「児童用社会的スキル尺度（小学生版）」（磯部ら，2001）がある。これは，TROSS-C等を参考にして作成されたものであり，教師が子どもの社会的行動（"社会的働きかけ"，"学業"，"自己コントロール"，"仲間強化"，"規律性"の5因子）の頻度を5段階で評定するものである。

いずれの尺度も，不適応状態や問題行動との関連性の高いことが報告されている。たとえば，「児童用社会的スキル尺度（小学生版）」は，小学校1～6年生を対象とした調査研究において，その下位尺度である"社会的働きかけ"が低い子どもは，不安や孤独感などの内面化問題行動が多く見られ，"学業"，"自己コントロール"，"規律性"の低い子どもは攻撃行動や妨害行動のような外面化問題行動が多く見られることが確かめられている。

このことは，社会的スキルの欠如がそのような問題の予測因子の1つである可能性を示唆するものである。したがってこのような尺度は，SSTを必要とする子どもの抽出やSSTの効果判定，さらには最近少しずつ実践されはじめてきた学級集団を対象とした社会的スキル教育（國分ら，1999）の効果判定にも利用可能である。

しかしながら，自己評定尺度では，回答者の"社会的望ましさ"への志向が得

表2-1 主な社会的スキル評定尺度とその特徴

尺度名	略称	作成者	評定者	適用年齢	項目数	尺度の概要
School Social Behavior Scale	SSSB	Merrell (1993)	教師	幼児〜18	65	主尺度 　社会的コンピテンス，反社会的行動 社会的コンピテンス下位尺度 　対人的スキル，セルフ・マネジメント 　学業スキル 反社会的行動下位尺度 　敵意―不機嫌，反社会性―攻撃性， 　妨害―強要
Social Skills Rating System	SSRS	Gresham & Elliott (1990)	教師，親，子ども	幼児〜18	57（教師版）	〔教師版〕 主尺度 　社会的スキル，問題行動，学業コンピテンス 社会的スキル下位尺度 　協調性，主張性，自己コントロール 問題行動下位尺度 　外面化問題行動，内面化問題行動，多動性
Waksman Social Skills Rating Scale	WSSRS	Waksman (1985)	教師	幼児〜18	21	攻撃性，受動性
Walker-McConnell Scale of Social Competence and Social Adjustment	WMS	Walker & McConnell (1988)	教師	幼児〜12	43	教師に好まれる社会的行動 仲間に好まれる社会的行動 学校適応
The School Social Skills Rating Scale	S[3]	Brown, et al. (1984)	教師，親	幼児〜18	40	大人との関係 仲間関係 学校での規則遵守 教室での行動
Social Behavior Assessment Inventory	SBAI	Stephens & Arnold (1992)	教師	幼児〜15	135	主尺度 　環境的行動 　対人的行動 　自己関連行動 　課題関連行動 30の下位尺度

表2-2 児童用社会的スキル尺度（教師評定，磯部ら，2001）

Ⅰ 社会的働きかけ
　仲間を遊びに誘う
　多くのいろいろな仲間と話をする
　他の人に話しかける
　仲間がしている活動にうまく加わる
　いろいろなゲームや活動に参加する
　ユーモアのセンスがある

Ⅱ 学業
　教師の手助けが必要な時に，教師が来てくれるまでの時間を有効に使う
　授業中に与えられた課題を指示された時間内にやり終える
　ある活動から別の活動への切り替えが容易である
　授業中仲間が発表していることをよく聞いている
　教師が説明している時に，教師の方を見ている
　勉強道具や学校の備品をきちんと片づける

Ⅲ 自己コントロール
　けんかの場面でも感情をおさえる
　仲間と対立した時には，自分の考えを変えて妥協する
　仲間から身体的な攻撃を受けた時は，それに応じず（相手にせず）にその場を離れる
　からかわれたり悪口を言われた時には，無視したり話題を変えたりして対処する

Ⅳ 仲間強化
　誰かがあるグループから不当な扱いを受けている時には，そのグループの子どもたちに注意する
　仲間をほめる
　不公平な規則に対して，適切なやり方で疑問を唱える
　仲間が何かを成し遂げた時には一緒に喜ぶ
　他の子どもに好意的な言葉をかける

Ⅴ 規律性
　ゲームをしている時にルールに従う
　ゲームをしている時に順番を待つ
　悪いことをしたらどうなるかがわかっている
　仲間の持ち物を使う時は許可を得てからにする

点に偏向をもたらす可能性があるという問題がある。たとえば，「友だちがいやがることをしない」とか「順番を守る」というような社会的ルールにかかわるような質問に対しては「はい」と回答する傾向が高くなり，測定の妥当性が損なわれかねない。また教師評定尺度では，評定者である教師間の得点の個人差が大き

いという問題があり，ある教師からは社会的スキルが高いと評価された子どもであっても，別の教師からはそれが低いと評価されることも少なくない。今後そのような点を改善していくための努力が必要であるが，測定者は使用する測定尺度がどのような特徴（長所や短所）をもっているのかということについて熟知した上で，測定結果を解釈すべきである。

評定尺度法は，もちろん個別のアセスメントにも利用できるが，集団に対して一斉に実施することによって，社会的スキルが低い子どもをスクリーニングしたり，社会的スキルの重要性を検討することを目的とした研究のために用いられることが多い。一方，以下で説明する面接，行動観察，行動的ロールプレイは，専門家が臨床的介入を行う際に，当該の子どもの社会的スキルについて，個別に，時間をかけて，多面的にアセスメントするための方法である。

2．教師，親，子どもとの面接

面接においては，当該の子どもと接触する機会や頻度の多い教師や親から，日常の子どもの社会的スキルにかかわるさまざまな情報を収集する。子どもに言語的表現能力がある場合には，子どもとの面接からもさまざまな情報を得ることができる。

面接によって収集すべき情報としては，子どもの問題についての全般的な情報と特定の状況に特有に見られる具体的な行動に関する情報に大別することができる（King & Kirschenbaum, 1996）。

全体的な情報としては，子どもの現在の適応状態，その問題に対するこれまでの対応法，最近の学校や家庭での様子，子どもに対する認知（子どもについて親や教師がどのように見ているか），子どもの生育歴，医学的治療経験の有無などがある。そのような情報に基づいて，当該機関で提供できるサービスが必要かどうか，そのサービスによって問題が改善される可能性があるかどうかを判断することになる。

提供できるサービスが有効であると判断できれば，介入方針を立案することになる。その際，子どもの現在の問題がどのようなメカニズムで成立し，維持されているのか，機能分析を行うために必要な具体的情報を収集する。そのためには，その子どもがどのような場面でどのようにふるまっているのか，とくに問題が生じやすいのはどんな場面か，そのような場面に何らかの共通性がないか，などについて尋ねる。それらの情報に基づいて，その子どもが，どのような社会的スキ

ルが欠如しているのか，あるいは社会的スキルは習得しているが何らかの妨害要因によってそのスキルを実行できないでいるのか，問題を改善するには誰に対してどのような介入が必要であるのかを判断することになる。

面接法においては，あらかじめ質問内容を用意した構造化面接を行うことが測定の妥当性を高めることになるが，実際には回答に対して柔軟に質問内容を変えたり付け加えたりする半構造化面接が行われることが多い。

3．行動観察

社会的スキルの個別のアセスメント法として広く用いられている方法に行動観察がある。とくに，言語的表出力が低い幼児や障害児の社会的スキルをアセスメントする場合には適した方法である。

観察法は科学的心理学の誕生当時から主要な研究方法として用いられてきており，これまでにさまざまな方法が開発されているが，大別すると自然的観察法と実験的観察法とに大別することができる。

自然的観察法とは，観察対象が存在する自然な場面においてその行動を観察する方法である。この方法では，観察対象に人為的な操作が加えられず，日常の自然に生起する行動を捉えることができるという利点がある反面，標的とする行動が出現するまで長時間観察を続けなければならないこともあり，大きなコストが必要になることがある。

それに対して実験的観察法では，標的とする行動が出現しやすい状況を設定し，その中に観察対象を置いて，そこで見られる行動を観察する方法である。この方法では，標的とする行動が出現しやすくなるために，観察にかかるコストを軽減できること，環境を操作することによって，どのような要因が標的行動と密接に関連しているのかを明らかにすることができるという利点がある。しかしながら，観察対象にとっては，非日常的な場面に置かれることになり，それによって行動が偏向する場合があることに留意しなければならない。

具体的な観察手法にはさまざまな方法があるが，社会的スキルを観察する場合には，時間見本法（タイム・サンプリング法）と事象見本法（イベント・サンプリング法）が用いられることが多い。

a．時間見本法

時間見本法とは，あらかじめ観察対象とする標的行動を決定し，それが一定時間（単位時間）内に生起したか否かを記録する方法である。それによって，行動

の生起頻度や持続時間，行動間の生起頻度の比較などが可能になる。

　この方法では，子どもの問題についての教師や親からの情報の収集や予備的観察を通して，観察する行動カテゴリーを決定する。その際，観察結果の妥当性を高めるために，行動の操作的定義を明確にしておくことが重要である。たとえば，"アイコンタクト"という行動を定義する場合には，単に"相手の目を見ること"という定義ではなく，"会話中相手の目を2秒以上見ること"というように，できる限り具体的な定義をしておく必要がある。また，観察する行動カテゴリーが多すぎる場合にも，観察者が行動カテゴリーを十分に把握することが困難になり，観察結果の妥当性を損なう原因になる。

　次に，観察の目的や行動カテゴリーの種類に応じて，適切な時間間隔と観察回数を決定する。時間間隔はできるだけ短い方が実際の行動を反映する可能性が高くなるが，あまり短すぎても観察や記録に余裕がなくなり，やはり観察の妥当性を損なう原因となることがある。また，観察時間が長すぎても，観察者の心身の疲労をもたらし，観察結果に影響する可能性がある。

　これらのことが決まったら，観察結果を容易に記録できるような記録用紙を作成する。図2－1は，時間見本法の記録用紙の一例である。できる限り短時間で誤りのないように観察結果を記録できるものが望ましい。

　観察が終了したら，観察結果の妥当性を確認するために，観察者間の観察結果の一致度を確認する。そのためには，同一観察対象について同時に複数の観察者が観察する必要がある。観察結果の一致度の指標としてよく用いられるものにコーエンの κ 係数がある。κ 係数は以下の式で計算される。

$\kappa = (P_o - P_c) / (1 - P_c)$
　P_o＝観察者間の一致度
　P_c＝観察者間の偶然の一致度

　観察結果が完全に一致していれば κ 係数は1になるが，少なくとも.60以上であることが求められる（Sturmey, 2001）。

　時間見本法によって社会的スキルのアセスメントを試みた研究として，佐藤ら(1998)がある。彼らは表2－3のように観察する行動カテゴリーを操作的に定義し，1日1セッション（10秒間隔で10分間）を4セッション，対象児の行動をビデオに収録して，後日2名の観察者が行動を記録した。また，彼らは各行動

図2－1　時間見本法における記録用紙の一例（中澤ら，1997より一部抜粋）

観察単位	行動						情緒	
	u	s	o	p	a	c	po	ne
1			レ				レ	
2		レ						レ
計	5	23	14	8	0	0	12	38

u：何もしない　s：孤立遊び　o：傍観　p：平行遊び　a：連合遊び　c：協同遊び
po：ポジティブ　ne：ネガティブ

カテゴリーの一致度を算出している。一致度は行動によって若干異なるが，89.1〜98.3％といずれの行動も一致度がかなり高いことを報告している。
　この研究のように，最近では行動をビデオに収録して観察する方法が用いられることが多くなっている。それによって，標的行動の見落としを防ぐことや，一時停止することに記録時間も確保することができ，観察結果の妥当性を高めることができる。ただし，観察対象の動きが激しいような場合には，観察対象がビデオのアングルから外れてしまい，観察が中断してしまうというリスクもある。
　b．事象見本法
　特定の行動が，どのような状況でどのように生起し，どのような結果が生じたかなどについて，時系列的に観察する方法である。行動の生起頻度や持続時間など行動の主として量的側面を測定する時間見本法とは異なり，事象見本法では，行動の質的側面，すなわち行動の一連の流れに焦点を当てて観察する。標的行動の先行事象やそれがもたらす結果についても記録しておけば，行動の機能分析を行う場合にも有用な情報を得ることができる。観察の指標としては，研究目的によって異なり，研究者の選択に任されるが，一般的には行動の原因（先行事象），持続時間，行動が生起した時間帯や場所，行動の結果などがあげられる。このような観察結果に基づいて行動の機能分析を行うことによって，対象児にとってもっとも効果的なSSTの具体的内容を決定することが可能になる。
　たとえば，野呂・藤村（2002）は，集団不適応を主訴とする小学校4年生男子の授業準備行動を観察対象として，ABC（antecedent-behavior-consequence：

表2-3 行動カテゴリーとその定義（佐藤ら，1998）

カテゴリー	定　義
相互作用	
訓練対象児から仲間への働きかけ	訓練対象児が言語的，身体的に仲間に働きかける
仲間から訓練対象児への働きかけ	訓練対象児が言語的，身体的に仲間に働きかけを受ける
仲間の働きかけへの応答	訓練対象児が仲間の働きかけに応答する
訓練対象児の働きかけへの応答	仲間が訓練対象児の働きかけに応答する
協調的遊び行動	積み木，ごっこ遊びなどを仲間と一緒に協調して活動する
非相互作用	
ひとり遊び	1人で固定遊具やおもちゃで遊ぶ
傍観的行動	遊んでいる仲間の近くに1人でいて，関心をもってその様子を見ているが，活動には参加せず，遊びもしない
何もしない行動	1人で仲間から離れたところにいたり，あてもなくぶらぶらと歩き回る
平行遊び	仲間の近くで類似した活動をしているが，相互作用は認められない
その他	
大人を相手にする	訓練対象児が教師に働きかける
場所の移動	遊び場を移動する

先行事象-行動-結果事象）に基づく分析を行っている。その結果，授業準備行動に先行する教師の反応は個別指示（たとえば，「教科書出して」）であり，それに対する対象児の行動は，休み時間から行っている活動（たとえば，こだわりのある工作活動）を継続するというものであった。また，教師は授業準備行動の成立を待たずに別の指示をしていたり，個別指導に従った場合でもそれに対する強化子を随伴させることはほとんどなかった。そのような観察結果から，彼らは「授業準備行動に対する強化が用意されていないために，個別指示に従う行動が成立していない」という仮説を立て，それに基づいて行動改善のための介入計画を立案している。

以上のように，SSTを実施し，その効果について検証するためには，時間見本法と事象見本法を目的に応じて組み合わせて用いることが必要となる。なお，観察法の詳細については，中澤ら（1997）が参考になる。

4．行動的ロールプレイ

　これは，日常起こりうるような対人場面を模擬的に設定し，そこで対象者に特定の役割を演じてもらうこと（ロールプレイ）によって，対象者の社会的スキルを調べる方法である。まず，対象者にどのような場面であるかを教示し，研究者や治療者，トレーナーが対象者に一定の言語的刺激を与え，それに対して対象者がどのように反応するかを観察し，その反応の内容を分析する。

　相川（1998）は，孤独感の高い大学生の社会的スキルを評定するために，行動的ロールプレイを用いている。たとえば，不満を表明する場面でのスキルを評定するためには，次のような模擬的場面が用いられている。

＜不満の述べ方＞
　あなたは，友だちと一緒にあなたの好きなテレビ番組を見ているところです。そしてあなたたちが見ていたそのテレビ番組がもうすぐ終わろうとしているときに，その友だちが急に他の番組にチャンネルを変えてしまいました。あなたは終わりまで見たいと思っていたので戸惑っているところです。友だちが言います。

友だち：「ちょっとこの番組を見ようよ。」
被験者：
友だち：「ねえ，あなたの好きな番組今まで見てきたじゃない，今度はこれ見
　　　　ようよ，とにかくこっちの方がおもしろいよ。」
被験者：

　このような場面での被験者の巨視的反応（主張的か，攻撃的か，消極的か，など）や微視的反応（反応潜時，持続時間，アイコンタクトの頻度など）を観察することによって，社会的スキルを測定するのである。
　行動的ロールプレイは，模擬的場面での対象者の反応を観察するという点で，必ずしも対象者が日常の自然場面で用いている社会的スキルが反映されていないという批判もある。しかしながら，広範な対人場面を意図的に設定できることや，行動観察や他者評定が困難な成人にも利用できるという利点もあり，成人を対象とした精神科領域や非行少年の社会的スキルのアセスメントに用いられることが多い（相川，2000）。また，行動的ロールプレイは，アセスメントだけでなく，SSTの代表的な技法の1つとしても用いられている。

III まとめ

　以上，代表的な社会的スキルのさまざまな測定方法について解説した。しかしながら，現状ではきわめて妥当性の高い絶対的な測定方法があるわけではない。したがって，測定対象，測定の目的，測定に要するコスト等を勘案し，もっとも妥当と考えられる方法を選択する必要がある。相川（2000）も指摘しているように，自己評定，教師や親による他者評定，専門家による測定のうち，少なくとも2つを組み合わせて測定することによって，測定の妥当性を高めることができる。社会的スキルに関する基礎的研究においても，またSSTのような臨床的介入においても，妥当性の高い測定なしに，社会に役立つ情報や援助を提供することができないことを忘れてはならない。

文　献

相川充：孤独感を低減させる社会的スキル訓練の効果に関する実験社会心理学的研究．平成8～平成9年度科学研究費補助金（基盤研究(c)(2)）研究成果報告書，1998．

相川充：人づきあいの技術――社会的スキルの心理学――，サイエンス社，2000．

相川充・佐藤正二・佐藤容子・高山巖：社会的スキルという概念について――社会的スキルの生起過程モデルの提唱――．宮崎大学教育学部紀要（社会科学）74：1-16，1993．

Clark, L., Gresham, F.M., & Elliott, S.N.: Development and validaton of a social skills assessment measure: The TROSS-C. Journal of Psychoeducational Assessment, 4: 347-358, 1985.

Coie, J.D. & Krehbiel, G.: Effects of Academic tutoring on the social status of low-achieving, socially rejected children. Child Development, 55: 1465-1478, 1984.

Elliott, S.N., Sheridan, S.M., & Gresham, F.M.: Assessing and treating social skills deficits: A case study for the scientist-practitioner. Journal of School Psychology, 27: 197-222, 1989.

後藤吉道・佐藤正二・佐藤容子：児童に対する集団社会的スキル訓練．行動療法研究26：15-23，2000．

磯部美良・岡安孝弘・佐藤容子・佐藤正二：児童用社会的スキル尺度の作成．日本行動療法学会第27回大会発表論文集，pp.225-226，2001．

菊池章夫・堀毛一也（編著）：社会的スキルの心理学，川島書店，1994．

King, C.A. & Kirschenbaum, D.S.: Helping young children develop social skills. Wadsworth, New York, 1992.（佐藤正二・前田健一・佐藤容子・相川充訳：子ども援助の社会的スキル，川島書店，1996．）

國分康孝（監修），小林正幸・相川充（編著）：ソーシャルスキル教育で子どもが変わる（小学校），図書文化社，1999.

Matson, J.L. & Ollendick, T.H.: Enhancing children's social skills: Assessment and training. Pergamon Press, Oxford, 1988.（佐藤容子・佐藤正二・高山巖訳：子どもの社会的スキル訓練——社会性を育てるプログラム——，金剛出版，1993.）

Matson, J.L., Rotatori, A.F., & Helsel, W.J.: Development of a rating scale to measure social skills in children: The Matson Evaluation of Social Skills in Children: The Matson Evaluation of Social Skills with Youngsters (MESSY). Behavior Research and Therapy, 21: 335-340, 1983.

中澤潤・大野木裕明・南博文（編著）：心理学マニュアル 観察法，北大路書房，1997.

野呂文行・藤村愛：機能的アセスメントを用いた注意欠陥・多動性障害児童の授業準備行動への教室内介入．行動療法研究28：71-82, 2002.

佐藤正二・佐藤容子・岡安孝弘・高山巖：子どもの社会的スキル訓練——現況と課題——．宮崎大学教育文化学部紀要（教育科学）3：81-105, 2000.

佐藤正二・佐藤容子・高山巖：拒否される子どもの社会的スキル．行動療法研究13：126-133, 1988.

佐藤正二・佐藤容子・高山巖：引っ込み思案児の社会的スキル訓練——長期維持効果の検討——．行動療法研究24：71-83．1998.

嶋田洋徳・戸ヶ崎泰子・岡安孝弘・坂野雄二：児童の社会的スキル獲得による心理的ストレス軽減効果．行動療法研究22：9-20, 1996.

Sturmey, P.: Functional Analysis in Clinical Psychology. John Wiley & Sons, Chichester, 1996.（高山巖・佐藤正二・岡安孝弘・佐藤容子・杉本洋子訳：心理療法と行動分析——行動科学的面接の技法——，金剛出版，2001.）

戸ヶ崎泰子・岡安孝弘・坂野雄二：中学生の社会的スキルと学校ストレスとの関係．健康心理学研究10：23-32, 1997.

第3章

子どものSSTの実際

I　SSTの目的，対象，指導形態

　子どもにSSTを行うとき，まず最初に問題になるのは，何を目的として，誰を対象に，どんなやり方で指導するかということである。

　子どもにSSTを行う目的は，大きく分けて2つある。その1つは，SSTによって彼らの社会的スキルの発達を促し，全体的な社会性を高めることであり，もうひとつは，社会的スキル不足が深く関係していると思えるいじめ，不登校，うつ，ひきこもりなど，将来のさまざまな不適応問題の出現を予防しようとするものである。しかし実際には，社会的スキルの育成と将来の問題の予防とは，互いに密接に関係しており，このような観点からのSSTを「予防的介入」と呼ぶ。本章では，この予防的介入に焦点を当てて，具体的な手順を説明する。

　学校現場などでよく取り上げられるのは，特定の子どもを対象とするのではなく，学級の子どもたち全員に社会的スキルを指導するやり方である。これは集団全体の社会的スキルレベルを高めることを主な目的として実施するもので，グローバル（global：全体的）介入と呼ばれる。グローバル介入は，対象児をスクリーニングする必要がなく，特定の子どもを抽出することによるスティグマは作られにくいという利点がある。一方で，子どもたちはひとりひとり，社会的スキルの習得度にばらつきがある。ある子どもは主張性スキルが乏しいが，別の子どもは主張性が強すぎるなど，一様でない。そのため，このような多様な社会的スキルのレベルに十分に対応したターゲットスキルを選ぶことは困難である。

　次に，社会的適応や社会的スキルの使用に関してリスクのある子どもたちを，スクリーニングによって選び出し，彼らに対して行われるセレクティブ（selective：選択的）介入がある。これは，軽度の引っ込み思案傾向や乱暴な行動が見られる子ども，孤立しがちな子どものうち，まだ不適応のレベルには達していな

い子ども，あるいは，周りに同年代の子どもがいない，家庭的な問題があるなど，環境的にみて年齢相応の社会的スキルが習得しにくいと思われる状況にいる子どもを選び出して，個人的または小集団で，適切な社会的スキルを指導するやり方である。

この介入は，選び出された子どもの社会的スキルのまずさに焦点を当てた指導ができるうえに，この段階では子どもの不適応症状はまだ出現していないので，指導は比較的容易で，高い指導効果が期待できるが，一方で，集団の中から特定の子どもを選び出すために，他の子どもたちから特別な目で見られる（ラベリングされる）可能性が生じる。

子どもに何らかの不適応症状が見られるようになると，インディケイティッド（indicated：対症的）介入がなされることになる。これは，引っ込み思案行動や攻撃的行動，孤立行動などの不適切な社会的スキルが目立ち，すでに社会的不適応症状のいくつかを示してはいるが，正式な診断名を付けられる基準には達していない子どもに対して実施されるものである。

この介入は，セレクティブ介入と同様，選び出された子どもの社会的スキルのまずさに焦点を当てた指導ができるという利点があるが，適応上の問題をすでに現している子どもたちを対象にするため，指導は集中的に行う必要がある。この介入もまた，集団の中から特定の子どもを選び出すために，他の子どもたちからラベリングされる可能性が生じるし，対象児の偏った社会的情報処理パターンを修正する，仲間関係をもつことへの動機づけを高めるなどの付加的な工夫が必要になる。

社会的スキルのまずさが，その問題だけに留まらず，ひきこもり，うつなど，明らかな適応上の問題や二次的問題を引き起こした場合は，自尊心の低下や対人認知の歪みが大きくなり，これまで述べたような予防的介入では十分な効果が期待できない。その場合には，専門家によるさらに集中的な治療的（treatment）介入が必要になる。

II　コーチング法を用いた典型的なSSTの手順

1．SSTの基本的な流れ

子どもに社会的スキルを指導するには，さまざまなやり方が考えられる。本章では，学級規模または小グループで行われる，コーチング法を用いた典型的な

SSTの手順を中心に説明していこう。
　図3－1は，コーチング法を用いたSSTの基本的な手順を示している。

2．指導前の準備
　指導に先立って，a．対象児を決める，b．指導する社会的スキルを決める，c．指導用の教材を準備することが必要である。以下に，これらについて詳しくみていくことにする。

　a．対象児を決める
　社会的スキルは，ここまで習得できればよいといった，最終到達点が決められないものである。別の言い方をすれば，どんな子どもでも，それぞれその子どもなりに，さらに社会的スキルを磨き，高めることができるものである。したがって，学級全体の社会的スキルレベルを上げようと思えば，学級の子どもたち全員を指導の対象とすればよい。
　また，学級の特定の子どもが他児に比べて社会的スキルがまずく，仲間関係や社会的適応に困難をきたしていることが明らかな場合は，その特定の子どもを対象として指導することも考えられる。しかし，社会的スキルはそれ自体，相互的なものであるので，そのような場合でも，たいていは，対象児の相手役として別の子どもをSSTに参加させることが必要になるだろう。対象児以外の子どもをSSTに参加させることは，指導によって習得した社会的スキルを，指導場面以外のさまざまな日常場面に般化させるのにも役立つ。

　b．指導する社会的スキル（ターゲットスキル）を決める
　つぎに，どのような社会的スキルを指導するか，そのターゲットとなるスキルを決定する。これは，①対象児（たち）が，あまりうまく実行できないかほとんど実行しない社会的スキルの中から，②そのスキルをうまく使うことができれば，仲間関係が大きく改善すると考えられるスキルのうち，③指導者にとっても対象児（たち）にとっても，指導と習得に際して大きな負担がかからないと思えるスキルを選ぶとよい。対象児（たち）によっては，あれもこれも，まずいスキルだらけにみえる場合も少なくない。このようなとき，それらのスキルをすべて指導することは困難であるし，指導者にとっても対象児（たち）にとっても，負担が大きくなり過ぎる。1回の指導期間に取り上げるスキルの数は，多くとも4～5個程度にとどめておくことが重要である。そして，これら数個のスキルを習得し，実行することによって仲間関係が改善したことを対象児が実感した後に，別の数

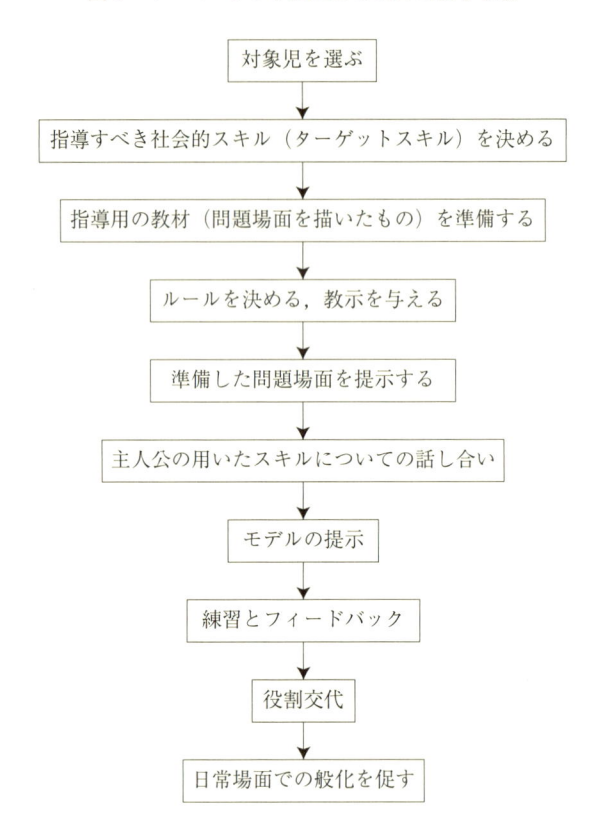

図 3 − 1　コーチング法による SST の基本手順

```
        対象児を選ぶ
            ↓
指導すべき社会的スキル（ターゲットスキル）を決める
            ↓
  指導用の教材（問題場面を描いたもの）を準備する
            ↓
      ルールを決める，教示を与える
            ↓
        準備した問題場面を提示する
            ↓
    主人公の用いたスキルについての話し合い
            ↓
          モデルの提示
            ↓
         練習とフィードバック
            ↓
            役割交代
            ↓
       日常場面での般化を促す
```

個の社会的スキルを指導するようにするとよい。

　c．教材を準備する

　指導すべきターゲットスキルが決まったら，日常場面の行動観察に基づいて，対象児（たち）がそのスキルを使うべきなのにうまく使えない場面をいくつか選び出す。次に，その場面を，子どもたちの発達レベルに合わせて，分かりやすく，紙芝居や物語の形で描いたものを作る。そこでは，主人公が適切なスキルを使うことができなくて，結果的に困った事態になる場面を描くようにする。紙芝居教材の例を図 3 − 2 に示す。

　引っ込み思案児などが多い学級では，子どもたちの練習の時に役立つような，

ぬいぐるみ，指人形，ペープサートなどを補助教材として準備しておくとよい。

図3-2　紙芝居教材の例

「今日は遠足です。みんなは公園に着きました。お弁当の前に，たけし君は，トイレに行きました」

「たけし君がみんなのところに戻ってくると，みんなはいくつかのグループになって，楽しそうにお弁当を食べはじめていました」

「たけし君は，みんなと一緒にお弁当を食べたかったのですが，何も言えなくて，一人でお弁当を食べました」

3．教室場面での指導の手順

a．ルールを決める

まず初めに，集団全体に対して，SSTの場面での基本的なルールを決める。これはたとえば，「恥ずかしがらない」，「ふざけない」，「人のことを冷やかしたり笑ったりしない」などである。これを，最初に黒板などに提示し，集団全体に徹底させておく。SSTのステップの中に，子どもたち自身に実演させたり，練習させる場面がある。子どもたちの中には，このような場面で，恥ずかしがって実演することを拒んだり，他児の実演を冷やかす場合がある。そのため，実際のSSTに取りかかる前に，上記のようなルールを決めておくことはとても大切である。

b．社会的スキルの教示を与える

ここでは，今から指導するスキルを使うことが，良い人間関係を作り，維持するのにいかに大切なことであるかを，子どもたちに分かりやすく説明する。

たとえば，「今日は，『上手な断り方』の勉強をします。みなさんは，友だちから何かをしようと誘われて，本当はやりたくないのに上手に断れなかったことがありませんか？　そのようなとき，うまく断れなくてどんな気持ちになったでしょう？　きっと嫌な気持ちになったと思います。でも，もし，上手に断ることができれば，あなたも友だちも，嫌な気持ちにならないで済みますよ。今日はそのやり方を勉強しましょう」と言い，子どもたちに心の構えを作らせる。

c．問題場面を提示する

日常生活の中でよく出会う場面のうち，対象児が適切な社会的スキルをうまく実行できない場面を描いた紙芝居や物語を子どもたちに読んで聞かせる。このとき，子どもたちには，主人公の用いる社会的スキルとそれがもたらす対人的結果（主人公と相手がお互いに理解し合い，よい人間関係を保つことができるか，あるいは反対に，誤解が生じたり，人間関係が悪化するかということ）とに注目させるようにする。

d．主人公の用いたスキルについての話し合い

次に，登場人物のうち，主人公が用いた社会的スキルのどこがまずかったのか，どうすればよかったのかについて，子どもたちと話し合う。その際，その社会的スキルがもたらす短期的な結果（とりあえず，主人公の欲求が満たされたかどうか）と長期的な結果（長い目で見て，その社会的スキルを使ったことが良い人間関係作りにつながるかどうか）とを取り上げて，それぞれの視点から主人公の用

いた社会的スキルについて話し合うようにする。

さらに，短期的な結果が主人公にとって望ましいものであったとしても，それが必ずしも良い長期的結果につながるとは限らないこと，そして，良い人間関係を作り，維持するためには，短期的結果よりも長期的結果の方が重要であることを子どもたちに理解させる。

　e．モデルを提示する

ここでは，提示された問題場面で取るべき適切な社会的スキルを，トレーナーがモデルとなって実演してみせる。その際，トレーナーの行動のどの側面に注目すればよいかを，サブトレーナーが同時進行的に説明してやるとよい。これはたとえば，相手に対する視線の置き方や声のトーンに関して，モデルが適切なスキルを実演したつもりでも，子どもの側はモデルの話した言語的内容だけに注意を払っているなどといったことを防いで，社会的スキルに関してモデルの意図通りの情報が子どもたちに伝わるために重要である。

　f．練習とフィードバック

学級全体を対象に指導する場合などでは，この部分からは，4名～6名ずつの小グループに分けて指導する。各グループには，大人のファシリテーターがついて指導するようにする。

ここでは，子どもたちの中から誰か1人を選び，先にモデルが示した適切な社会的スキルを用いて，トレーナー（ファシリテーター）を相手役にしてロールプレイさせる。その際，他の子どもたちには，「○○さん（ロールプレイする人）がどんなところが上手にできたか，上手にできたところを見つけてください。あとでみんなにそれを言ってもらいますよ」と指示しておく。

しばしば，不安などのためにみんなの前でロールプレイすることを嫌がる子どもたちがいる。そのような子どもに対しては，たとえば，その子どもに指人形を持たせて，指人形にロールプレイさせるなどの工夫が役立つ。子どもは，自分の言動に仲間たちからの注目が集まることに緊張し，不安をもつので，仲間たちからの注目を指人形の方にそらすことによって，緊張や不安を軽減することができるだろう。あるいは，サブトレーナーとその子どもが一緒になって，同じスキルをロールプレイする（紙に書いた台詞を見て，同時に2人が同じ言葉を言う）などの工夫をするとよい。この場合，子どもには，「最初は声を出さずに，心の中でサブトレーナーと同じことを言うだけでよい」と伝える。それによって，子どもは，声を出す負担からは逃れられるが，サブトレーナーの発言（スキルの実行）

を通して，そのスキルを用いたときの肯定的な心理的結果を体験することができる。この経験を重ねることによって，次第にみんなの前でも声を出してロールプレイできるようになることが期待される。

　ロールプレイが終わったら，その都度，「どこがうまくできたか」を他の子どもたちに尋ねる。子どもたちが見つけた「うまかったこと」は，どんなに些細なことがらであっても，それを見つけることができたこと自体を賞賛してやり，黒板などに箇条書きにする。子どもたちがうまかった点を見つけることができない場合は，トレーナーが，たとえば，「声の大きさはどうだったかな？」などのヒントを与えて，子どもたちに気づかせるようにする。

　ここで大切なことは，周りの子どもたちには，ロールプレイする子どもの社会的スキルについて，あくまでも「うまくできた点」だけを指摘させることである。子どもたちはしばしば，「声が小さかったです」など，「うまくできなかった点」を指摘することがある。しかし，うまくできなかった点を指摘することは攻撃行動や自信喪失につながり，お互いの人間関係を悪化させる可能性があるので，この場面ではうまくできなかった点は指摘させないでおく。その代わりに，「こうすればもっと良くなる」という視点から，うまくできなかった点に言及してやり，必要に応じて補助してやりながらその場でそのスキルをロールプレイさせて，できばえをほめてやるようにする。このような手順を通して，対象児（たち）がそのトレーニング場面で，最終的にはうまくスキルを実行してほめられ，自信をつけるという形で，その回のトレーニングを終了することが大切である。

　g．役割を交代してさらに練習する

　子どもには，主人公の役だけでなく，相手の役もロールプレイさせたい。それによって，主人公の社会的スキルが相手に与える影響を実体験できるからである。主人公の社会的スキルが違えば，それに対して相手が抱く感情も明らかに異なるということを実感することによって，適切な社会的スキルを使用することの意義についての理解と動機づけが一段と強まるだろう。

　h．日常場面での般化を促す

　SSTの場面が構造化されていればいるほど，子どもたちはそこで学習することを，「この授業中（教室内）だけのこと」と考えてしまいやすくなる。しかしそれではこの指導を行う意味がない。そこで，指導の終了時に，たとえば，「今日習った『上手な聞き方』は，学校でもお家でも使うことができます。よく覚えていて，いろんなところで使ってください」と促すようにする。

また，次回の指導セッションの冒頭に，前回習ったことを簡単に復習する。

4．指導後の対応

SSTの直接的な目的は，指導が終了した後も，子どもたちが習得した社会的スキルをさまざまな場面で（般化），長期にわたって実行し続ける（維持する）ことである。

習得した社会的スキルを般化させるための工夫としては，1つの社会的スキルを教える際に，①できるだけ多様な場面で，②年齢，性，社会的立場などがさまざまに異なるリーダーが，③いろいろな人を相手役にして，④時を違えて，指導を行うことが考えられる。その意味では，学校で指導した内容を，その都度，学級便りなどを通して家庭に知らせて，家庭での協力を求めることが役に立つだろう。家庭では，テレビドラマなどを材料にして，登場人物の社会的スキルについて家族で話し合うのも効果的であろう。

また，一度指導したスキルでも，子どもの周りに強化環境が整っていないなどの理由のために，次第にそのスキルが使用されなくなる場合がある。このような場合には，ブースター・セッションと呼ばれる追加的指導を行うとよい。

Ⅲ　どんな社会的スキルを指導するか

前節で述べたように，指導の対象とする社会的スキルは，指導の対象児がうまく実行できない社会的スキルの中から選ぶべきである。そのために，社会的スキル指導に先立って，対象児の社会的スキルの現状をアセスメントしておく必要が生じる。教育現場等でよく利用されるアセスメントの道具は，第2章に詳しく述べてあるように，自分自身による評価，他者（教師，親，仲間など）による評価，行動観察など，さまざまなやり方がある。これらの方法には，それぞれに長所と短所があるため，実際にはいくつかのアセスメント道具を組み合わせて用いるようにする。

学級規模での集団SSTなどでよく指導のターゲットスキルとして選ばれるスキルは，表3－1に示す通りである。実際には，たとえば「あたたかい言葉かけ」という表現の中に，「あいさつする」，「承認の気持ちや共感を示す」，「賞賛する」，「援助を申し出る」など，いくつかの社会的スキルをまとめて指導する場合が多い。

表3-1　子どものSSTによく取り上げられるターゲット・スキル

①友達づくりスキル
　・仲間たちに近づく
　・仲間たちと同じ活動をする
　・人にあいさつする
　・仲間に入れてと頼む
　・相手を活動に誘う
　・相手から情報を得る
　・承認の気持ちや共感を示す
　・援助を申し出る
　・賞賛する
　・協力する
　・順番を守る
　・物を分け与える，共同で使う
　・ユーモアのスキル
②主張性スキル
　・自分の感情や意見を率直に表現する
　・アイコンタクト，声の大きさ
　・新しい行動をリクエストする
　・相手からの不合理な要求を断る
　・人の意見にはっきりと賛否を示す
③対人間問題解決スキル
　・トラブルを解決するための方法を見つける
　・解決策をできるだけたくさん考え出す
　・考え出した解決策を用いたときに起こりうる結果を予測する
　・自分が用いた解決策をうまく実行できているかをモニターする
　・1つの解決策がうまくいかなかったときに，別の解決策を実行する

　社会の中で日常的に用いられている社会的スキルは天文学的な数にのぼり，互いに関連しあっているため，そのひとつひとつについて，対象児（たち）の習得度や実行度をすべて正確に査定することは困難である。そのため，実際には，学校や対象児の生活の場において，多くの子どもたちがまだ十分に実行できず，かつ，その年齢の子どもたちの仲間関係にとって重要と思われる社会的スキルが指導のターゲットにされることが多い。しかし，社会的スキルは相手との相互関係の上に実行されるものであるという性質上，対象児が1つの改善された社会的スキルを実行できることが相手からの肯定的反応を引き出し，そのことがさらに，

対象児の好意的反応を引き出すという,良循環を形成するだろう。

文　献

佐藤正二・佐藤容子・岡安孝弘：保育所における幼児の対人行動訓練の実践的研究――社会的スキル指導マニュアルの開発――．宮崎県児童家庭課研究成果報告書, 1998.

第4章

攻撃的な子どもへのSST

I　はじめに

　現代の教育問題に取り組むにあたって，子どもの攻撃性の問題は避けては通れない課題となっている。事実，近年になって世間を騒がせた子どもの事件の多くは，彼らの攻撃性にまつわるものである。
　これまで，子どもの攻撃性については，性格的な観点から論じられる傾向にあった。それに対し，最近では，攻撃を社会的スキルの観点から捉えようとする動きが活発化している。記憶に新しい長崎県佐世保市の小6女児殺害事件においても，家庭裁判所の審判決定要旨では，加害女児の社会的スキルの未熟さが指摘されている。いわく，「（加害児童は）感情認知自体が未熟であることや社会的スキルの低さのために怒りを適切に処理することができず，怒りを抑圧・回避するか，相手を攻撃して怒りを発散するかという両極端な対処しかできなかった」。
　この指摘にも見られるように，社会的スキルの観点からは，攻撃的な子どもは，適切な社会的スキルを習得していないために，攻撃的な行動をとると解釈される。したがって，攻撃的な子どもへのSSTでは，子どもの攻撃行動を，より適切な社会的スキルに置き換えることが主な目標とされる。
　本章では，子どもの攻撃行動について概説し，攻撃的な子どもへのSSTの実践例とその留意点について検討する。

II　子どもの攻撃行動について

　攻撃的な子どもへのSSTの実際に入る前に，子どもの攻撃行動の種類や発達について簡単に触れておきたい。

1．攻撃行動の種類とその特徴

　一般に，攻撃は，「他の個体に対して危害を加えようと意図された行動」と定義される（大渕，1999）。しかし，その形態は，実に多種多様である。以下に，いくつかの攻撃形態を紹介する。これらはいずれも，従来の研究において，子どもの心理的・社会的不適応に関連することが明らかとされてきたものである。

　攻撃と聞いて，まず誰もが思い浮かべるのが，叩く，蹴る，なぐる，脅す，といったタイプの攻撃であろう。これらは，外顕的攻撃（overt aggression）と呼ばれ，一般に，男子に顕著な攻撃形態であることが知られている。また外顕的攻撃は，年少の子どもにおいては比較的頻繁に見られるが，通常，自己コントロールの能力や社会的スキルが発達することによって，自然に消失していく。したがって，児童期になると，外顕的攻撃は，そうした能力に問題を抱える一部の少数派の問題となる。外顕的攻撃を頻繁に行う子どもは，仲間から拒否される傾向にある。そのため，児童期後期に入ると，同じく攻撃的な子どもの集まる非行集団に居場所を求めるようになることが多い（Patterson & Dishion, 1985）。

　また，関係性攻撃（relational aggression）と呼ばれる攻撃行動もある（Crick & Grotpeter, 1995）。仲間はずれ，無視，悪い噂を流す，などの攻撃がこれにあたる。関係性攻撃については，教育現場では以前から，いわゆる「いじめ」問題の文脈において問題とされてきた。しかし，心理学の領域において，この関係性攻撃に焦点が当てられるようになったのは，比較的最近のことである。これまでにわかってきていることは，関係性攻撃がすでに幼児期から見られ，いずれの年齢段階においても男子よりもむしろ女子に多く見られることである（Crick, et al., 1997；畠山・山崎，2002）。また，関係性攻撃の高い子どもは，さまざまな心理的障害（不安や抑うつ，孤独感など）や社会的不適応の問題を抱えやすいことも明らかとされつつある（Crick, et al., 1999）。

　この他，攻撃行動を，反応的攻撃（reactive aggression）と道具的攻撃（instrumental/proactive aggression）の2つに分類して捉える見方もある（Dodge & Coie, 1987）。反応的攻撃とは，怒りにかられて，衝動的に，相手を攻撃するタイプのものである。近年，「キレやすい子ども」の問題が指摘されているが，そうした子どもの攻撃は，この反応的攻撃に該当する。反応的攻撃の高い子どもの多くは，相手の意図を敵意として解釈する傾向が強いことが知られている。また，最近の報告によると，反応的攻撃には，脳の機能やホルモンの問題，および虐待が深く関係していることが指摘されている（Niehoff, 1999）。

他方，道具的攻撃は，比較的冷静に行われるタイプのもので，欲しい物を手に入れるためや，他者をいじめる手段として行われる攻撃である。道具的攻撃の高い子どもは，攻撃行動を目標達成のために有効な手段であるとする信念をもつ傾向にある。この信念は，子どもの生育過程における攻撃に関しての自身の成功経験や，攻撃的な他者の観察により獲得されると考えられている。

このように，攻撃行動には種々の形があり，それぞれ独自の行動的特徴を持っている。ただし，攻撃的な子どもが，そのうち1つの種類の攻撃だけを示すことはまずないと言ってよい。実際には，さまざまな形態の攻撃を示していることがほとんどである。しかし，後述するように，攻撃の形態により効果的な指導のあり方も異なることから，指導対象児において最大の問題となっている攻撃はどのようなタイプのものかを把握しておく必要がある。

2．攻撃行動の発達

先ほども少し触れたとおり，攻撃行動の現れ方には，発達差がある。攻撃頻度の観点からは，幼児期が生涯でもっとも攻撃的な時期である。しかし，年齢が上がるにつれ，攻撃は質的に有害なものへと移行する。

また，多くの縦断研究は，攻撃が長期的に持続しやすい行動であることを示してきている（Laub & Lauritsen, 1993）。すなわち，幼児・児童期に見過ごされることで攻撃的な反応はパターン化し，やがて当人が思春期に入り，思春期特有のストレスやホルモンの変化にさらされてしまえば，どのような介入も，このパターンをなかなか修正できなくなる（Niehoff, 1999）。また，周囲の人々も，そうした子どもに対し，「攻撃的で厄介な子ども」というレッテルを貼るようになる。するとますます子どもの攻撃的な反応パターンを修正するチャンスは少なくなる。

攻撃行動の発達を，いわゆる精神医学的な障害との関連から見てみよう。攻撃とかかわりの強い障害には，注意欠陥／多動性障害（ADHD），反抗挑戦性障害，行為障害，反社会性人格障害がある（表4－1）。これらの障害は，多くの場合，互いに関連している。まず，行為障害の小児期発症型は，ADHDと合併することが多い。そして，一般的な経過としては，小児期早期に反抗挑戦性障害が見られ，思春期までに典型的な行為障害となり，ついには成人の反社会性人格障害へと発展することが知られている（Dulcan & Martini, 1999）。反社会性人格障害と診断された者の問題行動の初発時期の平均年齢は，8～9歳である。これに対し，

表4－1　攻撃とかかわりの強い障害

・注意欠陥／多動性障害（attention-deficit/hyperactivity disorder：ADHD）
　　著しい注意力の欠如，多動，衝動性の見られる障害。
・反抗挑戦性障害（oppositional defiant disorder：ODD）
　　他者，とくに権威ある人物（親や教師）に向けられた拒絶的，反抗的，敵対的行動が反復的に持続する障害。
・行為障害（conduct disorder：CD）
　　他者の権利を損なったり，ルールを軽視するといったことが反復的に持続する障害（人や動物への攻撃，所有物の破壊，嘘をつくことや窃盗，重大な規則違反など）。
・反社会性人格障害
　　行為障害の成人（18歳以上）に対応する障害。

　成人期になって反社会的行動を示す者は，小児・青年期に反社会的行動を示さなかった者の約10％に過ぎない。要するに，初発年齢が早い者ほど，その問題を長期にわたって抱えやすいと言える。人や動物への攻撃や所有物の破壊，重大な規則違反が反復的に持続し，そのことによって著しく日常生活に支障をきたしている場合，これらの障害を疑う必要が出てくる。その場合，SSTなどの環境からの介入に加え，薬物療法を含めた専門家による介入が必要となってくる。
　まとめると，10歳までに深刻な攻撃行動を繰り返し，しかもそれが減少する兆しのない場合，その子どもは将来的にも攻撃行動を持続させる可能性が高いと言える。したがって，できるだけ早い時期にそうした子どもへの介入指導を行う必要がある。

Ⅲ　攻撃的な子どもへのSSTの実際

1．指導案を作成するにあたっての留意点

　a．対象とする子どもの攻撃行動の特徴を調べる
　一口に攻撃といっても，さまざまなタイプのものが存在することはすでに述べた。ここではさらに，攻撃的な子どもへのSSTを計画・実施するにあたって，指導対象児の攻撃について把握しておく必要のあるポイントを整理しておく。
　表4－2は，指導対象児の攻撃行動について，収集すべき情報をまとめたものである（Bloomquist & Schnell, 2002）。これらの項目をひとつひとつ検討することが，攻撃的な子どもに対する指導案を作成し，実施する助けとなる。たとえば，

表4-2 攻撃行動に関する情報 （Bloomquist & Schnell, 2002より作成）

- 攻撃行動の種類
- 攻撃行動の頻度
- 攻撃行動の重症度
- 初発年齢
- 攻撃行動の経過（断続的か，慢性的か）
- 攻撃行動の頻度や重症度の変化（重症度が増してきているか，一定か）
- 主として攻撃行動が生じる場面
- 主として誰といるときに攻撃行動が生じるか
- 攻撃行動の先行要因（攻撃に先立つ外的・内的状態：遊んでいて，きょうだいがおもちゃをもって逃げ出す，など）
- 攻撃行動の結果（攻撃が生じた直後の状態：攻撃によっておもちゃを取り返した子どもに対し，親は叱責するが，言うことを聞かないので，諦める，など）
- 攻撃行動が本人の適応に及ぼしている影響
- 攻撃行動を低減させようとして以前にとった対応

どのような場面で攻撃行動が生じやすいのかを特定できれば，攻撃行動に置き換わる，その場面により適した社会的スキルをターゲットスキルにすることができる。また，どのような場面設定でもってスキル指導を行えばよいのかが見えてくる。

　b．対象とする子どもの社会的スキルの特徴を調べる

　どのような子どもが対象であれ，SSTを計画・実施する際，ターゲットとなる子どもの社会的スキルの状態を詳細に調べておく必要がある。その結果として見出された社会的スキルの不足が，指導のターゲットとなる。

　参考までに，外顕的攻撃の高い子どもは，とくに，遊びのルールを守る，いざこざ場面で自分の気持ちをコントロールする，などの自己コントロールスキルに欠ける場合が多い。他方，関係性攻撃の高い子どもは，先のような自己コントロールスキルに加え，友情形成スキル（集団活動に参加する，など）にも問題を抱えやすいことが指摘されている（磯部・佐藤，2003）。これは，関係性攻撃の高い子ども（多くの場合，女子）が，閉鎖的な仲間関係を形成しやすいことを反映したものである。

　このように，同じ攻撃的な子どもでも，不足する社会的スキルに違いが見られる。したがって，指導の対象とする子どもひとりひとりについて，社会的スキルの状態を詳細に調べることが重要である。

c．SSTの実施形態を決定する

さて，攻撃的な子どもへのSSTの実施形態としては，これまで，1人あるいは少人数の子どもを対象に行う個別指導や，5～6人の子どもを対象に行う小集団指導，および学級単位や学校規模で指導を行う集団的指導が実施されてきた。この中で，攻撃的な子どもに対するスキル指導の実施形態として確実な効果が期待できるのが個別指導である。個別指導では，対象児に欠ける社会的スキルをターゲットスキルに選択し，その子どもがスキルを習得するまで，時間をかけて確実に教えることができる。一方，集団指導の場合，ある特定の子どもに焦点を当てた指導を，何度も繰り返し行うことはきわめて困難である。実際，集団SSTにより参加者全体の攻撃レベルを減少させることは可能でも，一部のきわめて攻撃的な子どもの攻撃行動を低下させることは難しいとの結果が報告されている（江村・岡安，2003; Lewis, et al., 1998）。また筆者の経験によると，攻撃的な子どもの中には指導に集中することが苦手な子どもが多く存在することも，集団指導の難しさに影響していると思われる。つまり，攻撃的な子どもは，スキル指導の間，ふざけたり茶化したりしている場合が多いのである。したがって，集団指導によって特定の子どもの攻撃レベルを低減させようとするならば，彼らの注意を確実に指導に向けさせるさまざまな工夫（TAをつけるなど）が必要である。理想的には，集団指導と平行して，特定の攻撃児に対するスキルの個別指導を実施することが推奨される。

ただ，現実問題として，教育現場において個別指導が実施できるのは，運営の枠組みが比較的柔軟である幼稚園や保育所であろう。実際，わが国で実施された個別指導のほとんどは幼児を対象としている。これに対し，集団指導は，小学校や中学校において実施されてきている。深刻な行動問題を抱える小・中学生に対して個別指導を実施しているのは，各種の医療機関に限られているのが現状である。そして，多くの場合，学級単位や学校規模で実施される社会的スキルの集団指導は，攻撃的な子どもを治療するというよりも，集団全体の攻撃性を予防するといった意味合いが強いようである。

2．攻撃的な子どもへのSSTの実践例

a．社会的スキルの個別指導

最初に，攻撃的な幼児を対象とした社会的スキルの個別指導の実践例を紹介する。

佐藤ら（1993）は，攻撃的な男児2名の社会的スキルを改善するために，訓練室と自然場面でのコーチング法を用いたSSTを実施した。事前に行われた観察の結果，これら2名の男児は，遊びのルールを無視して自己中心的に行動しており，仲間が彼らの指示に従わないと，攻撃的，命令的な働きかけや応答が多くなる，といった行動特徴が認められた。そこで，ターゲットスキルとして，1）ルールの遵守，2）適切なやりとりの2つが選択された。なお，訓練室（幼稚園の一室）での指導には，対象児2名に加え，パートナー役として同じクラスの男児1名が一緒に参加した。

訓練室でのスキル指導は，1回につき15分から20分，計9回行われた。各回は，①紙芝居等による不適切ないしはネガティブな社会的行動についての問題提示，②これらの行動が引き起こすネガティブな結果についての話し合い，③適切な社会的スキルのモデリングとその重要性についての話し合い，④適切な社会的スキルがもたらす肯定的な結果についての話し合い，⑤仲間や指導者と役割の交代をしながらの行動リハーサルとフィードバック，⑥自然場面での協調的遊びへの参加と適切な社会的スキルの使用の奨励，の6つの要素から構成された。

また，各回の指導終了後，自由遊び場面においても指導で習得した社会的スキルが使用できれば，褒美として1日に1つずつカードに印鑑を押し，これが10個集まると塗り絵と交換できるようにした。この自由遊び場面における指導は，1人につき，約10分間であった。

その結果，2名の対象児の攻撃行動は，指導が開始されると急激に低減し，この効果は1カ月後の時点でも維持されていた。また，指導効果を査定する指標として用いられた自由遊び場面の協調的遊びの割合も，1名の対象児において，指導の開始とともに増加し，1カ月後においても維持されていた。

ここで，幼児を対象とした個別指導において，とくに工夫するとよい点を述べておきたい。まず，紙芝居を用いて問題場面を提示する場合，子どもが大好きなアニメのキャラクター等を用いると，子どもは楽しんで指導に参加できるようである。好きなキャラクターが出てくれば，子どもの注意を維持することができる。また，アニメのキャラクターの特徴を指導に取り込むこともできる。たとえば，アンパンマンであれば，適切な社会的スキルを用いる役をアンパンマンに，攻撃的で不適切な行動を示す役をバイキンマンに割り当てる。すると，子どもはすぐに，話の内容や，適切な行動の大切さを飲み込めるようである。佐藤ら（1993）においても，指導対象児が，普段の保育中に，「それはバイキンマンのやり方

（攻撃的）だよ！」と言い合い，互いに修正している場面が見られたことを報告している。

指人形も幼児には人気がある。毎回同じ指人形を登場させることによって，子どもはその指人形と自分を同一視するようになり，「○○ちゃん，がんばって！ちゃんとお話を聞くんだよ」と教えつつ，同時に，自らも学ぶことができる。

また，上記⑤の行動リハーサルにおいては，遊びやゲームを取り入れることにより，習得したばかりの社会的スキルを楽しく練習できるようにすると，効果が定着しやすいようである。

b．小学生に対する小集団SST

次に，攻撃的な子どもに対して社会的スキルの小集団指導を行った石川・小林（1998）の実践例を紹介する。

指導には，小学校5年生1学級40名の中から，担任教師と調査者の判断により抽出された攻撃的な子ども2名，引っ込み思案な子ども2名，および自主的に指導に参加した子ども4名の計8名が参加した。攻撃的な子ども2名の社会的スキルの特徴は，「思ったことをすぐに言ってしまうために，友だちとのトラブルが多い。我慢できずわがままなところが見られる（女児）」，「相手のことを考えず，自分の思ったとおりに行動してしまう。感情的になりやすく，すぐにカッとするので，トラブルが多い（男児）」というものであった。

SSTは，週に1回，放課後の約40分を用いて，計6回にわたり実施された。各回の指導の手順は，①適切な社会的スキルを用いる必要性についての教示，②問題場面の提示，③モデリング，④役割交代をしながらのロールプレイ，⑤フィードバック（振り返り），⑥般化のための宿題の決定，から構成された。指導内容は，「葛藤があまりなく，スムーズにロールプレイを行うことができ，児童相互が関係を作りやすい社会的スキル（1～3回目）」から，「葛藤が多少ある対人的な社会的スキル（4～6回目）」へと，難易度が上がるように工夫された。具体的には，順に，「非言語的なコミュニケーション」「暖かいメッセージ」「頼み方」「感情を分かち合う」「不満の述べ方」「自己コントロールの仕方」の6つのスキルが指導された。

担任教師の評定によると，指導前から指導後にかけて，攻撃的な2名の子どもの「攻撃性」得点は低下し，「向社会性」得点は上昇した。またソシオグラムの結果によると，孤立傾向にあった彼らは，指導後，友だちの輪に加わり，孤立状態を抜け出すことができた。それぞれの子どもの感想を見てみると，「何でもパ

ッパと言わずに，少し考えてから言うようになったから，指導前と比べると自分の行動が変わったように思う。内容は面白かったが，自己コントロールは難しかった（女児）」「自分としては，訓練しても自分の行動はあまり変わらなかったように思う。しかし，指導には楽しく参加でき，とくに頼み方については，練習もうまく出来たので面白かった（男児）」と述べており，子どもたちは楽しみながら指導に参加できていたことがうかがえる。

石川・小林（1998）は，こうした効果が得られた理由として，とくに，自主参加児の要因をあげている。すなわち，①自主参加児は対象児にとって学級の仲間であることから，学級集団による受け入れの面でも効果的に働いた，②自主参加児がモデルの師範を積極的に行ってくれたので，対象児らもスムーズに指導に参加することができた，としている。

　ｃ．小学生に対する学校規模のSST

最後に，ルイスら（Lewis, et al., 1998）によって報告された学校規模のSSTの実践例を紹介する。

参加者は，ある1つの小学校の1年生から5年生の子ども計110名であった。この取り組みでは，SSTと問題行動への直接的介入を組み合わせたプログラムが実施された。また，5名の教師（各学年から1名ずつ）と1名の養護教諭からなるチームが結成され，プログラム全体の進行（指導プログラムの作成，他の教師の指導，など）を担った。

チームの教師らは，まず，①学校全体のルールの作成（「親切に」「安全に」「協力して」「敬意を持って」「友好的に」の5つ），②子どもに対するルールの指導，③子どもが教師の指示に従いやすくするためのトークン強化，を開始した。子どもがルールに従って行動した場合，教師は「チャンス・チケット」と言語的報酬を与えた。そして，毎月各教室において，この「チャンス・チケット」を集めることのできた子どもの中から，抽選で，賞品（アイスクリーム，小さなおもちゃ，など）が贈られた。また，常にルールに従って行動できた子どもには，「セルフ・マネージャー」という称号が与えられ，さまざまな特権（昼食のため早めに教室を出られる，教師に用事を頼める，など）が与えられた。

次に，チームの教師らは，休み時間，食堂，廊下などで見られる問題行動を取り上げ，それらに置き換わる適切な行動を考案した。表4－3は，各場面における適切な行動をまとめたものである。SSTのプログラムは，これらの行動に従って計画された。

表4-3　問題行動と適切な行動の具体例（Lewis et al., 1998より作成）

場面と問題行動	ルールと適切な行動				
	親切に	安全に	協力して	敬意を持って	友好的に
食堂					
走る	・順番を守る	・歩く	・大人の指示に従う	・大人の指示に従う	・穏やかな声で話す
手を出す（叩く・押す）	・言葉遣いに気をつける	・列から手足をはみ出さない			・ゆっくり食べる
大声で騒ぐ					
列に横入りする	・皆が座れるようにする	・他の人にぶつからないか気をつける	・決められた席に着席する	・自分で後片づけをする	
脅す					
食事中に席を立つ		・ドアは静かに開ける	・食事の時間が終わるまで待つ		
食べ物を横取りする					・自分の食べ物だけを食べる
食べ物を粗末に扱う			・食べ物を散らかさない		
休み時間（運動場）					
手を出す（叩く・押す）	・友だちを遊びに誘う	・適切に遊具を使う	・遊び始める前にルールに同意する	・ゲーム中もルールに従う	・いざこざを解決する
遊具を粗末に扱う	・遊びたいと言う子は皆入れてあげる		・ゲームのルールに従う	・適切な言葉を遣う（人をけなさない）	・運動場から静かに教室に戻る
悪い言葉遣い					
脅す					

　指導は，以下の3つのステップで行われた。①ホームルームの時間を利用したルールの指導（5日間），②ルールに沿ったスキルの指導：スキルの提示，ロールプレイ等（3週間），③教科カリキュラムに組み込まれた形での社会的スキルとルールの指導（ルールに関する作文，ポスターの作成など）。

　また，チームの教師らによって，食堂，運動場，廊下における問題行動への直接的介入が実施された。この直接的介入は，罰的なものではなく，子どもが適切な行動を示した場合，学校全体，あるいは学級単位で褒め，トークンを与えるというものであった。

　こうした取り組みの結果，この学校全般における問題行動のレベルは低減し，この効果は3カ月後の時点においても維持されていたことが報告されている。ただし，この実践例においても，一部の攻撃的な子どもの問題行動を完全に低減す

表 4 - 3　問題行動と適切な行動の具体例・つづき（Lewis et al., 1998 より作成）

場面と問題行動	ルールと適切な行動				
	親切に	安全に	協力して	敬意を持って	友好的に
休み時間（運動場）					
ゲーム等の邪魔をする	・スキルの違いを受け入れる／ルールを教えてあげる	・所定の場所で遊ぶ	・順番を守る	・終了の合図が鳴ったら遊びをやめる	
言い争う（10秒以上）	・遊具等を独り占めせず，皆で遊ぶ				
移　動					
走る	・手足をぶらぶらさせない	・歩く	・移動する前に指示を待つ	・授業の邪魔をしないよう静かに移動する	・静かに歩いて教室に入る
大声で騒ぐ		・足元に気をつける			
手を出す（叩く・押す）手すりや椅子などで遊ぶ掲示物をはがす	・勉強の邪魔をしないように教室に入る		・大人に言われなくてもルールに従う・教室に入ったらすぐに勉強道具の準備をする	・言葉遣いに気をつける・大人の指示に従う	

ることはできていない。

Ⅳ　今後の課題

　攻撃的な子どもへのSSTは，すでにかなりの蓄積がなされてきている。しかし，これまで実施されてきた指導のほとんどは，外顕的攻撃の高い子ども（多くの場合，男児）を対象としたものであった。今後の課題として，関係性攻撃を含め，さまざまな種類の攻撃を示す子どもへのSSTの試みが行われる必要がある。
　その中で，磯部ら（Isobe, et al., 2004）は，関係性攻撃の高い幼児を対象にSSTを行った数少ない実践の1つである。以下では，彼らの取り組みを紹介し，本章を締めくくりたい。
　彼らは，関係性攻撃が顕著であるとして保育者から報告のあった年中女児1名

を対象に,社会的スキルの個別指導を行っている。これまで,関係性攻撃の高い女児は,自己コントロールスキルや友情形成スキルに問題を抱えていること(磯部・佐藤,2003),および仲間関係が排他的であること(Isobe, et al., 2004),が指摘されていた。そこで彼らは,①関係性攻撃を適切な自己コントロールスキルに置き換えること,②友情形成スキルの習得や多様な子どもとのかかわりを通して排他的な仲間関係を解消することを目指したスキル指導を実施した。先に紹介した佐藤ら(1993)と同様の手続きを用いて指導を行った結果,対象児は関係性攻撃を低減させ,社会的スキルを増加させた。以上の結果から,彼らは,従来のSSTを応用することによって,関係性攻撃の高い幼児にも十分な指導効果が期待できると述べている。今後,複数の関係性攻撃児を対象として,このスキル指導の効果が確認される必要がある。

文　献

Bloomquist, M.L. & Schnell, S.V.: Helping children with aggression and conduct problems: Best practices for intervention. The Guilford Press, New York, 2002.

Crick, N.R., Casas, J.F., & Mosher, M.: Relational and overt aggression in preschool. Developmental Psychology, 33: 579-588, 1997.

Crick, N.R. & Grotpeter, J.K.: Relational aggression, gender, and social-psychological adjustment. Child Development, 66: 710-722, 1995.

Crick, N.R., Werner, N.E., Casas, J.F., O'Brien, K.M., Nelson, D.A., Grotpeter, J.K., & Markon, K.: Childhood aggression and gender: A new look at an old problem. In D. Bernstein (Ed.): Nebraska symposium on motivation. Vol. 45. Gender and motivation, pp. 75-141, Nebraska University Press, Lincoln, 1999.

Dodge, K.A. & Coie, J.D.: Social information-processing factors in reactive and proactive aggression in children's peer groups. Journal of Personality and Social Psychology, 53: 1146-1158, 1987.

Dulcan, M.K. & Martini, D.R.: Concise guide to child and adolescent psychiatry. American Psychiatric Press, Washington, D.C., 1999.

江村理奈・岡安孝弘：中学校における集団社会的スキル指導の実践的研究．教育心理学研究51：339-350, 2003.

畠山美穂・山崎晃：自由遊び場面における幼児の攻撃行動の観察研究――攻撃のタイプと性・仲間グループ内地位との関連――．発達心理学研究13：252-260, 2002.

石川芳子・小林正幸：小学校における社会的スキル訓練の適用について――小集団による適用効果の検討――．カウンセリング研究31：300-309, 1998.

Isobe, M., Carvalho, M.K.F., & Maeda, K.: Behavioral orientation and peer contact pattern

of relationally aggressive girls. Psychological Reports, 94: 327-334, 2004.
Isobe, M., Emura, R., & Ecchu, K.: Social skills training for a relationally aggressive preschool girl. 28th International Congress of Psychology, China, 2004.
磯部美良・佐藤正二：幼児の関係性攻撃と社会的スキル．教育心理学研究51：13-21, 2003.
Laub, J.H. & Lauritsen, J.L.: Violent criminal behavior over the life-course: A review of the longitudinal and comparative research. Violence and victims, 8: 235-252, 1993.
Lewis, T.J., Sugai, G., & Colvin, G.: Reducing problem behavior through a school-wide system of effective behavioral support: Investigation of a school-wide social skills training program and contextual interventions. School Psychology Review, 27: 446-459, 1998.
Niehoff, D.: The biology of violence: How understanding the brain, behavior, and environment can break the vicious circle of aggression. The Free Press, New York, 1999.
大渕憲一：攻撃／攻撃性．中島義明（編）：心理学辞典，有斐閣，1999.
Patterson, G.R. & Dishion, T.J.: Contributions of families and peers to delinquency. Criminology, 23: 63-79, 1985.
佐藤正二・佐藤容子・相川充・高山巖：攻撃的な幼児の社会的スキル訓練──コーチング法の適用による訓練効果の維持──．行動療法研究19：20-31, 1993.
佐藤容子・佐藤正二・高山巖：攻撃的な幼児に対する社会的スキル訓練──コーチング法の使用と訓練の般化性──．行動療法研究19：13-27, 1993.

第5章

引っ込み思案な子どもへのSST

I　引っ込み思案とは

　仲間と一緒に遊ぶことができずいつも1人でいる。人前で話ができず，人との対応がきわめて消極的である。仲間の遊びに加わることが苦手である。このような一群の行動を引っ込み思案行動と呼んでいる。引っ込み思案行動は，子どもの日常の対人場面においてよく見かける行動であるが，この行動が指導や治療の対象となるのは，対人的場面でなんらかの支障や不適応が生じているか，あるいは将来，生じる懸念がある場合であろう。佐藤（2003）によれば，引っ込み思案な子どもは，①対人関係を円滑に進めるのに必要な技能（社会的スキル）に欠けており，②人との積極的なやりとりを回避し，③対人場面で強い不安や緊張，あるいは抑うつ傾向を示し，④自尊心や自信に欠け，自分を否定的に評価しており，⑤1人でいることが多い（社会的孤立），などの後退的，内面的な問題を抱えている。

II　引っ込み思案と社会的適応

　引っ込み思案の特徴を示す子どもは，学校での適応状態や仲間との対人関係をどのように結んでいくのだろうか。第4章で取り上げられている攻撃的な子どもの場合には，古くから社会的適応上の問題が指摘され，また学校の教師にとっても学級経営上，無視できない子どもであるために，多くの注目を集めてきた。これに対して，引っ込み思案の子どもの場合には，学級の中でもおとなしく，目立たない存在であることが多いために，周囲の注目を集めることが比較的少ない。そのために，引っ込み思案児の社会的適応に関する研究はまだ十分とは言えない。

しかし，引っ込み思案の子どもも，攻撃的な子どもと同様に社会的適応上の問題を抱えていることを示す証拠が報告されている。たとえば，佐藤ら (1988) は，小学6年生にソシオメトリック指名法を実施し，彼らが学級の中でどのようなソシオメトリック地位にあるのかを調査した。その調査と同時に収集した社会的行動のタイプ（攻撃的行動が顕著，引っ込み思案行動が顕著，両方とも顕著，両方とも顕著でない）とソシオメトリック地位との関係を検討してみたところ，引っ込み思案行動が顕著な子どもの40％以上がソシオメトリック地位で拒否児と呼ばれるグループに属しており，仲間によって拒否されたり，嫌われたりしていることが明らかとなった。このことは，目立たず，おとなしいと考えられてきた引っ込み思案の子どもの中に仲間との関係を悪化させるリスクのある子どもがかなり含まれていることを示している。

　では引っ込み思案の子どもの中で，社会的適応のリスクを背負っている子どもはどのような子どもであろうか。幼児期前後の子どもを対象としたルビン (Rubin, 1993) の研究によれば，構成的で，事物志向的な遊びを好むために，よくひとり遊びをする子どもは，社会的不適応のリスクはそれほどないという。これに対して「ホバーリング」（仲間の周囲でうろうろしている）や「何となく他の子どもの遊びを見ている」傾向が顕著で，対人不安が高い無口な子どもは，他者の遊びにスムーズに加わることができなくて，仲間の拒否，社会的孤立の持続，心理的悩み等を経験しやすい。こうした子どもが，仲間から拒否されると，彼らが抱えている対人不安や後述する社会的スキル欠如が原因となって，仲間との良好な経験を奪ってしまうことになる。

　引っ込み思案の子どもが，仲間との良好な関係を結べない状態が長期間続くと彼らの社会的適応はどのようになっていくのであろうか。このことを理解するためには，引っ込み思案行動と社会的適応との関係を縦断的に検討した研究が参考になる。たとえば，ルビンらは，幼稚園児（5歳）を中学3年生になるまで追跡した。彼らの報告によると，幼稚園と小学校2年生の時点での引っ込み思案行動から小学5年生（11歳）の時点での抑うつ感，孤独感，否定的な自尊心，不安（教師による評定）を予測することができたという (Hymel, et al., 1990)。つまり，幼稚園と小学校2年生の時点で引っ込み思案行動を示した子どもは，小学校5年生の時点で，引っ込み思案行動を示さなかった子どもと比較して，抑うつ感，孤独感，不安が高く，自分を肯定的にとらえることができず，否定的にとらえてしまう傾向があったということである。さらに，小学校5年生の時点での引っ込み

思案行動は，中学3年生での孤独感，抑うつ感，社会的コンピテンスについての否定的自己評価，仲間集団に対する所属感のなさなどを予測することも確認されている（Rubin, et al., 1995）。したがって，引っ込み思案行動が顕著な子どもは，主観的不適応感が強く，仲間からの拒否や無視を受けやすいことが明らかにされたことになる。

Ⅲ 引っ込み思案児の社会的スキル

先に述べた引っ込み思案行動の著しい子どもが主観的な不適応感や仲間関係のトラブルを抱えている背景には，社会的スキルのつまずきがあるとの指摘がある。たとえば，佐藤（1996）は，引っ込み思案児が苦手としている社会的スキルの領域を以下のようにまとめている。

①認知－社会的スキル：たとえば，「相手の気持ちを考えて話す」「グループで仲良く遊ぶことができる」などのような協調性や役割取得にかかわるスキル。
②主張性スキル：たとえば，「自分のして欲しいことを上手にお願いする」「友達の意見に反対するときには，自分の意見を言う」などの自分の意見や権利を適切に主張するスキル。
③社会的問題解決スキル：たとえば，「友達のけんかをうまくやめさせる」などのような対人的葛藤場面をうまく解決・処理するためのスキル。
④仲間集団へのエントリースキル：たとえば，「遊んでいる友達の中に入る」などのグループへの仲間入りに必要なスキル。

そして，引っ込み思案行動が出現するのは，対人関係に必須の社会的スキルをまだ学習していないか，あるいは不適切な形で学習してしまっていることがその原因として挙げられている。以下に述べるSSTは，引っ込み思案の子どもに必要とされる社会的スキルを学習させることによって，引っ込み思案行動は軽減され，結果として，彼らの主観的不適応感も仲間関係のトラブルも低減するはずだという仮定に立って実施されている。

Ⅳ　SSTの実際

引っ込み思案行動の低減をめざしたSSTは，大別すると，個人を対象としたものと学級集団を対象としたものに分類することができる。ただし，個人を対象としたものでも，指導者や治療者と対象児が1対1で実施するよりも，対象児の仲間2～3名にも一緒に参加してもらうのが一般的である。また学級単位で行うSSTでは，その学級に引っ込み思案の子どもが在籍していたとしても，その子どもに焦点を当てたSSTを実施するのではなく，あくまでも学級全体の子どもで取り組むSSTとなる。したがって，以下の実践例では，「予防的視点」に立って，それほど重症化していないが，しかし社会的スキル欠如が認められる子どもやそのような子どもが在籍する学級で実践されたものである。

1. 幼児を対象とした実践例

まず最初に引っ込み思案を示す幼児を対象としたSSTを紹介しよう。教室の中や幼稚園・保育園の園庭において社会的孤立行動が顕著で仲間とのやりとりがほとんど認められない3名の幼児（幼稚園年長児男女各1名，保育園年少児女子1名）にSSTを実施した（佐藤ら，1998）。自由遊び場面における彼らの行動を観察したところ，対象児らは共通して3つの社会的スキル（遊びの共有〔仲間と一緒に遊びや活動をする〕，適切な社会的働きかけ，適切な応答）に欠けていたので，これらの社会的スキルを標的としたSSTを設定することにした。

SSTは，訓練室でのセッション（5セッション，各セッション15分程度）と自然な自由遊び場面におけるセッション（15セッション，各セッション40～50分）から構成された。訓練室でのセッションでは，標的となっている社会的スキルをどのように実行したらよいかを訓練対象児に理解させるための教示と話し合いを中心に進めた。ここでの訓練は，①不適切な行動についての紙芝居による問題提示，②これらの行動が引き起こすネガティブな結果についての話し合い，③適切な社会的スキルのモデリング，④適切な社会的スキルがもたらす良い結果についての話し合い，⑤役割交替をしながらの行動リハーサルとフィードバック，⑥自由遊び場面での協調的遊びへの参加と適切な社会的スキル使用の奨励などの訓練要素からなっていた。自由遊び場面でのセッションでは，対象児らが訓練室で学習した新しい社会的スキルを自然場面においても適切に実行できるように，

トレーナーが対象児の社会的スキルの用い方についてその都度フィードバックと社会的強化を与えた。また両場面において仲間との社会的相互作用を行う機会を設定するために，同じ学級の仲間2〜3名が訓練対象児と一緒にセッションに参加した。

SSTが終了すると，訓練前には非常に少なかった対象児から仲間への働きかけ，仲間から対象児への働きかけが，仲間とほぼ同じ水準にまで増加した。また社会的孤立行動は，劇的に減少し，協調的遊び行動に従事する割合が大幅に増加した。さらにこうした良好な行動変容は，訓練終了後1年にわたって長期的に維持され，担任教師による社会的行動評定にもそれが反映されていた。これらの成果を踏まえて，引っ込み思案児のSSTを成功させる条件を次のようにまとめることができる。

①訓練室でのSSTでは，標的とされた社会的スキルを幼児が理解できるように具体的な行動レベルで教えること。たとえば，「社会的働きかけ」スキルの1つである遊びの提案を例にとると，1）まず相手に近づいて，2）相手を見て，3）相手に聞こえる声で，4）「○○遊びをしよう」と相手に伝える。このとき，なぜこのようにしないといけないのかを，良い例や悪い例を挙げながら分かりやすく説明するとよい。
②自然な遊び場面でのSSTをぜひ設定して欲しい。標的とした社会的スキルを十分に練習するためには，訓練室だけでの練習よりも，自然な遊び場面を活用したSSTを行う方がその後の定着がよい。
③SSTではどのような訓練場面でも数名の仲間を参加させるとよい。仲間の参加によって，日常の生活場面に近い場面を設定できるし，また対象児の社会的スキルの使用を仲間が強化する環境を作ることができる。
④SSTの初期の頃は，指導者やトレーナーが意図的，組織的に社会的スキルを使用できる環境（集団遊びなど）を設定して，対象児が十分に練習する機会を設ける。こうした意図的，組織的な指導者やトレーナーのかかわりは，SSTが進行するにつれて徐々に少なくしていき，最終的には対象児自身の力で社会的スキルの展開ができるようにする。

2．対人不安を示す子どもを対象とした実践例

次に紹介するのは，対人不安の強い小学生（8歳から12歳）に仲間ペア法を

用いたベイデルら（Beidel, et al, 2000）のSST実践事例である。仲間ペア法は，対象児に意図的に社会的スキルの優れた仲間とペアを組んでもらい，一緒に活動に参加しながら，その中で対象児の社会的スキル学習を促進しようとする方法である。この方法は，仲間に特別なトレーニングを実施する必要がなく，一緒に遊びや学習活動に参加するように求めるだけであるので，参加する仲間にとって負担が少ないという利点がある。

　彼らは，親への教育，SST，仲間への般化指導（仲間と一緒に活動に参加する），累進的な現実エキスポージャー（不安度の低い対人場面から高い対人場面へと徐々にさらされる）などを用いて対人不安の高い小学生に介入を行った。SSTは，4名から6名の集団で1回60分の時間をかけて実施された。標的とされた社会的スキルは，あいさつと自己紹介，会話の始め方と維持の仕方，聴くスキル，仲間への入り方，主張性スキル，電話スキルなどであり，友達との会話をスムーズに進めるために必要な会話スキルや友だちとの良い関係を作るのに役立つ友情形成スキルが中核となっていた。またエキスポージャーは，個別に1回60分ずつ行った。このプログラムでユニークなのは，さまざまな仲間への関係の広がりをもたせる試みとして行われた仲間相互作用経験（年齢にあわせて集団でレクレーション活動，たとえば，ピザパーティー，ボーリング，インラインスケートなど）であった。対象児の数と同じ数の仲間がボランティアとして参加した。この活動を通して，この介入に参加した不安のない仲間が，対象児に積極的に相互作用を働きかけたり，維持したりすることで，対象児が介入場面以外のさまざまな場面でも社会的スキルをうまく使えるように援助した。こうした介入によって，ストレスを感じる日数，社会的不安，一般的不安の減少，日常場面での適応機能の改善，社会的スキルの改善などが認められた。

　またこの介入プログラムを3年にわたって追跡したベイデルら（Beidel, et al., 2005）の報告によると（表5−1参照），この介入プログラムの効果は3年を経過してもなお維持されており，うつ尺度得点，社会不安得点，孤独感，問題行動尺度，行動観察評定得点のいずれもが介入後およびフォローアップの時点で有意に改善されており，また介入に参加した子どもの72％が，3年後にも社会恐怖の診断を受けることがなかった。このことから，SST，仲間ペア法，エキスポージャーを中核とした本プログラムの有効性が実証されたと言えるだろう。

　この実践事例は，小集団を活用した個別の対象児への援助法を単独で採用したものではないので，介入対象者の変容がSSTや仲間ペア法によって生じたもの

表5-1 治療前後，およびフォローアップ時の各尺度の平均得点（標準偏差）
（ベイデルら，2005を一部改変）

測度	治療前	治療後	3年フォローアップ
子どもの自己報告			
うつ尺度（CDI）	9.89（6.35）	5.63（5.57）	4.11（4.81）
孤独感尺度	43.11（11.55）	36.04（10.84）	31.15（9.20）
社会不安尺度（SPAI-C）	26.53（8.95）	17.23（8.77）	13.38（12.26）
親の報告			
内面化問題行動（CBCL）	68.12（7.22）	61.46（7.76）	57.58（9.72）
外面化問題行動（CBCL）	57.62（9.53）	53.31（10.33）	51.12（9.75）
観察者の評定			
ロールプレイ中の不安	3.10（0.86）	2.38（0.77）	2.36（1.01）
声に出して読む時の不安	2.71（0.95）	2.00（0.96）	1.88（1.05）

と断定できないが，仲間相互作用経験を積極的に介入プログラムに取り入れて，対象児に生じた変容を，日常の場面にまで広げようとした点は高く評価できるであろう。佐藤（2004）は，仲間を介入に参加させることの利点を次のようにまとめている。

①仲間を参加させることで，日常に近い場面設定ができる
②有能な仲間は，適切な行動のモデルを示してくれる
③介入期間中に学習した内容を日常の生活場面に定着させるのに役立つ
④介入中に起こった対象児の好ましい行動変容を仲間が身近で知覚することによって，対象児に対する仲間の認知を好ましい方向に変えることができる

ただし，仲間を参加させるにあたって，仲間やその保護者，教師の同意を得ること，介入中の仲間の負担を大きくしないこと，安全な介入場面を設定することなどの配慮が必要である。

3．学級全体で取り組んだ実践例

小学校の各学級には引っ込み思案行動を示す子どもが1人，2人はいるものである。こうした子どもを担任する教師にとっては，引っ込み思案の子どもには，もっと積極的に仲間に働きかけて，仲間との対人的なやりとりを増やして欲しい

と願うであろう。また学級の他の子どもたちには，引っ込み思案の子どもを遊びに誘ったり，気持ちを理解した働きかけをして欲しいと感じるだろう。

　SSTの視点に立てば，引っ込み思案行動を減少させるためには，引っ込み思案児には仲間集団への入り方を，そして周囲の子どもたちには仲間の誘い方をまず学習させる必要がある。これに加えて，仲間の働きかけに対して好意的な応答を示すことで，仲間の働きかけをさらに増加させ，持続的な社会的やりとりを発展させることができる仲間強化スキルも必要である。さらに，引っ込み思案児は，仲間から積極的に働きかけられても，その働きかけに気づかないことがよくある。したがって，相手の働きかけに気づくことができるように，働きかけてくる仲間の話を上手に聴き，それを理解することができるように聴くスキルの学習をあわせて実施することが望ましい。貝梅ら（2003）は，上記のような視点に立って，小学3年生の学級で学級単位のSSTを実践した。この実践学級には担任教師にとって気がかりな引っ込み思案の子どもが含まれており，SSTを通して，学級全体の社会的スキルを高めることと同時に，この引っ込み思案児の行動が改善することも大きな目標となっていた。

　表5-2は，本実践の様子を貝梅（2005）がまとめたものである。第1・第4・第7セッションで，授業時間（45分）を使って学級全体で3つの社会的スキルを学習した。その他のセッションは授業時間に学習したスキルの実行を促進することを目的に，昼休み時間を利用して行われた。昼休み時間（20分〜30分）には教師と心理学を専攻する大学院生2名がトレーナーとなって，学級全員の子どもが一緒にゲームをしながら，授業時間に学習したスキルを行動リハーサルした。昼休み時間は仲間とのかかわりが比較的多いので，授業時間に学習した社会的スキルを日常場面で実行する機会を多くもてるという利点がある。

　授業時間のスキル学習では，担任教師1人で実践するばかりでなく，トレーナーとして，複数の大人（たとえば，保護者や他の教師）などに協力してもらうと，家庭や教室以外の学校の場所でのスキルの使用を促進することができるので，SSTの効果があがりやすい。また，すでに適切な社会的スキルを身に付けている仲間にトレーナーとして活躍してもらってもよいだろう。さらに第3・第6・第9セッションは，とくに引っ込み思案の子どもにトレーナー（教師の指導を受けた大学院生）がつき，昼休み時間に自由な行動をさせながら，授業で学習した社会的スキルの練習を行った。社会的スキルの使用を促したり，適切な使用を賞賛したりしながら，仲間の協力も得ながら，引っ込み思案の子どもが仲間に働き

表5－2　全体計画と考え方（貝梅，2005）

1次	聴くスキル	第1セッション	上手に聴くためには？	45分
		第2セッション	聴き方上手になろう ○声の調子を変えたり，体の向きを変えたりするトレーナーの指示に従うことで聴くスキルを使用するゲームを行う。	休み時間
		第3セッション	聴くスキルを使おう	休み時間
2次	社会的働きかけスキル	第4セッション	お友だちになるには？	45分
		第5セッション	仲間をさがそうゲーム ○音楽に合わせて動き回り，音楽が止まったところで出会った人と働きかけスキルを用いて仲間に入るゲームを行う。	休み時間
		第6セッション	働きかけスキルを使おう	休み時間
3次	仲間強化スキル	第7セッション	もっと仲良くなるには？	45分
		第8セッション	暖かい言葉かけゲーム ○提示された絵を参考にして同様の行動を示すという課題をゲーム形式で行う。「励ます」「ほめる」「心配する」「感謝する」などのスキルを身に付ける。	休み時間
		第9セッション	仲間強化スキルを使おう	休み時間

かけやすい環境を作るようにした。

　本実践の効果を測定するために，小学生用社会的スキル尺度（嶋田ら，1996）と教師による社会的スキル評定（渡邊ら，1998）をSSTの前後で実施したところ，自己報告による社会的スキル得点では，実践前から実践後にかけて引っ込み思案得点が有意に減少し，また教師による評定では，協調性スキルが有意に増加していることが明らかになった。このことから，SSTの実践が，学級全体で仲間とものを分かち合ったり，仲間の考えを受け入れたり，協調したりする行動が促進され，引っ込み思案行動のような消極的な行動が減少していくことが示された。

　また引っ込み思案の顕著だった子どもは，SSTの実践前には，孤立行動が著

しく，学級全体で行動する時にも，仲間集団からはずれて1人で行動することが多く，友だちからの働きかけがほとんどなかった。この子どものSST後の引っ込み思案得点を見てみると，SST前の得点よりも減少していた。ただし，SST終了後においても引っ込み思案行動は，他の子どもと比較すると，まだ高い傾向にあったが，トレーナーに対して笑顔で「ぼく，入れてって言えたよ」と報告できるようになっていた。

IV 今後の課題

　本章で取り上げた3つの実践は，それぞれに今後の課題を指し示してくれる。まず幼児のSSTは，引っ込み思案児の発達過程を考えるならば，いわゆる早期予防的介入ということになる。ルビンらの縦断的研究によれば，小学生以降の引っ込み思案行動は，何らかの指導援助が意図的に試みられないと変化しにくいとのことであった。それならば，小学校に入る前の子どもたちへの対人関係促進をめざした援助は重要な役割をもつことになるであろう。今後もっと活発なSSTによる援助が幼児期の子どもに向けられることを期待したい。
　社会不安あるいは社会恐怖は，引っ込み思案から発展する不安障害の1つと考えられている。幼児期や児童期の社会不安障害についてはまだ十分に明らかにされてはいないが，SSTがこの障害の予防あるいは治療に貢献することがベイデルらの実践から明らかにされている。今後こうした社会不安障害をもつ子どもへの治療および予防に関する研究がわが国でも活発に行われることを期待したい。そのためには，社会不安障害児の発達過程がもっと明確にされる必要があると思われる。そして上記の幼児からのSSTを含む予防的な介入が実践されるようになれば，社会不安障害の治療や予防は大きく進歩すると思われる。
　最後に，学級単位で行われる集団SSTは，引っ込み思案のような個人差を扱うレベルにまで研究や実践が深まっていない。今後，どのような社会的スキルを教えると引っ込み思案行動の望ましい変容につながっていくのかを明らかにしながら，集団SSTにおいても個人差に応じた取り組みが実践されるようになることを期待したい。

文　献

Beidel, D.C., Turner, S.M., & Morris, T.L.: Behavioral treatment childhood social phobia.

Journal of Consulting and Clinical Psychology, 68: 1072-1080, 2000.

Beidel, D.C., Turner, S.M., Young, B., & Paulson, A.: Social effectiveness therapy for children: Three-year-follow-up. Journal of Consulting and Clinical Psychology, 73: 721-725. 2005.

Hymel, S., Wagner, E., & Butler, E.J.: Reputational bias: View from the peer group. In S.R. Asher & J.D. Coie (Eds.), Peer rejection in childhood. Cambridge University Press, Cambridge, pp.156-186, 1990.

貝梅江美：引っ込み思案児のいる教室．佐藤正二・相川充（編）：実践！　ソーシャルスキル教育，図書文化社，pp.158-167, 2005.

貝梅江美・佐藤正二・岡安孝弘：児童の引っ込み思案行動低減に及ぼす集団社会的スキル訓練の効果——長期維持効果の検討——．宮崎大学教育文化学部附属教育実践総合センター研究紀要 10：55-67, 2003.

Rubin, K.H.: The Waterloo Longitudinal Project: Correlates and consequences of social withdrawal from childhood to adolescence. In K.H. Rubin & J. Asendorph (Eds.), Social withdrawal, inhibition, and shyness in childhood. Erlbaum, Hillsdale, pp.291-314. 1993.

Rubin, K.H., Chen, X., McDougall, P., Bowker, A., & McKinnon, J.: The Waterloo Longitudinal Project: Predicting internalizing and externalizing problems in adolescence. Development and Psychopathology, 7: 751-764. 1995.

佐藤正二：引っ込み思案と社会的スキル．相川充・津村俊充（編）：社会的スキルと対人関係，誠信書房，pp.93-110, 1996.

佐藤正二：非社会的的問題行動．内山喜久雄・坂野雄二（編）：問題行動の見方・考え方，開隆堂出版，pp.20-38, 2003.

佐藤正二：集団介入の利点，欠点，工夫点．坂野雄二（監修），嶋田洋徳・鈴木伸一（編）：学校，職場，地域におけるストレスマネジメント実践マニュアル，北大路書房，pp.29-38, 2004.

佐藤正二・佐藤容子・高山巖：拒否される子どもの社会的スキル．行動療法研究 13：126-133, 1988.

佐藤正二・佐藤容子・高山巖：引っ込み思案幼児の社会的スキル訓練——長期維持効果の検討——．行動療法研究 24：71-83, 1998.

第6章

学習障害(LD)をもつ子どもへのSST

I 学習障害児の仲間関係と社会的スキル

　文部省(1999；現文部科学省)は，学習障害(Learning Disabilities)を，「基本的には全般的な知的発達に遅れはないが，聞く，話す，読む，書く，計算するまたは推論する能力のうち特定のものの習得と使用に著しい困難を示すさまざまな状態を指すものである。学習障害は，その原因として，中枢神経系に何らかの機能障害があると推定されるが，視覚障害，聴覚障害，知的障害，情緒障害などの障害や，環境的な要因が直接の原因となるものではない」と定義している。

　この定義に従えば，学習障害と対人関係や社会的スキルの問題は何らの関係もないように思える。しかし実際には，学習障害をもつ子どもたちは，さまざまな仲間関係の問題を抱えている。たとえば，佐藤ら(1995)によれば，学習障害をもつ年長幼児の場合，まだ学習障害児であるとの診断を受けていない時点でも，その約7割が，仲間からの受容度において，学級の下位3分の1に入るという。また，泉ら(1996)によると，自由遊び時間中，健常児は平行遊びや協調遊びといった，他児と何らかの形でかかわりをもつ社会的行動に費やす時間が長いのに対して，学習障害をもつ年長幼児は「ひとり遊び」か「何もしない」，つまり，孤立行動が多い(図6－1)。また，小学生の場合は，学習障害をもつ子どもたちは，授業時間中の社会的スキルだけでなく，級友たちとともに協調的に行動したり，級友に対して好意的な働きかけをすることが少なく(図6－2)，反対に，攻撃的行動や妨害行動，引っ込み思案行動などの問題行動が多かった(図6－3)。

　学齢期の子どもたちについては，これまでに数多くの研究がなされており，その多くが，健常児に比べて学習障害児の仲間関係には問題が多いことを示している(たとえば，Thompson, et al., 1994)。また，仲間関係のまずさは子ども時代

図6-1　年長幼児期の学習障害児と健常児の自由遊び時間の行動

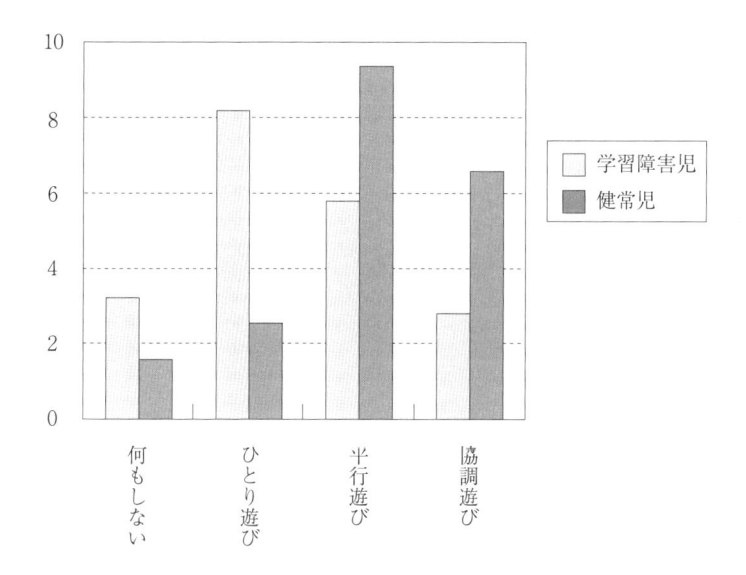

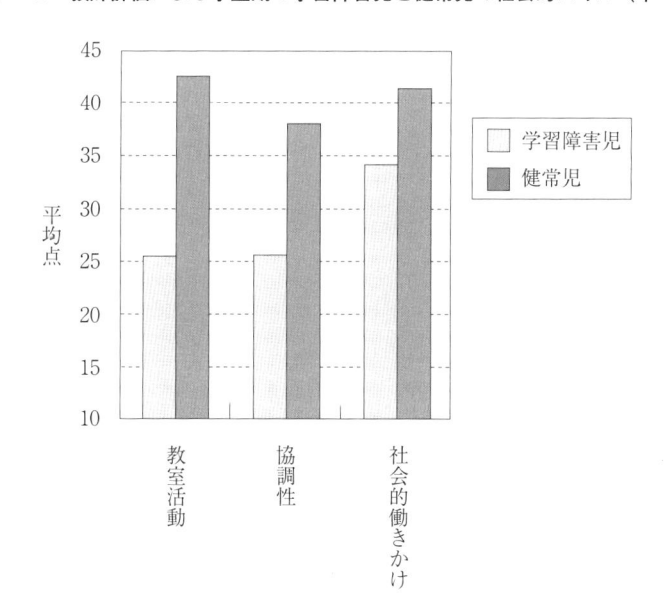

図6-2　教師評価による学童期の学習障害児と健常児の社会的スキル（平均点）

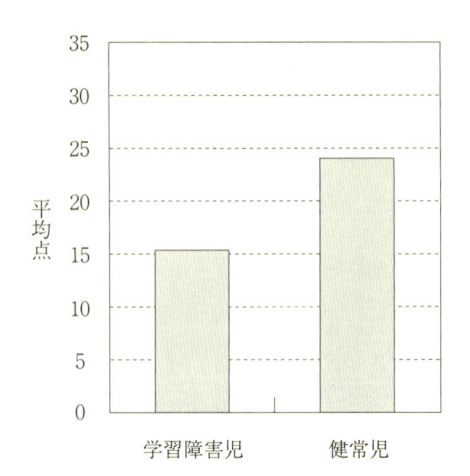

図6−3　教師評価による学童期の学習障害児と健常児の問題行動得点（平均点）

の問題であるだけでなく，その後の適応困難，学校からのドロップアウト，孤独感など，多くの否定的な結果と結びついていることが指摘されている（Kupersmidt, et al., 1990; Parker, et al., 1995）。

したがって，学習障害をもつ子どもたちの仲間関係を改善するためには，彼らの社会的スキルのまずさを改善する指導が必要である。

II　学習障害児へのSST

通常の学級の中で孤立しがちな学習障害児に社会的スキルを指導する際には，大別して，その子どもを別室に連れ出して，その子どもに不足している社会的スキルを特別に指導するやり方と，学級全体を指導の対象にするやり方がある。以下に，それらについて具体的に説明しよう。

1．学習障害児に焦点を当てた個別のSST

a．個別指導の基本的な流れ

まず，ターゲットとなる子ども（学習障害をもつ子ども：ターゲット児）の普段の行動を査定する。査定方法は，多くの場合，社会的スキルの評定尺度を用いて教師に行動評価をしてもらうか，あるいは直接的な行動観察を行う。ターゲッ

ト児自身に評価させる自己評定尺度も用いられるが，評価の客観性を保証するために，通常はこれらの中から2つ以上の査定手段を組み合わせる。そして，級友たちと比べてターゲット児が明らかにうまく使用できないと思える社会的スキルを特定する。学習障害児の場合，社会的情報処理の苦手のために，自己評価が他者評価や行動観察とは大きく異なることがあるので，教師評価や行動観察などが重要な情報源になる。

次に，ターゲット児が明らかに他児に比べてうまく使用できないと思える社会的スキルのうち，良い仲間関係を作り，維持するのに重要と思えるもので，かつ，比較的指導が容易なスキルを選んで，指導のターゲット・スキルとする。

個別指導の場合は，第3章で述べた標準的なSSTの手順を基本にしつつも，その子どもの発達レベルや行動特徴に合わせたバリエーションが工夫されることが多い。

b．学習障害児に対する個別指導の事例

以下に，具体的な例を見てみよう。

小学5年生のA君は，おしゃべりすることは上手にできるが，読むことと書くことが極端に苦手な学習障害児であり，最近，「学校を休みたい」と考える日々が続いている。級友たちからも何となく浮き上がっている様子で，休み時間は，いつも1人で本を読んでいる。A君自身は，「持ち物を隠されたり，からかわれる，悪口を言われるなど，みんなが自分をいじめる」と訴えている。

しかし，担任教師の話からは，A君の行動の方にこそ，級友たちから孤立してしまう主な原因がありそうな様子がうかがえた。つまり，A君は級友たちに対して，いつも攻撃的で，級友たちを叩いたり，暴言を吐く。また，常に冷ややかで，級友たちのちょっとした失敗に対して，馬鹿にしたような態度をとり，友好的に振る舞えなかった。授業中は，教師の指示に従わずに，「どうせ……」などの厭世的な言葉を吐き，わざと姿勢を崩して座る，配られたプリント課題は手をつけずに他児の作業を妨害する，自分の好きなことは順番を守らず，他児を押しのけて独占しようとするなどの不適切なルール違反行動が目立っていた。「僕は一匹狼だから」というのがA君の口癖であったが，実際は，友だちがいないことで寂しいと感じ，保護者にはしばしばそのように訴えていた。

そこで，A君に，まず，学級の中で，A君が「あんなふうに自分もなりたい」と感じるような人気者の子どもを探させ，その名前を尋ねた。次に，その子ども（B君）の人気が高いのはなぜかを考えさせた。これに対してA君からは，「B君

がやさしいし，おもしろいから」という答えを得たので，どんなことからB君がやさしく，おもしろいことが分かるのかを尋ね，社会的スキルを意識させるようにした。

　B君がどんな行動をするからなのか，つまり，B君の社会的スキルを具体的に考えさせたうえで，友達関係には，人間性や性格などといった漠然としたものではなく，用いるスキルの適否こそが影響していること，また，スキルは練習によって上達するものであることを説明した。そして，B君のよく用いるスキルを明確にした上で，それらを「するべきこと3つ」とし，A君自身が頻繁に行っていた不適切な行動を「してはいけないこと3つ」とした。具体的には，前者は「人をほめる，やさしくする，人の話をよく聞く」であり，後者は「人を馬鹿にする，いばる，ルールを破る」であった。

　そして，指導者がそれぞれの適切なスキルを演じて見せた後で，A君にも指導者を相手にして3回ずつ練習させた。さらに，「するべきこと」と「してはいけないこと」を呪文のように繰り返して言わせて，確実に覚えさせた。そして，教室に戻ってもこれを実践するように奨励した。

　一方で，A君の担任教師にもこの指導の内容を伝え，毎朝，A君が登校してきたら，個人的に声をかけて，上記の「するべきこと」と「してはいけないこと」を言わせて確認し，「今日もこの約束をがんばろうね」と励ましてもらうようにした。また，学級内でA君がこれらの適切なスキル（するべきこと）を用いたときには，ほめてやるようにとお願いした。不適切なスキル（してはいけないこと）が見られたときはすぐにその場で制止して，適切なスキルを実行させた上で，それに対して「ほら，できたじゃない。それでいいんだよ」などとほめてやり，自信をつけさせるようにした。

　2週間後，A君は明るい顔で，友だちができたことを報告に来た。担任教師からは，A君の攻撃的な行動とルール違反が劇的に少なくなったとの報告を受けた。

　指導の前と後に，それぞれ1週間（5日）にわたって，授業中（1日につき30分ずつ）と昼休み時間中（1日につき30分ずつ）のルール違反行動，攻撃的行動と向社会的スキルについて行動観察を行った。その結果は，表6－1の通りであり，ルール違反行動と攻撃的行動が共に減少し，向社会的スキルが増加した。（注：表中の数値は，1日のうちの，授業中30分間と昼休み時間中30分間にみられたそれぞれの行動の出現回数を合計して，その日の観察時間中の出現回数と

表6-1 指導前後のA君の行動の変化(1日あたりの平均回数)

	ルール違反行動	攻撃的行動	向社会的スキル
指導前	10.6	24.4	0.4
指導後	2.2	4.2	5.8

※ここでは，授業中30分とその日の昼休み時間30分を合わせた合計1時間分を「1日」とする。

し，5日分の平均回数を算出したものである。)

2．小集団を対象にしたSST

a．小集団指導のメリット

学習障害児の社会的スキルのまずさがまだ本人にも周囲の子どもたちにも十分に認識されておらず，仲間関係上のダメージがまだそれほど深刻でない幼児期には，社会的スキルのまずい学習障害児と数名の健常児を対象にした小集団でのSSTがよく行われる。これは，対象となる学習障害児自身のまずい社会的スキルに焦点を絞った指導が行えること，健常児からの協力者を得ることで，孤立しがちであった学習障害児の社会的やりとりのきっかけを作りやすいことなどのメリットがある。

b．学習障害児に対する小集団指導の事例

ある幼稚園の年長組の教室で，仲間たちからいつも孤立している学習障害児（B児：5歳女児）がいた。B児は引っ込み思案行動が目立ち，級友たちからちょっかいを出されても何も言えず，ついには泣き出してしまうために，結局は級友たちが離れていくのであった。

B児に3名の健常児を加えて，4名を1グループとしてSSTを行うことにした。トレーナー1名とサブトレーナー1名が協力して指導に当たった。

ここでは，ドッジ（Dodge, 1986）の社会的情報処理モデルに基づいて，学習障害児の多くが苦手とする社会的情報処理と社会的スキルの関係に注目して，社会的情報処理の側面を強調した社会的スキルを指導することの効果性を明らかにする試みがなされた。社会的情報処理の能力を高めるために，B児が日常生活の中でよく出会うにもかかわらず，うまく対処できないと思われる対人間問題解決場面を6つ選んで，教材にした（約束を破られる場面，助けを求める場面，物を取られる場面，待ち合わせをすっぽかされる場面，仲間入りする場面，順番を横

入りされる場面)。教材場面はそれぞれ紙芝居に描き，ストーリーを付けて用いた。教材のストーリー例は，下記の通りである。

「約束を破られる場面」
　〇〇ちゃん（主人公）は，幼稚園でAちゃんと一緒に宝物のおもちゃを隠しました。〇〇ちゃんとAちゃんは，「隠した場所は2人だけの秘密にしよう」と約束しました。でも，次の日，〇〇ちゃんが幼稚園に行ってみると，AちゃんとBちゃんが宝物のおもちゃを使って遊んでいました。

①指導場面では，まず，子どもたちのグループに紙芝居を提示しながらストーリーを読んで聞かせる。そして，子どもたちに，主人公の気持ちを尋ねる。その際，紙芝居上の〇〇ちゃんの表情に注目しやすいように，主人公の顔を丸で囲んで見せた。
②次に，どうして主人公がその気持ちになっているのかを，子どもたちに考えさせる。このとき，子どもたちが，紙芝居の絵を見て場面全体の状況を読むことができるように，言葉で場面の因果関係を説明してやる。
③さらに，主人公と相手（Aちゃん）との気持ちを，子どもたち全員で話し合わせる。
④主人公はどうすればよいのかについて，できるだけ多くのやり方を考えさせ，そのひとつひとつをホワイトボードに箇条書きにする。
⑤上に挙げた主人公の行動のひとつひとつに対して，その行動をとったときに起こりうる結果を考えさせる。ここでは，その行動をとったときの主人公の感情と相手の感情が良いか悪いか，両者の友だち関係が良くなるか悪化するかといった視点から考えさせる。
⑥子どもたちと一緒に，もっともよいと思われる行動（社会的スキル）を1つ選び，トレーナーとサブトレーナーが主人公と相手役とになって，子どもたちにその社会的スキルを実演してみせる。
⑦トレーナーを相手役として，子どもたちひとりひとりに主人公役をロールプレイさせ，言語的賞賛を与える。
⑧実際の生活場面でも，ここで習った社会的スキルを使ってみるようにと奨励する。
⑨幼稚園の自由遊び場面で，ここで指導した社会的スキルを使うことが適切と

思われる場面があったときに，機会利用型の指導を行う。

　以上のような指導を，1回につき20分，合計6セッションにわたって実施した。指導効果をみるために，指導の前後と指導終了1カ月後のフォローアップの時点で，自由遊び時間中のB児の行動観察，社会的情報処理査定，教師評定による社会的スキル評定，そして，級友たちによるソシオメトリック評定を行った。その結果は，表6－2から表6－4に示す通りであった。

　小集団によるSSTによって，自由遊び時間中のB児の孤立行動は減少し，協調遊びが増加した。また，B児が他の子どもたちの活動に仲間入りする際には，言葉ではっきり「入れて」と言えるようになった。教師評定の結果によると，B児は指導前からフォローアップにかけて，「協調性」，「教室活動」，「自己コントロール」，「遊び活動への働きかけ」に改善がみられた。ソシオメトリック査定の結果によると，B児はSSTを受ける前には級友たちからの受容度は学級の女児19名中17位であったが，SST後には19名中11位へと上昇していた。とくに，一緒にSSTを受けた子どもたちからの受容度の改善が大きかった。これらのことから，B児の不得意な社会的スキルとそれに関する社会的情報処理に焦点を当てた小集団でのSSTは，B児の社会的スキルと社会的情報能力を改善し，級友たちからの受容度も高めることが明らかになった。

3．学級全体を対象にした集団SST
a．学級集団へのSSTのメリット
　上記のように，スキルのまずい子どもを選び出して，個別または小集団の中で指導することは，ターゲット児のスキルのまずさに焦点を絞った指導ができるという利点があり，一定の効果が得られる。しかし，集団の中からターゲット児を連れ出すことは，それ自体がターゲット児への偏見を助長したり，ターゲット児の自尊心を傷つける危険性が伴うため，実施には慎重を期する必要がある。

　また，対人関係は相互的なものであるから，これらの学習障害児の社会的スキルがまずいだけでなく，彼らに対する級友たちの社会的スキルにも不適切な点があると思える。また，学校の中で，学習障害をもつ子どもたちはさまざまな面でつまずきを示していることが多く，それらの子どもたちを学級集団から切り離して別の場所に連れ出すことは，場合によっては級友たちからの特別視や「ダメな子」というラベリングを助長することになる危険性がある。この問題を解決する

表6-2 自由遊び時間中にみられたB児の孤立行動と協調遊びの割合（%）

	指導前	指導後	1カ月後
孤立行動	30.3	18.3	20.2
協調遊び	44.2	59.7	59.7
その他	25.5	22.0	20.1

表6-3 指導前後におけるB児の社会的情報処理テストの得点

	指導前	指導後	1カ月後
指導に用いた問題場面課題	21	30	26
指導に用いなかった問題場面課題（般化課題）	20	29	24

表6-4 教師評価によるB児の社会的スキル得点

	指導前	指導後	1カ月後
葛藤解決	3	4	4
協調性	22	22	24
教室活動	9	10	11
自己コントロール	10	14	13
主張性	5	7	6
遊び活動への働きかけ	15	18	20
合計社会的スキル得点	64	75	78

ためには，特定の子どもを選び出す必要のない学級全体を対象にした指導が有効である。

　b．学級全体への集団指導の事例

　そこで，佐藤（2005）は，学級全体を対象にしてSSTを実施することによって，学習障害児と級友たちの仲間関係を改善することを試みた。

　対象は，小学2年生と3年生の学級で，それぞれ級友たちから孤立している学習障害児（C君，D君，E君）がいた。

　これら3名の子どもたち（ターゲット児）は，指導開始前の時点で，すでに級友たちからは「あの子はみんなと遊ばない子」という評価を受けており，自分から話しかけることも，級友たちから誘われることもなく，孤立していた。

級友たちとの間にまったくやりとりがなく，ターゲット児に対する級友たちの注目（とくに肯定的な注目）もなかった。そこで，指導によってターゲット児たちのスキルが改善したことに気づき，応えてくれるような人的環境を作る必要があると考えた。

そこでまず，ターゲット児と同じ学級の人気者の子どもとターゲット児をペアにして，学級の「仲間リーダー」に指名した。そして，担任教師が，学級全員の前で，来週から「友だちづくり大作戦」の勉強をすること，これらの子どもたちを学級の「仲間リーダー」に選んだことを説明した。これは，ターゲット児と学級の人気者とをペアにすることによって，人気者の子どもに対する学級の仲間たちの肯定的な注目が，それまでは肯定的な注目を受けてこなかった学習障害児にも般化することを期待して行った工夫であった。

次に，これらの仲間リーダーたちを朝自習の時間に別室に呼び出して，仲間リーダーの役割を説明した。仲間リーダーの仕事は，級友たちがこれから授業で学ぶはずの社会的スキルを前もって特別指導を受けて習得しておき，本番の授業では，教室の前に立って，教師の助手役として教師の質問に答えたり，適切な社会的スキルを演じて見せることであった。

仲間リーダーたちに対する特別指導は，週2回，（1回につき10分〜15分），3週間にわたって実施した。仲間リーダーに指名された学習障害児たちは，自分たちが選ばれたことに対する喜びと誇らしさを感じている一方で，学級のみんなの前に出て，教師の助手役としてうまく行動できるかどうかに大きな不安を感じていた。そこで，仲間リーダーたちには，まず，失敗を恐れたり，恥ずかしがることをなくすため，「失敗は成功のもと，ご飯はウンチのもと！」を合い言葉にして緊張をほぐし，各回の特別指導の前後に，全員で大きな声でこのフレーズを唱えるようにした。

このプログラムのターゲットスキルとしてとりあげた社会的スキルは，「上手な聞き方」，「仲間への言葉かけ」，「集団活動への仲間入り」であった。

第1週目には，仲間リーダーたちに対する特別指導で「上手な聞き方」を2回にわたって指導した後で，学級全体に対して同じスキルをターゲットにした集団指導を行った。その際に，仲間リーダーたちは学級のみんなの前で仲間リーダーとしての役割を果たした。

同様に，第2週目には「仲間への言葉かけ」，第3週目には「集団活動への入り方」のスキルを指導した。

学級全体への集団指導は，下記の手順に従った。

①約束事（ふざけない，恥ずかしがらないでがんばろう）の確認。
②紙芝居による問題場面の提示。
③仲間リーダーが，登場人物の気持ちや様子を説明し，適切な社会的スキルの使用が必要だと言う。
④仲間リーダーがモデルとなって，適切な社会的スキルを実演してみせる。
⑤5名〜8名からなる小グループに分かれて，役割交代をしながら，適切な社会的スキルを練習する。その際，各グループに大人のサブトレーナーがついて，子どもたちのできばえをフィードバックしてやる。
⑥トレーナーは，仲間リーダーの働きに対して賞賛を与え，習得したスキルを日常場面でも使用するように学級全体に促す。

集団指導は，各45分のセッションで行った。
さらに，習得したスキルがさまざまな場面で使えるようにするために，通常の昼休み時間を利用して，機会利用型のトレーニングを行った。ここでは，習得したスキルを使うべき場面でターゲット児が適切なスキルを用いたときには直ちにほめてやり，必要に応じてスキルの実行を手助けした。
指導の効果をみるために，指導の前後に，自己報告による社会的スキル評価尺度（嶋田ら，1996），教師評価による社会的スキル評価尺度（自己報告尺度と同じもの），孤独感尺度（前田，1995），自己報告によるコンピテンス尺度（Harter & Pike, 1984）を実施した。
表6−5は，指導の前後のターゲット児と，級友たち（平均）の自己報告による社会的スキルの評価得点を示している。向社会的スキルとは，困っている友達を助ける，友だちが失敗したら励ますなど，社会性に富んだ友好的なスキルである。程度の差こそあれ，ターゲット児は3名とも，このスキルが改善し，引っ込み思案行動と攻撃行動が減少した。これに対して，級友たちの行動の改善には一貫した結果が得られなかった。
表6−6は，教師による同様の評価である。大雑把に見て，ターゲット児の自己報告と類似の改善が見られたと言えよう。学級全体では，引っ込み思案行動と攻撃行動の改善が評価されているが，向社会的スキルが改善したのはクラスIのみであった。

表6-5　ターゲット児と仲間たちの自己報告による社会的スキル得点

	C児		D児		E児		クラスⅠ		クラスⅡ	
	前	後	前	後	前	後	前	後	前	後
向社会的スキル	14	24	20	25	23	25	22.03	24.05	22.27	22.36
引っ込み思案行動	11	8	16	7	10	8	7.26	7.79	6.82	6.45
攻撃行動	8	5	7	6	6	5	7.03	7.21	6.48	5.94

表6-6　ターゲット児と仲間たちの教師報告による社会的スキル得点

	C児		D児		E児		クラスⅠ		クラスⅡ	
	前	後	前	後	前	後	前	後	前	後
向社会的スキル	10	15	11	13	23	25	20.16	23.02	22.14	22.57
引っ込み思案行動	14	10	13	14	12	10	6.58	5.68	6.29	5.79
攻撃行動	9	7	9	9	11	7	6.92	6.32	8.14	7.21

表6-7　ターゲット児と仲間たちの孤独感得点とコンピテンス得点

	C児		D児		E児		クラスⅠ		クラスⅡ	
	前	後	前	後	前	後	前	後	前	後
孤独感	26	22	32	15	29	14	18.53	17.23	17.76	16.82
仲間コンピテンス	9	17	10	18	13	19	17.00	17.79	18.21	18.03
認知コンピテンス	7	8	16	17	17	14	15.79	16.47	15.85	15.15
身体コンピテンス	8	9	17	19	15	12	16.74	17.13	16.21	16.06

※C児とD児はクラスⅠ，E児はクラスⅡに所属している。

　表6-7は自己報告尺度の結果で，上の部分は孤独感得点，下の部分はコンピテンス得点を示している。ターゲット児は3名とも，孤独感が大きく低下した。学級全体でも，孤独感の低下が見られた。コンピテンスについては，3名のターゲット児は，仲間関係に関するコンピテンスが大きく改善された。身体活動能力や認知能力については改善が見られなかったが，これは本プログラムでは指導の対象ではなかったためであろう。

　その他にもエピソードとして，学級のターゲット児以外の子どもから，「私は今までお友だちがいなくて寂しかったけど，自分から『遊ぼう』って言ったらいいことがわかったので，そう言ってみたら，お友だちができた。仲良しになれたのでうれしかった」という声がトレーナーに届いた。また，担任教師からの報告

では，いずれの学級でも，子どもたちが意地悪なことを言ったり，からかったりすることがなくなり，お互いにあたたかい言葉のやりとりが増えたように感じるとのことであった。

ここで用いた指導技法は，学級全体を指導の対象にしている点で，学級ベースの集団SSTであると言える。しかし，健常児の集団に対して通常行われる集団社会的スキル指導とは，いくつかの点で異なっている。第一に，集団のメンバー全員に対して同一の指導を行うことに加えて，ターゲット児に対しては特別指導を行っている。第二に，ターゲット児に学級の人気児と同じ資格を与えることによって，ターゲット児に誇らしい感情をもたせ，ターゲット児に対する級友たちからの肯定的な注目の度合いを高めている。第三に，学級のみんなの前でターゲット児に適切な社会的スキルを実演させることによって，級友たちに，ターゲット児も自分たちに貢献できる資源となりうるということを理解させるようにした。

Ⅲ 今後の課題

以上の指導法は，子どもの社会的地位と仲間受容は，その子どもと集団との相互作用の関数であるとする，フォーマン（Forman, 1987）の文脈論モデルに基づいたやり方である。学習障害児の場合は，集団の中でのいろいろな活動の際に他児に比べてうまくできなかったりルール違反をしてしまうことも少なくないため，仲間たちからのマイナスの評判効果が確立してしまっていることが多い。そのような場合に，単にターゲット児の社会的スキルだけを改善しても，周りの子どもたちがそのことに気づきにくいため，ターゲット児の適切な社会的スキルに強化が与えられずに，結果的にその適切な社会的スキルは使われなくなってしまう。文脈論モデルは，これらの問題を解決するために，ターゲット児の社会的地位と仲間受容にかかわる多数の要因に同時に介入するものであり，仲間からのマイナスの評価が固定してしまっている学習障害児などには非常に効果的なアプローチであると言えよう。ただし，文脈論モデルに基づいたSSTはコストの面で指導者側の負担が大きい。今後は，この点を改善する指導法の開発が期待される。

文 献

Forman, E.A.: Peer relationship of learning disabled children: A contextualist perspective.

Learning Disabilities Research, 2: 80-89, 1987.
Harter, S. & Pike, R.: The pictorial scale of perceived competence and social acceptance for young children. Child Development, 55(6): 1969-1982, 1984.
泉真佐子・佐藤容子・佐藤正二：LD幼児の社会的適応と off task 行動 (1)．日本行動療法学会第22回大会発表論文集，pp.142-143, 1996.
佐藤容子・佐藤正二・高山巌：学習障害幼児の仲間関係と社会的スキル．日本行動療法学会第21回大会発表論文集，pp.152-153, 1995.
佐藤容子：LD児のいる学級での集団社会的スキル訓練の効果．日本LD学会第14回大会発表論文集，pp.248-249, 2005.
嶋田洋徳・戸ヶ崎泰子・岡安孝弘・坂野雄二：児童の社会的スキル獲得による心理的ストレス軽減効果．行動療法研究22(2): 9-20, 1996.
前田健一：児童期の仲間関係と孤独感：攻撃性，引っ込み思案および社会的コンピタンスに関する仲間知覚と自己知覚．教育心理学研究43(2): 156-166, 1995.

第7章

ADHDをもつ子どもへのSST

I ADHDについて

1. ADHDの診断

注意欠陥/多動性障害（Attention-Deficit/Hyperactivity Disorders：以下，ADHD）は，注意力障害と多動性 - 衝動性を特徴とする行動障害である。アメリカ合衆国においては，3～5％（APA, 1994）あるいは3～7％（DuPaul & Storner, 2003）の子どもがADHDと診断されている。日本における出現率については，文部科学省による「通常学級に在籍する特別な教育的支援を必要とする児童生徒に関する全国実態調査」が参考になる（宮本，1999）。この調査において，「学習面か行動面で著しい困難を示す」とされた児童生徒の割合は6.3％であった。この数値が，そのままADHDの児童生徒数を表しているわけではないが，日本においてもアメリカ合衆国に匹敵する割合でADHDの児童生徒が存在している可能性が示唆されたといえる。

表7－1にDSM-Ⅳ（Diagnostic and Statistical manual of Mental Disorders 4th edition）におけるADHDの診断基準を示した。前述したように，ADHDの診断的特徴は注意力障害と多動性 - 衝動性である。ADHDは診断基準との一致の程度によって，不注意優位型，多動性 - 衝動性優位型，混合型の3種類のサブタイプに分かれる。対人関係における問題も，不注意優位型とそれ以外の型では大きく異なっていることが報告されている（Stormont, 2001）。たとえば，多動性 - 衝動性の問題を含む状態像（多動性 - 衝動性優位型，混合型）においては，衝動的行動や攻撃行動などが対人関係上の問題として挙げられている。その一方で，不注意優位型のADHDにおいては，社会的引きこもりが行動上の問題として示されている。

表7-1 注意欠陥／多動性障害の診断基準（DSM-Ⅳ, 1994）

A．(1) か (2) があること
(1) 以下の注意力障害を示す項目のうち6項目が少なくとも6カ月以上持続しており，それは日常生活に支障をきたし，かつ，発達段階に不相応なこと。

注意力障害
- a) 勉強や仕事，あるいは，他の活動時に，細かい注意を払うことができなかったり，ちょっとした誤りを起こすことが多い。
- b) 課題や遊びにおいて注意を持続することが困難なことが多い。
- c) 話しかけられても聞いていないことが多い。
- d) 指示を最後まで聞けず，勉強やちょっとした仕事，あるいは，職場でのやるべき仕事をやり遂げることができないことが多い（反抗や指示の理解不足のためではない）。
- e) 課題や仕事をまとめることができないことが多い。
- f) 持続した精神活動が必要な課題をさけたり，嫌ったり，ためらったりすることが多い（学校の授業や宿題など）。
- g) 課題や他の活動に必要な物をなくすことが多い（たとえば，おもちゃ，学校で必要な物，鉛筆，本，その他の道具など）。
- h) そとからの刺激ですぐに気が散りやすい。
- i) その日にやることを忘れやすい。

(2) 以下の多動性や衝動性を示す項目のうち6項目以上が6カ月以上持続しており，それは日常生活に支障をきたし，かつ，発達段階に不相応なこと。

多動性
- a) 手や足をよく動かしてそわそわしたり，椅子の上でもじもじすることが多い。
- b) 教室や座っていなければいけない状況で離席することが多い。
- c) してはいけない状況で走り回ったりあちこちよじ登ったりすることが多い（思春期や成人においては，落ち着かないという主観的な感情だけのこともある）。
- d) 静かに遊ぶことが苦手なことが多い。
- e) 絶えず動いていたり，駆り立てられたように動くことが多い。
- f) 過剰に話すことが多い。

衝動性
- g) 質問が終わっていないのに答えてしまうことが多い。
- h) 順番を待つことが苦手なことが多い。
- i) 他の人がやっていることをじゃましたりむりやり入り込んだりすることが多い（たとえば，他の人の会話やゲームに首を突っ込む，など）。

B．障害をきたすほどの多動性衝動性，あるいは，注意力障害のいくつかは，7歳以前に出現していること

C．症状から生じている障害は，2カ所以上の場でみられること（たとえば，学校〔あるいは職場〕と家庭，など）

D．社会的，学業上，あるいは，職業上，臨床的に明らかに支障をきたすほどの障害があること

E．広汎性発達障害，精神分裂病やその他の精神病，その他の精神疾患（気分障害，不安障害，解離性障害，人格障害，など）によるものではない

2．ADHDにおける友だち関係の問題

　ADHDの子どもの多くは友だち関係に何らかの問題を抱えている。とくに攻撃性のあるADHDに関しては，その傾向が顕著である（King & Kirschenbaum, 1992）。ADHDの子どもに共通して見られる社会的スキルの問題として次のようなものが示されている（Guevremont, 1990）。第一に，友だちの活動に入る技能に関する問題である。たとえば，友だちが何か活動をしているところに新たに入る場合に，許しを得るような問いかけ（たとえば「入れて」と言うこと）をしない。あるいはルールに反した入り方をする（たとえば，友だちの使用しているおもちゃを強引に取ってしまう）などである。第二に会話に関する暗黙のルールに従わないという問題がある。これは，「よくしゃべる割には，人の質問などに反応しない」（Barkley, 1998）という問題などがその一例である。第三に，対人関係の問題を攻撃的行動によって解決しようとするという問題である。たとえば，自分にとって都合の悪い事態があったときに，簡単にかんしゃくを起こしたり，友だちに対して叩いたりするということがその例である。これらの問題は，ADHDの子どもに比較的多く見られるために，SSTの標的行動として取り上げられることが多い。

　またこのような対人関係に関する問題は，成人に至るまでの長期間にわたって持続することが指摘されている（佐藤，2001）。さらに，対人関係における不適応が自尊心の低下などを招き，重篤な精神的疾患の引き金になる可能性もある（Saunders & Chambers, 1996）。このようにADHDの多くは対人関係に問題を示しており，それが長期化することで二次障害を引き起こす可能性が高い。このため対人関係の問題に関するその教育的対応は必要不可欠のものであると考えられる。

II　指導上配慮すべきADHDの障害特性

　ADHDにSSTを計画するときに，配慮すべき障害特性として「攻撃性」と「パフォーマンス障害」の問題がある。ここでは，これらの障害特性について述べる。

1．攻撃性への対応

　ADHDの示す攻撃性は，対人場面において指導されるべき課題の1つである。

このような攻撃性は，友だちからの拒絶を引き起こすもっとも大きな要因にもなりうる。さらに，この攻撃性が習慣化したときに，より深刻な状態である反抗挑戦性障害や行為障害へと至る可能性がある（Barkley, 1998）。

　このような攻撃性は，診断的特徴である衝動性と混同される場合がある。しかし攻撃性の問題は，衝動性の問題とは必ずしも同じではない。むしろ，もともともっている衝動性に周囲の対応の悪さが加味されて，二次的な障害として現れる場合が多いと考えられている（宮本，1999）。攻撃性の問題が二次的な障害として生じているのであれば，周囲の適切な対応によって予防や指導が可能である。対人関係において示される攻撃性の問題にどう対応するかが，ADHDのSSTを考える場合にきわめて重要であると言える。

2．パフォーマンス障害への対応

　社会的スキルが対人関係の中で発揮されない場合，大きく分けて2つのケースが想定される（Elliott & Gresham, 1993）。1つは社会的スキルのレパートリーそのものが存在しない場合である。たとえば，トラブルなく友だちの遊びの中に加わるためには，「入れて」といって相手の意向を確認し，友だちがそれを承認してくれることを待ってから遊びに加わるスキルが必要である。しかし，このようなスキルが成立するためには，「入れて」という反応のレパートリー自体をもっていなければならない。社会的スキルのレパートリーが欠如している場合には，その指導を行う必要がある。

　レパートリーそのものはもっているものの，社会的スキルが発揮されない場合もある。このような場合は，社会的スキルに関するパフォーマンスが欠如していると言われる。たとえば，小集団指導の場面では「入れて」ということが可能であるのに，休み時間において強引に友だちの遊びの輪に割り込んでしまう子どもは，パフォーマンスに問題があると考えられる。

　ADHDが社会的スキルを適切に発揮できない要因は，パフォーマンス障害にあると考えられている（バークリイ，2003; DuPaul & Storner, 2003）。これはADHDに対するSSTが，別の場面に般化しないという問題とも関係がある（DuPaul & Eckert, 1994）。つまり，ある場面（たとえば，個別指導場面）において社会的スキルが発揮されたとしても，それはあくまでも反応レパートリーの獲得を示したに過ぎず，そのスキルが別の場面で使用されるためには（すなわち般化させるためには），パフォーマンス障害の問題を解決しなければならないということで

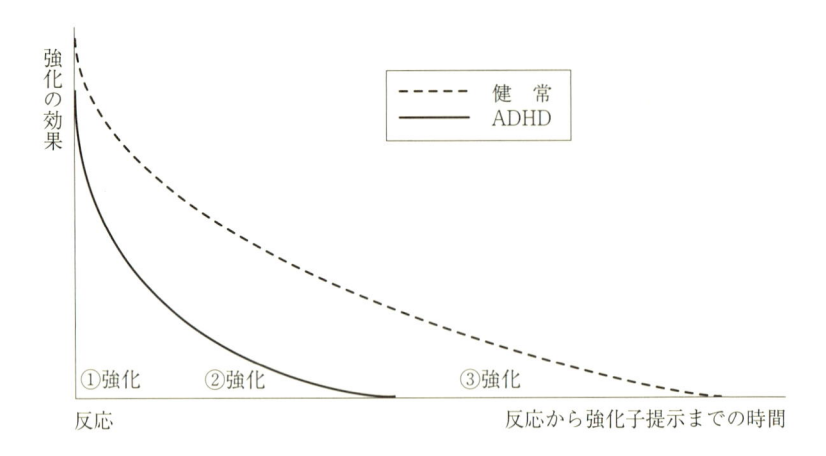

**図7−1　反応から強化子が提示されるまでの時間遅延より，
強化効果の減少に関する理論値**

※縦軸は反応に対する強化効果，横軸は反応から強化子提示までの時間を示している。実線がADHD，破線が健常児について示している。また，図中の「反応」は，反応が生起した時点である。①は反応直後の強化であり，健常児もADHDの高い強化効果を示している。②の時点での強化は，健常児では十分な強化を示している一方で，ADHDにおいては十分な強化効果をもっているとは言えない。③の時間での強化は，ADHDに関してはまったく強化効果をもたないことを示している。

(Johansen, et al., 2002を参考に筆者が作成)

ある。

　このようなパフォーマンスの欠如に関する問題は，その背景として，スキル発揮のための動機づけ不足が関係していると考えられている（佐藤，1996）。これまでの研究において，ADHDは遅延された強化に対する特異な反応性をもつことが明らかにされており（Johansen, et al., 2002），そのことが社会的スキルに対する動機づけ不足の問題を引き起こしている可能性がある。この特異な反応性とは，強化の提示が反応から遅延されることによる強化効果の減少が，健常の子どもと比較して著しく大きいという特性である（図7−1）。この特性は，ある到達目標（強化事態）に向かって見通しをもって行動することの困難さとも関係している（Barkley, 1998）。

　このような遅延された強化に対して見通しをもって行動できないことは，次の

ような形でパフォーマンス障害と結びついている。日常生活場面において，適切なスキルに対する強化は，時間が経過してから提示される場合が多い。たとえば，自分が興味をもったおもちゃを友だちから「貸して」といって借りる場合，時間的に遅延されて提示される強化（相手からおもちゃを貸してもらう）まで見通しをもって行動することが必要となる。しかしADHDはそのような遅延された強化により動機づけられた行動よりも，即時的な強化（すぐにおもちゃが手に入る）によって動機づけられた行動（自分の手でおもちゃを奪い取る）を優位に選択しやすい傾向にある（Neef, et al., 2001）。

つまり，適切なスキルのレパートリーをもっていても，そのスキルに対する強化が遅延されるような状況においては，見通しをもってスキルを使用することが困難になる可能性が高いということである。このようなパフォーマンスの問題を解決するためには，実際にスキルが使用される場面（たとえば，教室など）において指導を行うことが必要である（バークリイ，2003）。また本人に何かを教えるというよりも，「本人が見通しをもちやすくなる周囲の働きかけは何か」「本人のスキルをどう強化するか」といった環境調整的な介入がもっとも必要であると考えられる。

Ⅲ 機能的アセスメントに基づくSST

前節において，SSTを行う際に配慮すべきADHDの障害特性として「攻撃性」と「パフォーマンス障害」の2点を挙げた。ここではこの2つの課題に解決する方法として，機能的アセスメントに基づく指導について示す。

1．機能的アセスメントとは何か

機能的アセスメントとは，子どもの示す行動問題に関して，その行動の生起に影響する環境要因を，行動随伴性（状況事象・先行事象・行動・結果事象）に基づいて分析するアセスメント方法である（図7-2）。さらに，そのアセスメント結果に基づいて，行動問題の生起と競合するような適応的スキルを指導し，そのスキルが使用されるための環境条件を整えることで，結果的に行動問題を低減させるということを目的としている。

これまでの研究において，機能的アセスメントは行動問題の低減を目的として用いられており，社会的スキルの獲得を主な目的とした研究例は少ない（Ewing,

```
┌─────────┐   ┌─────────┐   ┌─────────┐   ┌─────────┐
│ 状況事象 │──▶│ 先行事象 │──▶│ 行  動  │──▶│ 結果事象 │
│ 睡眠不足 │   │ おもちゃ │   │友だちのおもちゃ│ │おもちゃが│
│         │   │         │   │を奪い取る│   │手に入る │
└─────────┘   └─────────┘   └─────────┘   └─────────┘
```

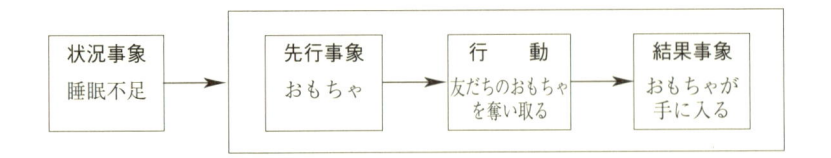

図7-2　行動随伴性の説明

※「友だちのおもちゃを奪い取る」という行動は，そのおもちゃが手に入るという結果事象によって強化されている。またその行動のきっかけとなるのは，おもちゃの存在である（先行事象）。しかし，おもちゃが目に入ったときに，必ず「奪い取る」という行動が生じるわけではない。たとえば，睡眠不足であるとき，このような行動が生じやすいとする。睡眠不足は「奪い取る」行動に関して，間接的に影響を与えていると考えられる。このような環境要因のことを状況事象と呼ぶ。

et al., 2002; Frea & Hughes, 1997; 武藤，1999; Wilder, et al., 2001)。しかし，機能的アセスメントを用いた臨床研究の半数は，行動問題と機能的に等価な代替スキルとして，社会的スキルやコミュニケーションスキルの指導を実施している（Ervin, et al., 2001)。これらの研究は，社会的スキルの獲得・使用を通じて，行動問題（たとえば，教室内での逸脱的行動）を減少させるという指導方略を用いており，その知見はSSTにおいても応用可能であると考えられる。

　さらに，ADHDの障害特性を考慮した場合に，機能的アセスメントには次のような利点がある。ADHDの示す攻撃的行動は，社会的スキルの代わりに生じている可能性が高いと考えられる（たとえば，「貸して」という代わりに強引に友だちのもっているものをとってしまうなど）。そこで，攻撃的行動に関する機能的アセスメントを実施することで，対象者がその時点でもっとも必要としている社会的スキルを同定することが可能となる。さらにその指導を通じて，攻撃的行動を減少させることもできる。同様に，パフォーマンス障害の問題に関しては，それを解決するためには社会的スキルが使用される場面（たとえば，通常学級）でのアセスメントが不可欠であるが，その際に機能的アセスメントの方法論は重要な役割を果たすと考えられる。

　機能的アセスメントについては優れた解説書が存在している（O'Neill, et al., 1997)。また学校における取り組みに関する詳細な解説もすでに存在している（Crone & Horner, 2003)。ここでは，ADHDのSSTへの機能的アセスメントの適用という視点から，その指導の流れを示すこととする。

2．機能的アセスメントに基づく指導

　機能的アセスメントに基づく指導の流れについて，理解が得られやすいように，クロンとホーナー（Crone & Horner, 2003）を参考に仮想事例を用いて以下に示すこととする。

　ここでは，ADHDの診断を受けたタロウ君を仮想事例として取り上げる。タロウ君は小学校2年生の男児であった。学校では授業中の逸脱行動や友だちに対する攻撃的行動への対応が問題とされていた。医療機関にも通院しており投薬治療を受けていた。知的レベルについては学習障害が疑われていた。とくに対応すべき行動問題としては，友だちをいきなり叩いたり，蹴ったりする行動であった。教師からは「気がつくと他の子どもに対して攻撃的な行動を行っている」と報告されていた。その行動に対して，教師は「叩いてはいけない」ということを繰り返し言い聞かせる対応を続けてきた。教師はタロウ君がこのような攻撃的行動を行う理由について，思い当たらずに困惑しているようであった。

　a．対応すべき行動問題の決定

　SSTにおける標的行動として，不適切な対人行動が顕著に現れている場面で使用可能なスキルを選択することは重要である。なぜならばADHDに関する相談の多くは，学校場面で示される行動問題への対応と関係しているからである。また，不適切な対人行動を放置することは，その子どもの友だち関係を悪化させ，社会的孤立がさらに深まる可能性が高い。さらに，不適切な対人行動が生起している場面は，その行動問題と同じ役割を果たす（機能的に等価な）社会的スキルが使用される可能性が高いとも言える。なぜならば，不適切な対人行動も社会的機能（たとえば，物や注目の要求，課題からの逃避など）で維持されており，新しいスキルの動機づけ要因がすでに存在しているからである。

　タロウ君の場合，他の子どもを叩いたり蹴ったりする行動を減少させることが教師からの要望であった。対人場面で生じる攻撃的行動の多くは，適切な社会的スキルの代わりに生じている。タロウ君の場合も，この攻撃行動が生じている場面で使用可能な社会的スキルを発見し，指導していくことが重要であると考えられた。そこで次の段階として，この攻撃行動に関する機能的アセスメントを実施し，具体的な標的行動を決定することとした。

　b．行動問題の機能的アセスメント

　対応すべき行動問題が決まったら，次にその行動に関する機能的アセスメントを実施する。機能的アセスメントとは，当該行動の生起にかかわる環境要因（状

況事象・先行事象・行動・結果事象）を明確にしていく方法である。これらの環境要因に関する情報は面接や行動観察を通じて収集していく（野呂, 1999）。

　タロウ君の場合，教師に対するインタビューでは，攻撃行動が生じる時間や場所に関して思い当たらないということであった。このような場合に，対象となる行動とそれにかかわる環境要因（状況事象・先行事象・結果事象）に関して，一定期間，行動観察を実施する（表7-2）。もちろん，教師自身がこの様式で記録をつけていってもよい。このような記録を継続したところ，タロウ君の行動には次のような傾向があることが明らかになった。それは，「授業中に集団活動が求められる」「友だちから何かを言われる」「先生の監視がない」という先行事象のもとで，「大声を上げる」「友だちを叩く」という行動を起こし，その後「集団活動からタロウ君が離れる」あるいは「友だちが遠ざかる」という結果事象が伴うという傾向であった。

　また，このような条件がそろった場合でも，必ずしも攻撃的行動が生じるというわけではなかった。とくに頻繁に生じたのは，「その直前の休み時間に友だちとトラブルを起こしていたとき」「求められた課題がタロウ君にとって難しいとき」「先生に誉められる機会が比較的少ないとき」であった。これらは行動問題の直接的なきっかけではないものの，間接的にその行動の生起に影響を与えていたので，タロウ君の攻撃的行動にかかわる状況要因であると考えられた。この攻撃行動を支えている環境要因についてまとめたものを図7-3に示した。

　次に，これらの観察結果から行動問題がもつ役割（機能）を同定する作業を行った。タロウ君の行動問題に関しては，「集団活動や課題からの逃避」の機能（動機づけ要因）をもっていると推定された。

　c．標的となる社会的スキルの決定

　機能的アセスメントにより，行動問題を支える環境要因が特定された後，当該の場面で必要とされる社会的スキルを決定する（O'Neill, et al., 1997）。具体的には，「行動問題と同じ役割をもつ機能的に等価な代替行動」，「その場面においてもっとも望ましいと思われる最適行動」を決める。

　タロウ君の示す攻撃行動は，集団活動や課題活動から逃避する機能をもっていることが明らかになった。そこでまず最初に，その行動と機能的に等価な代替行動を決定することにした。この場合，集団活動や課題活動から逃避可能な方法の中で，その実行が社会的に適切であると考えられるものから選択される。ここでは「先生に助けを求める行動（たとえば，先生休憩させてください）」あるいは

第7章 ADHDをもつ子どもへのSST 99

表7-2 環境要因に関する記録の例

事象	先行事象	行動	結果事象
算数（苦手科目）	・友だちとのグループ学習 ・友だちから何か言われた	・大声で「うるさい」と叫ぶ	・グループ学習から外れて自習をする
直前の休み時間に友だちとトラブル	・グループ学習 ・先生の監視がない	・友だちを叩く	・先生と一緒に課題を行う

図7-3 タロウ君の行動問題の生起を支えている環境要因

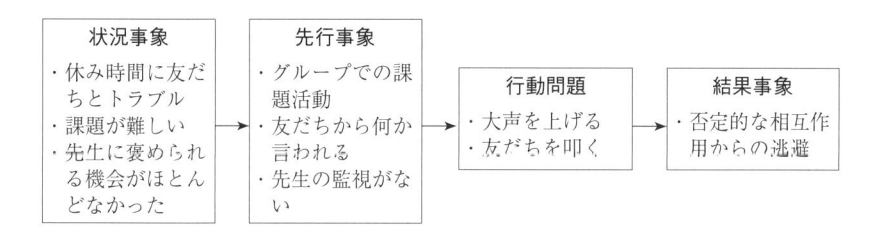

状況事象	先行事象	行動問題	結果事象
・休み時間に友だちとトラブル ・課題が難しい ・先生に褒められる機会がほとんどなかった	・グループでの課題活動 ・友だちから何か言われる ・先生の監視がない	・大声を上げる ・友だちを叩く	・否定的な相互作用からの逃避

「そっと集団から離れて休憩する行動」などが，機能的に等価な代替行動として考えられた。しかし，集団活動や課題活動から離れてしまうことがもっとも望ましい行動ではない。ここでの最適行動は，「与えられた課題について，友だちと協力しながら解決していく行動」である。この2種類の行動（代替行動と最適行動）が使用可能になるよう指導および環境調整していくことが援助目標となる（図7-4）。

　d．援助方法の選択

　援助方法の選択肢は，大きく分けて2つある。それは，「行動に関する援助」と「環境調整（状況事象・先行事象・結果事象に関する調整）による援助」である。「行動に対する援助」は，対象児童が代替行動や最適行動をレパートリーとしてもっていない場合に行われる。一方，「環境調整による援助」は，すでに代替行動・最適行動がレパートリーとして存在していることが確認できた場合に行われる。ADHDの障害特性を考えた場合，後者の方がより重要になる。

　タロウ君に対する援助方法の選択肢について表7-3に示した。仮にタロウ君が代替行動（「教師に対する援助の要求」あるいは「嫌なことがあったときにそっとその場を離れる」）および最適行動（友だちと共同で課題活動を行う）に関

```
┌─────────────┐   ┌─────────────┐        ┌─────────────┐      ┌──────────────────┐
│ 状況事象    │   │ 先行事象    │    ┌──→│ 最適行動    │─────→│（最適行動に関する）│
│・休み時間に │   │・グループでの│    │   │・友だちと協力│      │ 結果事象         │
│  友だちとトラ│──→│  課題活動   │────┤   │  して課題を │      │・先生や友だちから│
│  ブル       │   │・友だちから何│    │   │  行う       │      │  の賞賛          │
│・課題が難しい│   │  か言われる │    │   └─────────────┘      │・成績が上がる    │
│・先生に褒めら│   │・先生の監視 │    │                        └──────────────────┘
│  れる機会が │   │  がない     │    │   ┌─────────────┐      ┌──────────────────┐
│  ほとんどな │   │             │    ├──→│ 行動問題    │─────→│ 結果事象         │
│  かった     │   │             │    │   │・大声を上げる│      │・否定的な相互作用│
└─────────────┘   └─────────────┘    │   │・友だちを叩く│      │  からの逃避      │
                                     │   └─────────────┘      └──────────────────┘
                                     │   ┌─────────────┐
                                     └──→│ 代替行動    │
                                         │・先生に助けを│
                                         │  求める     │
                                         │・そっとグループ│
                                         │  から抜けて │
                                         │  休憩する   │
                                         └─────────────┘
```

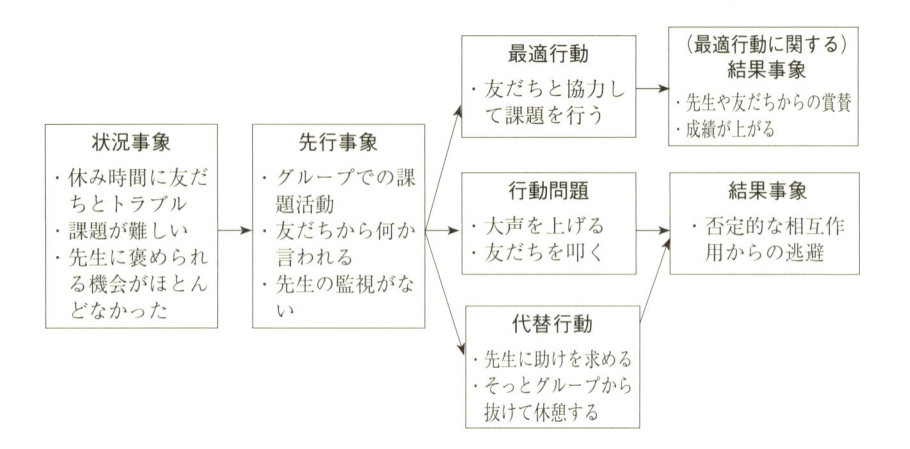

図7－4　行動問題を支える環境要因および最適行動・代替行動における関係図

※代替行動とは，行動問題と機能的に等価な行動（同じ役割を果たす行動）の中でその生起が社会的に容認される行動である。最適行動とは，この場面においてもっとも望ましいと考えられる行動のことである。(Crone & Horner, 2003 を参考に筆者が作成)

するレパートリーをもっていないと判断された場合には，それを指導する必要がある。とくに最適行動については，共同作業において必要とされる社会的スキルについて新たにアセスメントする必要がある。その際は，集団活動を困難にしている状況について観察し，必要とされるスキルを決定する。たとえば，「他の児童の意見を最後まで聞く」あるいは「自分の意見が否定されたときに興奮しない」などが必要とされるスキルであったとすれば，それを小集団場面などで指導する。このようなスキル形成の方法は，伝統的なSSTと同様に，教示・モデリング・ロールプレイ・シミュレーション訓練等を用いて実施される（King & Kirschenbaum, 1992; Matson & Ollendick, 1988）。

　機能的アセスメントにより社会的スキルの使用場面が特定されている場合，レパートリーの指導においても，シミュレーション場面が構成しやすいというメリットがある。タロウ君の例で言えば，集団活動においてトラブルが起きやすい場面（先行事象）において，代替行動や最適行動を集中して練習することが可能になる（Stormont, 2001）。

3. 環境調整（状況事象・先行事象・結果事象）による援助

　ADHDの障害特性を考えた場合，行動問題を起こさずに，すでにレパートリーの中にある社会的スキルを発揮できる環境設定を整えることが重要である。それによって，パフォーマンスの欠如という問題が回避できる可能性が高まるといえる。

　タロウ君の場合，以下のような環境調整が考えられた（表7-3）。状況事象に関する援助としては，行動問題の生起を促す条件を可能な範囲で排除することが考えられた。具体的には，「休み時間の過ごし方に関する指導をクラス全体に対して行う」，「課題の難易度を下げる（タロウ君に対して援助してくれるような子どもを同じグループに入れる）」，「グループ活動がある日には頻繁に誉める機会を設ける」などであった。先行事象に関する援助としては，「タロウ君をからかうような子どもは同じグループに入れない」，「頻繁に教師が監視をする」，「目標（強化）が見通せるような設定（たとえば実行すべき課題をスモールステップの形にし，それを壁に張り出すなど）を行う」などが考えられた。結果事象に関する援助については，行動問題で得られる強化よりも，望ましい行動で得られる強化のほうが，価値が高くなるよう設定する必要があった。たとえば，トークンエコノミー・システムなどを積極的に導入することによって，集団活動を回避するよりも，共同作業に取り組む方がタロウ君にとって価値の高いものにするような工夫がこれに当たる。また，活動の節目ごとに教師がタロウ君に声をかけることで，集団活動への参加の動機づけを維持できるよう工夫した。

　このような環境設定の工夫は，社会的スキルが発揮される場において行われる必要がある。対象児童が通常学級に在籍し，そこで対人関係の問題を示しているような場合には，通常学級において環境調整（設定事象・先行事象・結果事象の調整）を行っていくことが求められる。その意味で，通常学級の担任教師が果たす役割は大きいと言える。

Ⅳ　今後の課題――包括的援助計画を目指して――

　文部科学省の「特別支援教育の在り方に関する調査協力者会議の最終報告（2003）」において，特別支援教育の対象として学習障害やADHDなど通常学級に在籍する児童がその範疇に入ることが示された。そして，ひとりひとりのニーズを把握し効果的な教育的支援を実践するために，「個別の指導計画」の策定が

表7－3　行動随伴性における各要素に関する指導案

状況事象	先行事象	行　動	結果事象
・誉める機会を増やす ・休み時間の過ごし方について指導を行う ・苦手教科について個別指導を行う	・先生の監視を増やす ・からかうような友だちと一緒のグループにしない ・強化が見通せるような設定を工夫する（たとえば課題をスモールステップ化したものを張り出すなど）	・先生に休憩を求める ・1人でグループから離れて休息する ・友だちと話合うための技能を学習する。 　例1）他児童の話を最後まで聞く 　例2）自分の意見が否定されたときに興奮しない。	・休息の要求に応じる ・グループ活動への従事に対して，トークンエコノミー法を導入する。 ・課題従事を頻繁に誉める

必要であることが明記された。

　このような時代を迎えて，サービス対象となる児童生徒を総合的・包括的にアセスメントし支援するための方法論が必要になりつつある。ADHDの子どもについても，「対人関係面での支援」「学習面での支援」「行動問題の支援」など，1人の子どもの行動を支援対象別に「輪切り」にすることなしに，子ども全体を包括的にアセスメントするための方法論が必要である。

　機能的アセスメントは，そのような包括的な援助計画のための方法として大きな可能性があると考えられる（Crone & Horner, 2003; Watson, et al., 2001）。日本の教育現場での適用については検討が行われているものの（平澤・藤原，2000；野呂ら，2005），まだ十分であるとは言えない。今後は，教育現場において機能的アセスメントを適用した実践が幅広く行われることが望まれる。

文　献

American Psychiatric Association: Diagnostic and Statistical Manual of Mental Disorders, 4th ed. (DSM-IV) American Psychiatric Association, Washington, 1994.

Barkley, R.A.: Attention-deficit hyperactivity disorder: A handbook for diagnosis and treatment, 2nd ed. Guilford Press, New York, 1998.

バークリイ，R.A.：ADHDの理論と診断；過去，現在，未来．発達障害研究24：357-376, 2003.

Crone, D.A. & Horner, R.H.: Building positive behavior support systems in schools: functional behavioral assessment. Guilford Press, New York, 2003.

DuPaul, G.J. & Eckert, T.L.: The effects of social skills curricula: now you see and them, now you don't. School Psychology Quarterly, 2: 113-132, 1994.

DuPaul, G.J. & Storner, G.: ADHD in the Schools: Assessment and intervention starategies, 2nd ed. Guilford Press, New York, 2003.

Elliott, S.N. & Gresham, F.M.: Social Skills interventions for children. Behavior Modification, 17: 287-313, 1993.

Ervin, R.A., Radford, P.M., Bertsch, K., Piper, A.L., Ehrhardt, K.E., & Poling, A.: A descriptive analysis and critique of the empirical literature on school-based functional assessment. School Psychological Review, 30: 193-210, 2001.

Ewing, C.B., Magee, S.K., & Ellis, J.: The functional analysis of problematic verbal behavior. Analysis of Verbal Behavior, 18: 51-60, 2002.

Frea, W.D. & Hughes, C.: Functional analysis and treatment of social-communicative behavior of adolescents with developmental disabilities. Journal of Applied Behavior Analysis, 30: 701-704, 1997.

Guevremont, D.C.: Social skills and peer relationship training. In Barkley, R.A.(ed): Attention-deficit hyperactivity disorder: A handbook for diagnosis and treatment. Guilford Press, New York, pp.540-572, 1990.

平澤紀子・藤原義博：養護学校高等部生徒の他生徒への攻撃行動に対する機能的アセスメントに基づく指導；Positive Behavioral SupportにおけるContextual Fitの観点から．行動分析学研究15：4-24, 2000.

Johansen, E.B., Aase, H., Meyer, A., & Sagvolden, T.: Attention-deficit/hyperactivity disorder (ADHD) behaviour explained by dysfunctioning reinforcement and extinction processes. Behavioural Brain Research, 130: 37-45, 2002.

King, C.A. & Kirschenbaum, D.S.: Helping young children develop social skills: The social growth program. Brooks/Cole, Pacific Grove, 1992.（佐藤正二・前田健一・佐藤容子・相川充訳：子どもの援助の社会的スキル――幼児・低学年児童の対人行動訓練，川島書店，1996.）

Landau, S. & Moore, L.A.: Social skills deficits in children with attention-deficit hyperactivity disorder. School Psychology Review, 20: 235-251, 1991.

Matson, J.L. & Ollendick, T.H.: Enhancing children's social skills: Assessment and training. Elmsford, Pergamon, New York, 1988.（佐藤容子・佐藤正二・高山巌訳：子どもの社会的スキル訓練――社会性を育てるプログラム，金剛出版，1993.）

宮本信也：援助に当たっての医学的問題．小林重雄（監修），杉山雅彦・宮本信也・前川久男（編）：発達障害の理解と援助，コレール社，pp.53-82, 1999.

文部科学省：通常の学級に在籍する特別な教育的支援を必要とする児童生徒に関する全国実態調査報告．文部科学省，2002.

文部科学省：特別支援教育の在り方に関する調査協力者会議の最終報告．文部科学省，

2003.

武藤崇：社会的行動の機能分析・アセスメント．小林重雄（監修），杉山雅彦・宮本信也・前川久男（編）：発達障害の理解と援助，コレール社，pp.25-321, 1999.

Neef, N.A., Bicard, D.F., & Endo, S: Assessment of impulsivity and the development of self-control with students with attention deficit hyperactivity disorder. Journal of Applied Behavior Analysis, 34: 397-408, 2001.

野呂文行：「注意」と「動き」に対する援助アプローチ――注意欠陥／多動障害に対する機能アセスメントの適用．小林重雄（監修），杉山雅彦・宮本信也・前川久男（編）：発達障害の理解と援助，コレール社，pp.143-151, 1999.

野呂文行・吉村亜希子・秋元久美江・小松玉英：幼稚園における機能的アセスメントの適用――攻撃的行動を示す注意欠陥・多動性障害幼児に関する事例研究――．心身障害学研究29：219-236, 2005.

O'Neill, R.E., Horner, R.H., Albin, R.W., Sprague, J.R., Storey, K., & Newton, J.S.: Functional assessment and program development for problem behavior (2nd Edition). Brooks/Cole, Pacific Grove, 1997.

佐藤喜一郎：ADHDの臨床像：精神医学．中根晃（編）：ADHD臨床ハンドブック，金剛出版，pp.11-35, 2001.

佐藤正二：子どもの社会的スキル訓練．坂野雄二・菅野純・佐藤正二・佐藤容子（編著）：臨床心理学，有斐閣，pp.223-240, 1996.

Saunders, B. & Chambers, S.M.: A review of the literature on attention-deficit hyperactivity disorder children; Peer interactions and collaborative learning. Psychology in the Schools, 33: 333-340, 1996.

園山繁樹：行動的立場の考え方と援助アプローチ．長畑正道・小林重雄・野口幸弘・園山繁樹（編）：行動障害の理解と援助，コレール社，pp.100-121, 2000.

Stormont, M.: Social outcomes of children with AD/HD: Contributing factors and implications for practice. Psychology in the Schools, 38: 521-531, 2001.

Watson, T.S., Gresham, F.M., & Skinner, C.H. (Eds.): Mini-series: Issues and procedures for implementing functional behavior assessments in schools. School Psychology Review, 30: 153-251, 2001.

Wilder, D.A., Masuda, A., O'Connor, C., & Baham, M.: Brief functional analysis and treatment of bizarre vocalizations in an adult with schizophrenia. Journal of Applied Behavior Analysis, 34: 65-68, 2001.

第8章

知的障害のある子どもへのSST

I　知的障害のある子どもの定義とその実態

　知的障害の定義の代表的なものであるWHO（世界保健機関）の国際疾病分類（ICD-10, 1993）や，アメリカ精神医学会の診断基準が記されたDSM-Ⅳ（1994）や，アメリカ精神遅滞学会（以下，AAMR）による定義（2002）では，いずれも，①知的機能の発達に遅れがあること，②適応行動の困難を伴うこと，③発達期（18歳以前）に起こることの3つが挙げられている。また，これに沿って，文部科学省就学指導資料（2002）においても，知的障害とは，発達期に起こり，知的機能の発達に明らかな遅れがあり，適応行動の困難を伴う状態であると述べられている。AAMRの定義（2002）では，適応行動の領域として概念的領域（読み書き，金銭の概念等），社会的領域（対人関係スキル，自尊心，法の遵守等），実用的領域（日常生活スキル，職業的スキル等）の3領域が挙げられている。
　困難のみられる適応行動の領域や困難さの程度は個々人によってさまざまであるが，知的障害のある子ども自身の能力のみに帰するものではない。環境設定やサポートの量によって困難の程度が低減もすれば，増大もする。たとえば，音声言語ではコミュニケーションできない知的障害児の中には，絵カードやピクトグラムによるコミュニケーションボードを使用するとyes-noの意思表示や昨日の出来事やその時の感情を伝えることができる者もいる。2001年に発表されたWHOの国際生活機能分類――国際障害分類改定版――（略称ICF）では，障害を個人と環境との相互作用として捉える新しい障害観が提示されており，知的障害のある子どもの社会的スキルの困難を考える場合においても本人の能力向上だけでなく，いかに環境を整備できるかも重要な視点となる。
　知的障害のある子どもの対人行動の特徴として多く取り上げられる問題の1つは，統合教育場面において，社会的相互交渉の頻度が低い，または否定的な相互

交渉が多いことである (Gresham, 1982)。加えて, 何の教育的配慮もなく統合教育環境に措置された知的障害のある子どもの社会的地位は低い, つまり, 健常児からの受容度は低いことが示されている (Gottlieb & Budoff, 1973; MacMillan & Morrison, 1980; Honing & McCarron, 1988 など)。当初, 統合教育によって, 子ども同士の相互交渉は増加し, 障害のある子どもは健常児から肯定的に受け入れられるようになり, 健常児の好ましい社会的スキルのモデルを示してくれるので, 障害のある子どもの社会的スキル獲得が促されると考えられていた。しかし, それは大誤算であったことがグレシャム (Gresham, 1982) の展望論文によって明らかになっている。障害のある子どもに対する健常児の肯定的な態度や理解を促すためには, 系統的なプログラムが必要であるということであり, そして, それは実際に効果を上げている (Gresham & Reschly, 1986; McHale & Simeonsson, 1980; Voeltz, 1982)。

II　なぜ知的障害のある子どもにSSTは必要なのか

障害のある子どもも成人も老人も同じ社会の一員として, 同年齢の人々が送っているごく"ふつう"の生活をできるように生活条件や生活環境条件を整えようというノーマライゼーションの理念から, 統合教育さらにはインクルージョンへの進展が障害児教育における世界的な動向となっている。日本でも総合的な学習の時間を利用するなどして, 通常学級と養護学校, あるいは通常学級と特殊学級などの交流教育が盛んに取り組まれるようになった。

しかし, グレシャム (Gresham, 1982) が指摘しているように, ただ障害のある子どもと健常児が"ふれあう"だけでは有意義な仲間関係を築くことはできない。したがって, 障害のある子どものSST (Gresham, 1982) や, 健常児と障害のある子どもの集団全体に対して社会的スキルや仲間関係に関する介入を行うことが必要である (Hurley-Geffner, 1995; 涌井, 2002)。

一方で, 健常の仲間との有意義な対人関係の発達を支援することと同様に, 知的障害のある仲間との相互交渉やそれから得られるピア・サポートを支援することも, 彼らの社会参加を促し, QOL (生活の質) を豊かにするための大切な要素である (Schalock, 2002)。

さらに将来に向けての社会適応という視点から見ても, 知的障害のある子どもに社会的スキルを指導することは大変重要であると指摘できる。知的障害のある

人の就労に関して，一般事業所は仕事に関する知識や作業能力よりも，職場での対人関係や自立心や協調性を重視している（全国特殊学校校長会，2000）。対人関係の問題のために，離職せざるを得なくなるケースも多々ある。職場への定着を図るためにも，職場で上司や同僚とうまくつきあっていくための社会的スキル（挨拶，表情や動作から相手の気持ちを判断すること，トラブルへの対処法など）を指導することは大変重要となっている。

以上のように，SSTが，知的障害のある子ども・成人の社会的自立や社会参加，QOLの向上のために果たす役割や意義は非常に大きいと言える。

Ⅲ　SSTの実践例，研究例の紹介

知的障害のある子どもや成人を対象としたSSTの場合，身辺自立や地域生活に必要なスキル（買い物スキル，バス乗車スキル）も広義には社会的スキルとして捉えることもある（渡部ら，1990）。しかし，最近では対人関係にかかわるスキルへ焦点が当てられるようになっている（Matson & Ollendick, 1988; Jackson, et al., 1998; Walker, et al., 1988）。そこで，本章では後者の社会的スキル，とくに仲間関係に関連するスキルについての研究で，かつ中・軽度の知的障害児を対象にした研究を中心に年齢段階毎に紹介する。

1．幼児を対象とした研究

幼児を対象とした研究は，統合教育場面で行われた研究が多数を占めている。たとえば，オドムら（Odom, et al., 1985）は，統合教育を行っている幼稚園のあるクラスに在籍する知的障害幼児2名（生活年齢〔以下CAとする〕3：4とCA 4：4）と自閉症児（CA 2：10）1名に対し，仲間始発法（peer social initiations）による介入を行った。3名の健常幼児（CA 4：5～5：1）が仲間訓練者として介入に参加した。最初に，教師が仲間訓練者（すなわち健常幼児）に以下の社会的スキルを始発することをロールプレイによって指導した。おもちゃを分け与えたり共有したりすること，分け与えや共有の要求をすること，他児を援助すること，他児を褒めること，好意を示す身体表現，遊びを組織化するような働きかけの6つであった。仲間訓練者の指導の後，仲間訓練者は対象児に上記6つの社会的スキルの働きかけを行い，それに対象児が反応した場合，その度にトークンとしてニコニコマークが与えられた。そして，ニコニコマークの数が

基準に到達した場合，仲間訓練者に社会的強化子（教師と特別な握手ができる，教師のお手伝いができる等）が与えられた。この介入によって，対象児の肯定的な応答が増加したが，教師のプロンプトが低減されると，応答の頻度も低下してしまった。教室内における場面般化は見られなかった。

教師のプロンプトの段階的な除去や般化についての課題は残された。しかし，オドムら（Odom, 1985）の研究は，予備的研究（Strain, 1983）で健常幼児に受け容れされやすい行動として示されたものを指導の標的の社会的スキルとして選出し，さらに，461名もの健常幼児の基準（norm）データ（Greenwood, et al., 1981）を基に，社会的スキルの達成度を判断している点で，社会的妥当性の考慮された特筆すべき研究であると言えるだろう。社会的スキルは，指導者の恣意的な基準によって選出され，達成度の評価が行われがちである。これに対し佐藤ら（1986）は，指導の成果が子どもの社会的環境の中で本当に意味のあるものであったかどうか，社会的妥当性を検討する重要性を指摘するとともに，社会的スキルの基準データを集めるための研究の必要性を説いている。

2．小学生を対象とした研究

次に，小学生を対象にして行われた社会的スキルに関する研究を紹介する。ドハティら（Dougherty, et al., 1985）は，特殊学級に在籍するCA 8：6～10：9までの軽・中度の知的障害児を対象に，仲間モニタリングを使った仲間媒介法による介入を行った。

仲間モニタリングとは，仲間モニター者がある子どもの行動を観察・評価することであり，これに好ましい行動に得点（トークン）を与えたり，不適切な行動の場合に減点したりするポイントシステム（トークンシステムの一種）が併用されることが多い。なお，合計得点が達成基準よりも多い場合，何らかの強化（報酬）が与えられるのだが，この強化の操作に集団随伴性（group-oriented contingency）が用いられることもある。集団随伴性とは集団内の任意の者または全員の遂行成績によって，集団構成員全員の強化が決定される強化システムのことである（Litow & Pumroy, 1975; 小島・氏森, 1998）。仲間モニタリングに集団随伴性を併用した場合，たとえば，モニターされた子どもが稼いだ得点は，学級の全員で映画を見たり，野外へ散歩に出かけたり，休み時間を追加したりすることと交換される（Horner, et al., 1988; McLaughlin, 1982）。集団随伴性は，モニターされる子どもが得点を失わずにもっと稼ぐように，学級のすべての子ども

たちが見守り，励ますことを助長するために利用される（Greenwood & Hops, 1981: Dougherty, et al., 1985）。

さて，ドハティら（Dougherty, et al., 1985）の研究においても，仲間モニタリングと一緒にポイントシステムと集団随伴性が併用された。仲間との拒否的なかかわりがもっとも多かった知的障害児がこの研究の標的児とされた。標的児が休み時間，運動場において，否定的な行動（拒否，非難，脅かし，罵倒など）を示したり，運動場のルール（フェンスに登らない，校舎にボールをぶつけない等）を破ったときには減点され，仲間と一緒に遊んだり，ケンカを避けたときには得点が仲間モニター役から与えられた。その結果，仲間モニタリング実施中に，標的児の仲間に対する拒否的な相互交渉が減少し，肯定的な相互交渉の割合が増加した。さらに，仲間モニター役の標的児に対する否定的な相互交渉の頻度も減少し，介入期間中は介入場面以外の場面においても維持が見られた。標的児だけでなく仲間媒介法に関与する仲間自身の双方に有益な影響をもたらすことが実証された。これについてドハティら（Dougherty, et al., 1985）は，介入者が仲間モニター役の適切なモニタリング行動を賞賛したことや，集団随伴性を導入したことが効果的だったのだろうと考察している。

集団随伴性のみによってSSTを行った研究もある。小島（1997）は，小学校3～6年生の発達障害児（軽度知的障害児，軽度の知的障害を伴う自閉症児，知的発達が境界域にある子ども）3名からなる集団に対して，SSTを行った。対象児達は，簡単な会話はできるが，感情表現，協力，主張などの仲間同士の相互交渉や集団参加が苦手であることを主訴としていた。

小島（1997）は，これら対象児が苦手とする社会的スキルの指導を，エリオットとグレシャム（Elliot & Gresham, 1981）と，フォックスら（Foxx, et al., 1983）の研究やTHE SOCIAL SKILLS GAME（©Yvonne Searle & Isabelle Streng）というボードゲームを参考にして独自に考案した「すごろくゲーム」によって行った。これは，サイコロの数だけコマを進め，コマの止まったマス目の色に対応する質問カードを引き，その指示に従うというゲームであった。質問カードには，「感情表現（緑色）」，「共感表現（桃色）」，「協力（橙色）」，「やりとり（黄色）」，「主張（青色）」の5つのカテゴリーに関する仲間とのやりとりが書かれていた。図8－1に「すごろくゲーム」の図版と概要を，表8－1に小島（1997）の「すごろくゲーム」で使用した質問カードの例を示した。標的行動は，それぞれの質問カードに示された仲間との相互交渉における，内容の適切性，顔の向き，声の

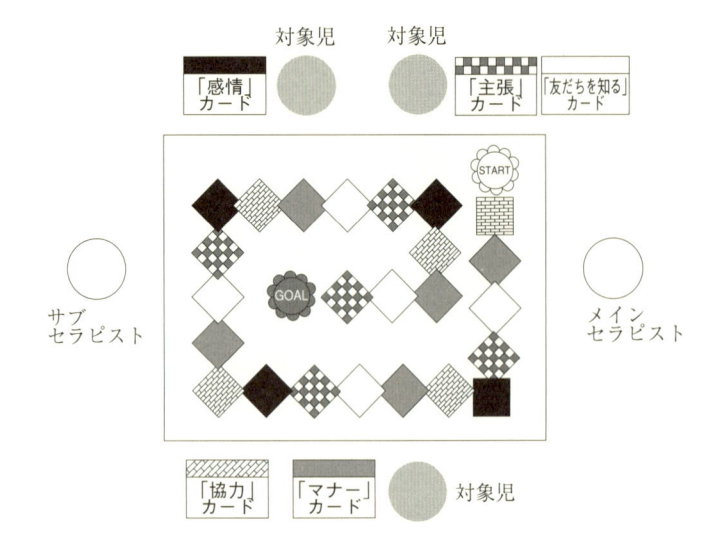

図 8 − 1 「すごろくゲーム」(小島, 1997) の図版とゲームの概要

※ ▭ は質問カード。色別（カテゴリー別）に分けて置いてある。プレイヤーは自分のコマが止まったマスの目と対応する色（カテゴリー）の質問カードを引き，それに指示されたやりとりを左隣の対象児と行う。

表 8 − 1 小島 (1997) で使用した「すごろくゲーム」の質問カードの一例

カテゴリー	指示内容
感情表現	・「今日の洋服かっこいいね（かわいいね）。」と友だちにほめられました。あなたはどんな気持ちですか？
共感表現	・ころんでないている子がいます。なにか声をかけてあげよう。
協力	・みんなにたのんで（すごろくの）シートを右に動かしてね。（コマをおとさないように!!）
やりとり	・電話で友だちを遊びにさそおう。となりの人とやってね。
主張	・あなたはブランコにのりたいと思っています。けれど，友だちが今遊んでいます。さて，どうする？

大きさや調子の3つであった。集団随伴性による介入では，ゲームの順番が一巡した時点で対象児全員の前述3つの標的行動の評価がすべて正反応であった場合には，グループ全体へのご褒美（強化）として金色の「やったーシール」が与え

られた。

　その結果，軽度知的障害児と知的発達が境界域にある子どもにおいて，社会的スキルの獲得が示された。さらに，この2名においては指導していないのにもかかわらず，自発的な援助行動が見られた。グリーンウッドら（Greenwood & Hops, 1981）は集団随伴性には自然発生的な仲間に対する援助行動を引き出す付随的効果があると指摘している。一方，自閉症児においては，社会的スキルの改善は芳しくなく，自発的な援助行動もほとんど見られなかった。小島（1997）は強化子としたシールの並び方に対するこだわりをその原因の可能性の1つとして挙げている。

3．青少年・成人を対象とした研究

　青少年を対象とした研究の1つとして，小島（1997）を修正・発展させた小島（2001）の研究を紹介する。これは公立中学校の知的障害特殊学級で行われ，実践現場への集団随伴性技法の応用が検討された。対象児は中度または軽度の知的障害のある生徒2名と中度の知的障害を伴う自閉症の生徒2名で，全員中学1年生であった。小島（2001）においても「すごろくゲーム」が使用されたが，質問カードは対象児に合わせて新たに作成された。質問カードは「感情表現」，「協力」，「主張」，「友だちを知る」，「マナー」の5つのカテゴリーから構成されていた（表8－2）。標的行動は小島（1997）と同じで，強化子にはニコニコシールが使われた。強化基準は遂行成績に合わせて段階的に上げられた。小島（2001）では自然発生的な援助行動（Greenwood & Hops, 1981）を促進させるために，次のような環境設定への配慮がなされていたという点で，小島（1997）とは異なっていた。①集団随伴性の操作を行う単位を2人1組のペアへ縮小すること，②対象児の数的処理能力に合わせて強化基準値を設定すること，③対象児の数的処理能力に合わせて標的行動の評価表を簡素にすること等の環境調整である。①により援助すべき相手が明確になり，また②や③により対象児が理解しやすい集団随伴性システムによる介入を行うことができる。

　結果では，知的障害児から相互交渉が始発された場合，質問カードに関する仲間同士の相互交渉を3ターンまで拡張させることができた。始発（話者A）－応答（話者B）－応答（話者A）という二者の行動からなる複合的な行動の獲得が達成された。小島（2001）は，会話本来の性質として含まれている相互依存的で集団随伴性的な性質をニコニコシールという人工的な強化子によって顕在化さ

表8－2　小島（2001）で使用した「すごろくゲーム」の質問カードの一例

カテゴリー	指示内容
感情表現	・だいじにしていたおもちゃがなくなりました。どんなきもちですか？
協力	・友だちにたのもう。「シートをみぎにうごかしてください」コマをおとさないように！
友だちを知る（友だちのパーソナル・データについての質問）	・友だちにいおう。「○○くん（さん）せきをかわってください」
主張	・電話で友だちを遊びにさそおう。となりの人とやってね。
マナー	・友だちにプレゼントをもらったら，なんといいますか？ ――こたえ：「ありがとう」

せ，明確に呈示することが効果的であったと述べている。また介入終了後のBLプローブにおいても3ターンの会話の維持が見られたことに対して，集団随伴性による指導によって，次第に仲間の強化関係が変容し，ニコニコシールという人工的な強化子から仲間の反応が強化子となる自然な強化随伴性（natural contingency）への移行が起こったのではないかと考察している。このことから，集団随伴性は指導効果の般化促進のキーポイントとなる可能性が示唆される。

また，この研究では1名の自閉症児の標的行動とその自閉症児に対してペア（知的障害児）が行った援助行動の関係の検証も行っている。その結果，介入後半ではペア（知的障害児）からの援助行動によって自閉症児の標的行動正反応が導かれる割合が約80％を占めていた。自発的な援助行動は知的障害児においてしか見られなかったものの，介入プログラム全体としては有機的に作用していたと言える。養護学校や特殊学級では知的障害児と自閉症児が同じ学級に在籍する場合が多いが，自閉症児は孤立することが多く，また知的障害児も発達障害のある仲間との関係をうまく築けないものが多い。小島（2001）の研究は知的障害児にとっても，自閉症児にとっても有益な指導プログラムであったと言え，集団随伴性の実践的モデルプログラムとして示唆的である。

最後に，知的障害のある者を対象とした系統だったSSTカリキュラムを2つ紹介する。1つは，ウォーカーら（Walker, et al., 1988）のACCESSプログラム

である。これは青少年期にある中・軽度の知的障害児を対象としている。このプログラムで扱っている社会的スキルは大きく次の3領域に分類されている。①仲間に関係するスキル（対人的スキル，対処スキル）と②大人に関係するスキル，③自己に関係するスキルである。表8－3にACCESSプログラムで扱われている社会的スキルを示したので参照されたい。

もうひとつは，中・軽度の知的障害のある青少年や成人を対象としたジャクソンら（Jackson, et al., 1998）のプログラムである。中核社会的スキル（core social skills）として，計30スキルがリストアップされている。これらのスキルは会話スキル，他者と作業するためのスキル，トラブルを回避するためのスキルの3つの領域に大きく分類されている。ジャクソンら（Jackson, et al., 1998）は成人も対象にしているので，学校場面だけでなく就労場面においても必要なスキルが取り上げられている。

どちらのプログラムにおいても，場面の構造化やプロンプト，タイムアウトなどの行動療法の技法が使用されている。またACCESSプログラムでは集団随伴性も使用される。

IV　今後の課題

本章では，年齢段階毎に知的障害児を対象としたSSTの研究を紹介してきた。どんな行動が適切な社会的スキルであるかは，年齢，性別，相手の地位，文化的背景といった要因にも影響される（Michelson et al., 1983；菊池・堀毛，1994）。したがって，日本社会ではどのようなスキルが臨床的に重要な社会的スキルであるかについて，年齢段階毎に明らかにするような研究を行うことが今後の課題である。健常児を対象とした発達心理学や社会心理学の知見は十分示唆を与えてくれるものであると考えられるが，健常児と障害のある子どもとの関係づくりにおいて，重要な社会的スキルは何であるのかを探る研究も必要である。健常幼児に受け容れられやすい行動を調査したストレイン（Strain, 1983）の研究が先行研究として参考になるだろう。

もうひとつの今後の課題として，標的児のスキル欠陥治療モデル（Gresham, 1982；佐藤ら，1986）から，仲間集団変容モデルへと研究パラダイムを転換する必要性があることを指摘しておく（Hurley-Geffner, 1995；涌井，2002）。仲間媒介法の研究の進展によって，標的児のスキル改善が必ずしも社会的地位や仲間か

表8－3　ACCESSプログラム（Walker et al.,1988）で扱われている社会的スキル

領域Ⅰ：仲間に関係するスキル
　A：対人的スキル
　　1．礼儀正しく，そして注意して他者の話を聞く。
　　2．他者（仲間，大人）に適切に挨拶する。
　　3．他者の輪に上手に加わる。
　　4．仲間との会話を発展させる。
　　5．他者の物を借りるときに，慣例的なルールに従う。
　　6．援助してあげることが必要なときに援助を申し出る。
　　7．適切な作法で他者を褒める
　　8．適切なユーモアのセンスを示す。
　　9．友だち関係を保ち，維持する方法を知っている。
　　10．異性の人と適切に相互交渉する。
　B：対処スキル
　　1．仲間とうまく交渉する。
　　2．のけ者にされることをうまく処理する。
　　3．集団の圧力をうまくあしらう。
　　4．怒りを適切に表現する。
　　5．他者からの攻撃にうまく対処する。

領域Ⅱ：大人に関係するスキル
　　1．適切な方法で大人の注意をひく。
　　2．適切な作法で大人に異議を唱える。
　　3．大人からの要求に適切に対応する。
　　4．許容できる品質の仕事（作業）をする。
　　5．自主的に（independently）作業する
　　6．良い仕事の習慣をもっている。
　　7．教室のルールに従う。
　　8．良い勉強の習慣をもっている。

領域Ⅲ：自己に関係するスキル
　　1．自分の容姿に自負（pride）をもつ。
　　2．まとまっている（being organized）：自分の所有物や約束や責任を見失わないようにする。時計を身につける。自分に必要な物事の優先順位をつける。
　　3．自己統制できる。
　　4．自分が合意したことを行う。
　　5．自分の行為の結果を受け容れる。
　　6．気を動転させることや抑うつにうまく対処する。
　　7．自分自身に良い感情をもつ。

らの受容の改善につながらないことが示され，仲間の側や集団全体の行動変容に配慮した指導プログラムが散見されるようになってきているが（金山ら，2000；小島，2001），まだ知見は十分に蓄積されていない。集団のサイズやメンバーの構成による違いの検証など，さらなる研究が必要である。

最後に，知的障害に限らず，障害のある子どもの社会的スキルの研究では，次の2つの分野の研究が共に発展することが期待される。障害のある子どもと健常児との間の仲間関係を促進させることを目的とした研究と，障害のある子ども同士の間の仲間関係の促進を目的とした研究である。健常の子どもたちに学級の仲間関係や習い事における仲間関係，居住地域における仲間関係などさまざまなレベルの仲間関係が存在するのと同様に，障害のある子どもたちにもさまざまな仲間関係があるはずである。彼らのQOLを高め，社会参加を促すという視点から，上記2つの研究は共に重要であると言える。

文 献

American Association on Mental Retardation: Mental Retardation: definition, classification, and system of supports, 10th ed. AAMR, 2002.

American Psychiatric Association: Quick reference to the diagnostic criteria from DSM-IV. American Psychiatric Association, Washington D.C., 1994.（高橋三郎・大野裕・染矢俊幸訳：DSM-IV 精神疾患の分類と診断の手引き，医学書院，1995.）

Dougherty, B.S., Fowler, S.A., & Paine, S.C.: The use of peer monitors to reduce negative interaction during recess. Journal of Applied Behavior Analysis, 18: 141-153, 1985.

Elliott, S.N. & Gresham, F.M.: Social skills intervention guide: Practical strategies for social skills training. American Guidance Service, Minesota, 1991.

Foxx, R.M., McMorrow, M.J., & Schloss, C.N.: Stacking the deck: teaching social skills to retarded adults with a modified table game. Journal of Applied Behavior Analysis, 16: 157-170, 1983.

Greenwood, C.R. & Hops, H.: Group-oriented Contingencies and Peer Behavior Change. P. S. Strain (Ed.): The Utilization of Classroom Peers as Behavior Change Agents, Plenum Press, New York, pp.189-255, 1981.

Greenwood, C.R., Walker, H.M., Todd, N.M., & Hops, H.: Normative and descriptive analysis of preschool free play social interaction rates. Journal of Pediatric Psychology, 4: 343-367, 1981.

Gresham, F.M.: Misguided mainstreaming: The case for social skills training with handicapped children. Exceptional Chilcren, 48: 422-433, 1982.

Gresham, F.M. & Reschly, D.J.: Social skills deficits and low peer acceptance of mainstreamed leaning disabled children. Learning disability Qusrterly, 9: 23-32, 1986.

Gottlieb, J. & Budoff, M.: Social acceptability of retarded children in nongraded elementary school. American Journal of Mental Deficiency, 78: 15-19, 1973.

Honig, A.S. & McCarron, P.A.: Prosocial behaviors of handicapped and typical peers in an integrated preschool. Early Child Development and Care, 33: 113-125, 1988.

Horner, R.H., Dunlap, G., & Koegel, R.L.: Generalization and maintenance: Life-style changes in applied settings. Paul H. Bookes., Baltimore, 1988.（小林重雄・加藤哲文監訳：仲間を媒介とした治療的介入の効果――子どもの行動変化の獲得・維持・般化のために――. 自閉症，発達障害児者の社会参加を目指して――応用行動分析からのアプローチ――, 二瓶社, pp.147-178, 1988.）

Hurley-Geffner, C.M.: Friendships between Children with and without Developmental Disabilities. In K.L. Koegel, & R.L. Koegel, : Teaching children with autism: Strategies for initiating positive interactions and improving learning opportunities. Paul H. Bookes., 1995.（氏森英亜・清水直治監訳：発達障害のある子どもとない子どもとの友達関係. 自閉症児の発達と教育, 二瓶社, pp.149-180, 2002.）

Jackson, D.A., Jackson, N.F., & Bennett, M.L.: Teaching social competence to youth and adults with developmental disabilities. Pro-ed, Austin, 1998.

金山元春・日高瞳・西本史子・渡部朋子・佐藤正二・佐藤容子：幼児に対する社会的スキル訓練の効果――自然場面におけるコーチングの適用と訓練の般化性――. カウンセリング研究33：196-204, 2000.

菊池章夫・堀毛一也：社会的スキルとは. 菊池章夫・堀毛一也（編著）：社会的スキルの心理学――100のリストとその理論――, pp.1-22, 1994.

小島恵：発達障害児における集団随伴性と援助行動の関係について――ゲーム場面の社会的スキルと相互交渉の分析から――. 東京学芸大学大学院平成8年度修士論文, 1997.

小島恵：集団随伴性による発達障害児集団内の相互交渉促進に関する研究――知的障害児と自閉症児の比較から――. 国立特殊教育総合研究所研究紀要28：1-9, 2001.

小島恵・氏森英亜：発達障害児・者における集団随伴性操作を扱った研究の動向―― 1980年代以降の文献を中心に――. 東京学芸大学紀要（第一部門）49：151-162, 1998.

Litow, L. & Pumroy, D.K.: A Brief Review of Classroom Group-Oriented Contingencies. Journal of Applied Behavior Analysis, 8: 341-347, 1975.

Macmillan, D.L. & Morrison, G.M.: Correlates of social status among mildly handicapped learners in self-contained special class, Journal of Educational Psychology, 72: 437-444, 1980.

Matson, J.L. & Ollendick, T.H.: Enhancing Children's Social Skills Assessment and Training. Pergamon Press, Chichester, 1988.（佐藤容子・佐藤正二・高山巌訳：子どもの社会的スキル訓練――社会性を育てるプログラム――, 金剛出版, 1993.）

McHale, S.M. & Simeonsson, R.J.: Effects of interaction on nonhandicapped children's attitude toward autistic children. American Journal of Mental Deficiency, 85: 18-24, 1980.

McLaughlin, T.F.: A comparison of individual and group contingencies on spelling performance with special education students. Child and Family Behavior Therapy, 4: 1-10, 1982.

Michelson L., Sugai D.P., Wood R.P., & Kazdin A.E.: Social skills assessment and training with children: An empirical handbook. Plenum Press, New York, 1983.（高山巖・佐藤正二・佐藤容子・園田順一訳：子どもの対人行動　社会的スキル訓練の実際，岩崎学術出版社，1987.）

文部科学省：文部科学省就学指導資料．文部省初等中等教育局特別支援教育課，2002.

Odom, S.L., Hoyson, M., Jamieson, B., & Strain, P.S.: Increasing handicapped preschooler's peer social interactions: Cross-setting and component analysis. Journal of Applied Behavior Analysis, 18: 3-16, 1985.

佐藤容子・佐藤正二・高山巖：精神遅滞児の社会的スキル訓練――最近の研究動向――．行動療法研究12：9-24, 1986.

Schalock, R.L.: Quality of life: Its conceptualization, measurement, and application. 発達障害研究24：87-105, 2002.

Strain, P.S.: Identification of social skill curriculum targets for severely handicapped children in mainstreamed preschools. Applied Research in Mental Retardation, 4: 369-382, 1983.

涌井恵：症例Ⅳ仲間を媒介とした支援――集団随伴性による社会性の指導――．氏森英亜（編著）：自閉症児の臨床と教育，田研出版，pp.127-142, 2002.

Walker, H.M., Todis, B., Holmes, D., & Horton, G.: The Walker Social skills curriculum: The ACCESS program adolescent curriculum for communication and effective social skills. Pro-ed, Austin, 1988.

渡部国隆・山本淳一・小林重雄：発達障害児のサバイバルスキル訓練――買い物スキルの課題分析とその形成技法の検討――．特殊教育学研究28：21-31, 1990.

Voeltz, L.M.: Effects of structured interactions with severely handicapped peers on children's attitudes. American Journal of Mental Deficiency, 86: 380-390, 1982.

World Health Organization: The ICD-10 classification of mental and behavioral disorders: Diagnostic criteria for research. WHO, 1993.（中根允文・岡崎祐士・藤原妙子訳：ICD-10 精神および行動の障害――DCR研究用診断基準――．医学書院，1994.）

世界保健機関（WHO）：ICF国際生活機能分類――国際障害分類改定版――．中央法規出版，2002.

全国特殊学校校長会：障害者の新たな職域開拓に向けた職業教育等の調査研究（第2年次報告），2000.

第9章

SSTによるいじめへの対応

I 「いじめ」とは？

　いじめという状況に関する指導は，いくつかの混乱を経てきた。機関（たとえば，学校，相談機関，病院）や対応する人間（教師，カウンセラー，医師）によって目の当たりにする状況や，問題にする点が異なっており，そのことが相互の理解を難しくしていた点があった（神村・向井，1998）。
　また学校の中である子ども（たち）が特定の子どもに対して暴力的な行為を加えるといったいじめはこれまでも決して珍しい現象ではなく，近年までは問題になることは少なかった（詫摩，1984）。「伝統的な」いじめとは基本的に「同一グループ内での発達あるいは環境等の差によって生じる一過性の暴力的行為」であって，発達の差が縮まるといった変化によっていじめも変化していったと言える。しかし現在問題になっているいじめは，伝統的なものと比較すると，長期化，陰湿化，偽装，巧妙化などが認められる点において大きく異なっている（小林，1985）。すなわち現代的ないじめは，単なる暴力あるいは粗暴な行為ではなく，臨床的には長期化することやエスカレートすることに大きな問題があるということができる。そういった問題から，いじめを次のように定義する。「一人の生徒が繰り返し長い期間にわたって一人あるいは多くの場合複数の生徒に（社会的なあるいは本人にとって）いやな行為にさらされる場合をいじめという」（Olweus, 1993; 傍点部筆者）。

II 「いじめ」の改善

　行動問題を改善するということは，その問題を抑制することを意味するわけでない。何に関して，どんな指導，介入を行うかを検討するためには，行動問題が

どのように生じて，どのように維持されているかを明確にすることが必要であろう。

いじめ行動が生じる状況として次のような場合があげられる。

①教室の中の異分子：行動の特徴や姿形の特徴への反応，しばしば「バイキン」などのあだ名がつけられる
②不良行為：おどし，かつあげ等，主として金品がからむ
③高い地位にあった者の立場の変化：家庭の経済状況急変などによる集団内での地位の低下に関する反応
④同一遊び集団内における役割の分化：もともと遊び（仲間）集団であったが何らかの要因が働いて，攻撃する側とされる側に分かれた

一般に①④が報告されることが多い。また②に関しては金銭が目的とされ，複数の子どもが対象になることが多く，非行あるいは不良行為として問題を検討する必要がある。しかし①に関してもいじめの元になったと考えられるあだ名が，いじめが始まってからつけられたケースも多く，このいじめの「型」の分類が，そのまま指導・介入方法の前提にすることは困難と言えよう。ここではいじめを「改善」する指導を検討するために，④の問題を中心にいじめ行動を分析していく。

1．いじめ行動の分析
a．いじめ児の行動特徴

いじめが問題となっている年齢は中学1～2年が多く，他の年齢では少なくなる。図9－1は100例の被いじめ児・生徒（いじめられっ子）に関して，いじめが始まった学年が特定できる例に関して集計したものである。小学校5年生から中学2年生という，ストレスの多い時期，あるいは人間関係に混乱を来すといったストレッサーによって攻撃行動が生じやすい時期に多く生じていると言えよう。この時期の学校内ストレスの大きさを物語るものと考えることも出来よう（嶋田，1999）。

またいじめられる子ども（被いじめ児）は内向的で目立たない，問題を起こしたこともない，そして友人関係もあまり多彩ではない子どもが多いことが指摘されている（江川，1986）。図9－2はその傾向を明確に示している。逆にいじめ

```
小学2年  ┤ 5
小学3年  ┤ 2
小学4年  │ 0
小学5年  ┤ 17
小学6年  ┤ 15
中学1年  ┤ 13
中学2年  ┤ 28
中学3年  ┤ 5
高校1年  ┤ 2
高校2年  ┤ 1
高校3年  ┤ 1
```

いじめが始まった学年（計84）

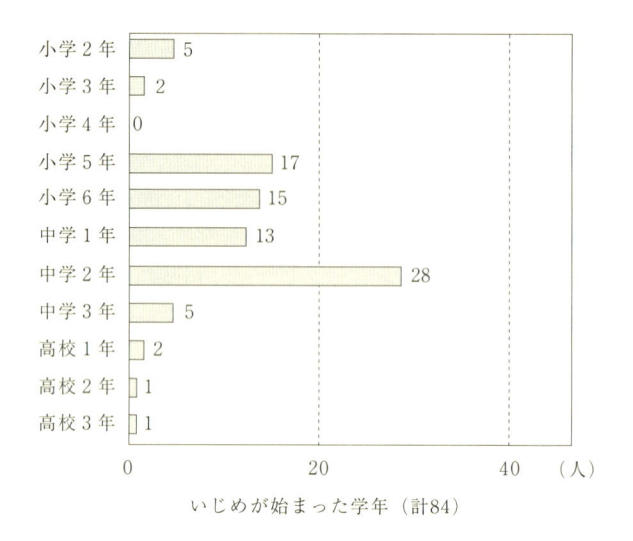

図9－1　いじめが始まった学年

```
目立たないおとなしい ┤ 74
乱暴，粗暴           ┤ 5
学業等優秀           ┤ 2
立場の変化           ┤ 3
```

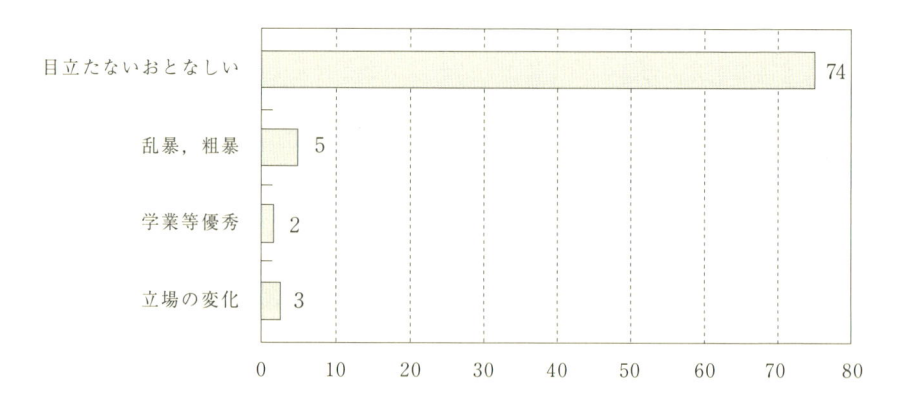

図9－2　被いじめ児・生徒の行動特徴

る側の子どもは，常識的には外向的で目立ち，攻撃的でクラスの中では強い存在であるとされる場合がある。図9－3は主たるいじめ児，生徒がどのような行動傾向を持っているか確認が可能であった分を集計したものである。結果は，粗暴なあるいは攻撃的な傾向をもつ子どもはむしろ少なく，もっとも多いのは，被いじめ児と同様に目立たないおとなしい子どもであった。図9－4はいじめ側の

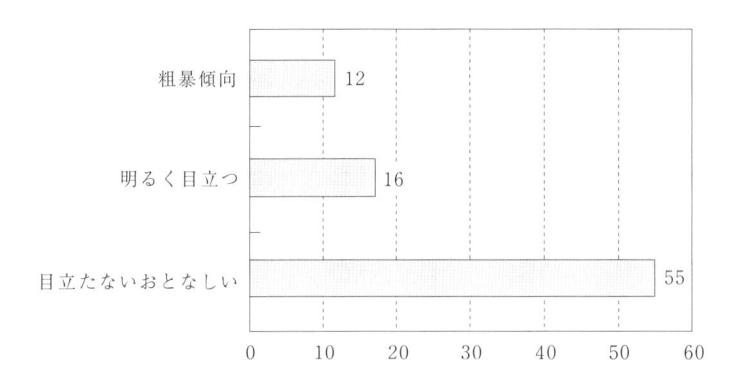

図9-3　いじめ児・生徒の行動特徴

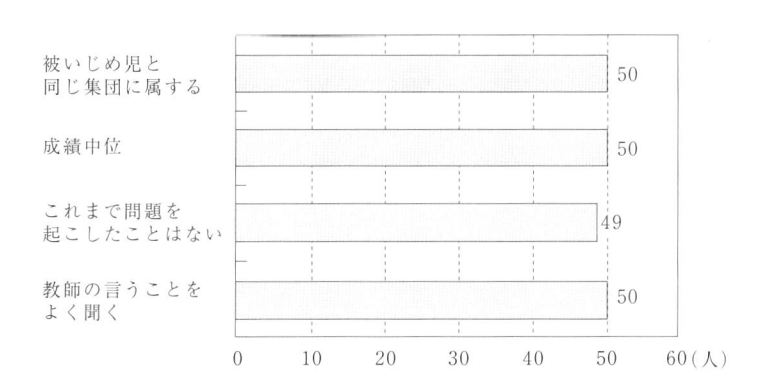

粗暴傾向　12
明るく目立つ　16
目立たないおとなしい　55

図9-4　「目立たないおとなしい」いじめ児・生徒

被いじめ児と同じ集団に属する　50
成績中位　50
これまで問題を起こしたことはない　49
教師の言うことをよく聞く　50

「おとなしい目立たない」子どもたちが，どういう状況にあるかを検討したものである。ほとんどの場合被いじめ児と同じ集団に属しており，成績も悪くなく，教師の言うことはよく聴き，これまで問題を起こしたことがない。すなわちいじめる側もいじめられる側も同じような行動傾向を持っており，少なくともいじめが単純な攻撃行動として続いているわけではないことが示されている。同じ集団に属する子どもたちが何らかの状況（ストレッサー）の影響のもとに攻撃（暴力）をふるう側とふるわれる側に分かれ，それが維持されていくという相互作用にあると考えられる。また同じグループに属するということは，他の子どもたちとは

切り離された状況で相互作用が生じている可能性があると考えられる。すなわち孤立という状況が問題となろう。すなわち実際に機能するストレスの軽減と，社会的な孤立を避けうる行動パターンが問題の改善，および予防に必要と考えられる。

　b．いじめ行動が継続する要因

　前述したような攻撃的な，粗暴な行動は多くが一過性のものであり，いじめと呼ぶには至らない。このような粗暴な行為が継続することは，いじめ児の興奮のレベルの上昇と，被いじめ児の反応を含むいじめ行為に関する強化事態（遠藤，1985）が，問題が継続しエスカレートする際の要因（維持要因）に存在することを示している。いわゆる「たかり」など不良行為が関連するケースを除いては，いじめ児は暴力行為の前歴が見当たらないことが多く，被いじめ児が抵抗しない，あるいは弱い抵抗しかしないといった状況が強化的機能を果たすものと考えられる。いじめが進行していくと，被いじめ児はいじめという慢性的な嫌悪事態にさらされることになり，行動により強い抑制がかかる（反応が鈍くなる，より抵抗が少なくなる）ことになる。したがって被いじめ児の抵抗はいじめの進行とともにより弱く，いじめ児を脅かさない反応に変化していき，そのことがいじめ児をまた強化することになると言える。

　しかしそういった被いじめ児の反応と同じようにまたはそれ以上に強い強化力をもつと考えられるのは，いじめに直接参加しない生徒が周囲ではやし立てる，いわゆる「観衆」（森田・清永，1994）といわれる存在である。図9−5は問題が改善されたあと，いじめに加わった子どもたちに関して調査したもので，この図は（いじめに加わらない）周囲の子どもたちが騒いだ際に何を感じたかを聴いた結果である。ごく少数，イヤ，悲しいという反応が認められるが，多くは嬉しいとか興奮するとかいった，強化として機能したことを示す反応が生じている。いじめ児・生徒が日常的に社会的の注目されやすい対象ではないことを考えると，この周囲の子ども（観衆）の注目は大きな強化であると考えられ，いじめの維持要因の1つと言えよう。

　c．陰湿化の問題

　いじめで言われる陰湿化，巧妙化とは大人，とくに教師から見た場合にそう見える，そういった方向に変化するというものである。すなわち，教師側から見つけにくくなり，いじめそのものがエスカレートしていくというものである。これは明らかに大人あるいは教師側への回避反応であり，介入が嫌悪事態（罰）とし

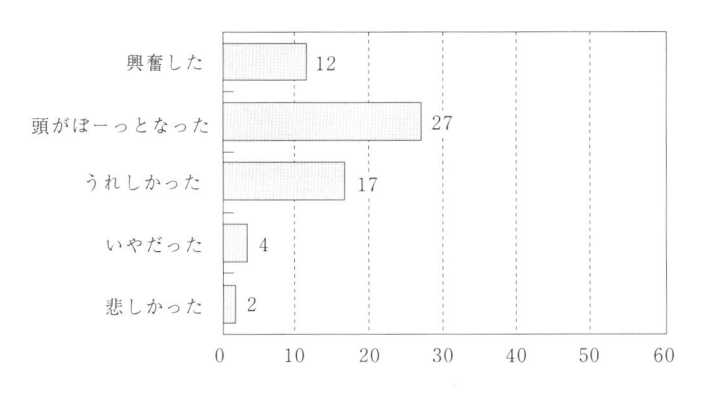

第9章　SSTによるいじめへの対応　123

```
興奮した        12
頭がぼーっとなった  27
うれしかった      17
いやだった        4
悲しかった        2
          0  10  20  30  40  50  60
```

図9-5　周囲が騒いだ際のいじめ児・生徒

て機能したと考えられる。

　いじめが教師側からまったく発見できなかったというのはまれであるとされている。むしろ教師は気づいてやめさせようと努力したにもかかわらず長期化することが多い。図9-6はいじめられた100例のうち，教師等から介入があったかどうか不明確であった3例を除いて，97例に関して教師の介入とそれに関するいじめの変化を調査したものである。教師に類する人（クラス委員や実習生など）の介入も含めれば100％に介入が認められた。しかし介入の結果は，一時的に沈静化するものの，罰が生じない状況（教師に見つからない場所）で生起するのみではなくエスカレートしていく，すなわち陰湿化していくものと考えられる。同じような状況がたとえば「クラス委員の注意」によっても生じるものと考えられる。これは教師の介入がむしろ状況を悪化させることを示しており，いじめという問題行動を抑制するために「罰」を用いることがいじめの現代的な側面の1つを形成していることを示している。

　もちろん教師がいじめの現場に居合わせた際，罰をまったく用いないということは困難である。逆に言えば，いじめ児・生徒から教師への社会的アクセスが日常から高頻度に生じていれば，介入の際の影響はマイナスに偏りにくい（教師に接近行動が生じていれば回避行動が顕著な型問いでは生じにくい）と言える。

2．いじめの改善（社会的相互作用への介入）

　いじめとは単純な攻撃行動ではない。いじめ児・生徒，被いじめ児・生徒，そしてそれを取り巻く周囲の子どもたち，また教師まで巻き込んだ相互作用の中で

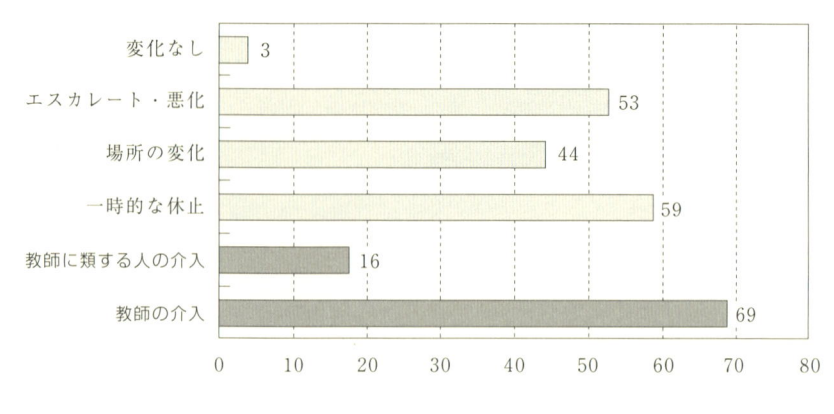

```
変化なし              3
エスカレート・悪化    53
場所の変化            44
一時的な休止          59
教師に類する人の介入  16
教師の介入            69
         0  10  20  30  40  50  60  70  80
```

図9－6　教師の介入とその効果

起こり，維持され，また変形していくと考えられる。したがってその相互作用を変化させる指導を行うことが改善のために必要である。そのために以下の要素が必要となろう。

①被いじめ児・生徒がいじめに遭うことを抑制，妨害（とにかくいじめという暴力行為をやめさせる）する
②いじめ側，被いじめ側が社会的に孤立しない
③いじめ児・生徒が，いじめ以外で強化を受ける機会

①具体的ないじめ行動がクラス内で生じにくくするためには，クラスのメンバーにとって暴力行為がより嫌悪的になる（暴力が生じている状況をやめさせたいと思う）必要がある。たとえばクラスの中で暴力行為（いじめを直接取り上げるのではなく，たとえば戦争に関して）について議論し，教師がどんなものであっても暴力は許さないと宣言する，といったことが考えられる。これはいじめを予防する機能ももつと言えよう。

　いじめ（あるいはいじめという相互作用）の継続はいじめ場面における強力な抑制要因が欠如していることを意味している。被いじめ児・生徒の多くは活動のレベルが元来低く，いじめに対して抵抗した痕跡は少なく，抑制要因とはなっていないと考えられる。

　いじめ集団の多くは「けんか」や「他人の抵抗」に対して抵抗力のあるヒスト

リーは見あたらない。したがって被いじめ児・生徒にいじめ場面での主張的な社会的スキル（例：「やめろよ」と強く言う）を形成することが可能であればいじめという相互作用の強力な抑制要因になると思われる。しかし被いじめ児は活動のレベルが低く，攻撃行動に対抗するような行動が生じるのは困難であることが多い。またいじめ場面は強い嫌悪場面であるために，実際の場面ではスキルが生起しないことも考えられる。したがってコーチングの方法のみでなく，主張する状況をよりやりやすい（嫌悪価の低い）状況からステップアップをすることが必要となってくる。たとえば最初はただ単にせりふを言う─人に向かってせりふを言う─複数の人間に向かってせりふを言う─劇化した状況でけんかの場面を設定し，そこでせりふを言う等が考えられる。また自発性を高めなければ実際の嫌悪場面ではスキルが生じにくいと考えられ，周囲からの社会的アクセス，社会的サポートなどの強化になる刺激を多く提示していく必要もある。

　②被いじめ児・生徒は（しばしばいじめ児・生徒も）クラスの中で孤立していると考えられ，逆にそのためにいじめが生じた場合抑制しにくいし，孤立していることによっていじめという特殊な相互作用も維持されやすくなると考えられる。単純にいえば周囲との相互作用が生じている生徒に関して暴力行為を行うことは困難だということである。したがってクラス内の他児・生徒が被いじめ児に対して積極的に対応する機会を作り出すための反応を形成する必要がある。この場合の標的は他の子どもが積極的にかかわってくれる（接近行動が生じる）ことである。ある人間が積極的に特定の人間にかかわろうとするということは，その人にとってその特定の人間が何らかの意味で「魅力がある（強化的である）」からといえる。たとえば他の生徒の発言を明確に認める「うんそりゃそうだよな」「へぇそうなんだ」が生じると，それを言った生徒は，言われた生徒から見ると強化的に機能し，社会的なアクセスが増えることが期待できる。この社会的スキルは多くの場合あまり負荷がかからないため，指導場面から現実場面へ般化しやすく，結果的に機能しやすいと言える。したがって選択されるスキルは周囲の子どもたちにとって意味があるものでなければならないし，そのスキルが用いられた際に，周囲にとって「目立つ」ものでなければならない。もちろんこの目立つという問題は物理的なこと（たとえば大きな声）を意味するわけではない。言われた方にとって「聞き逃せないくらい魅力的」なスキルが選択されるべきである。

③いじめ児・生徒（いじめ集団の構成員）は目立たない子どもたちであればあるほど日常的に周囲から社会的なアクセスを受けることが少ないと考えられる，すなわち被いじめ児・生徒と同様にクラスの中で孤立している状況であることが少なくない。孤立は強化を受ける機会を制限するし，逆に数少ない強化される機会は相対的に強化価が高くなる（たとえばあまりおもしろくないとしても継続されやすくなる）。したがっていじめ集団の構成員にも周囲からアクセスを受けやすくするSSTが必要となる。

しかし，いじめがまだ継続しているあるいは行われている痕跡がある場合は，いじめ児・生徒は当然その発覚をおそれるため，いじめ行動に関連がありそうな状況に関して強い回避行動や攻撃行動が生じやすくなっている。こういった状況の時に，いじめ集団を対象としたSSTやクラス集団内でのスキル指導は逆効果となる可能性がある。むしろ現在の状況で周囲からのアクセスを増やしてクラス集団の中での相互作用を増加させ，具体的な社会的スキルの指導を導入するならば，その後にすべきであると考えられる。

社会的アクセスを増加させる対応としては次のようなものが考えられる。いじめ児・生徒自身が「得意」であると考えるものをクラス集団の前で認める。もちろん各生徒が得意と考えるものは学校の授業とはあまり関係ないかもしれない。たとえばSF小説に詳しいならば，理科の時間に「昔はこんなこともよく分からずお話の中だった，そういった話は今も本になって出てるよな！　そらSF小説，空想科学小説ってやつだな」と話せば，SFに詳しい生徒であれば現代のSFはサイエンス＆ファンタジーであることをどこかでクレームとして出す可能性が高くなる。クレームが出てくれば「ごめん勉強し直す，おまえは詳しいんだな，感心！」と反応する。これを教師が他の生徒の前でやればその対象の生徒の社会的な地位が上昇し，その事に関した話題を中心に，アクセスを受けやすくなろう。また教師が自分を認めたことで，生徒からの教師へのアクセスあるいは接近行動が増加することが期待される。教師への接近行動が増加することは教師からの回避行動が生じにくくなるということであり，少なくともいじめがどんどん陰湿化するという事態は避けることが出来る。教師が他の生徒の前である生徒を認めるという状況は，とくに日常的にあまり強化を受けていない生徒に関しては，強力な強化状況である。たかが「これだけのこと」ではあるけれど，クラス内の相互作用を大きく変化させることも可能である。

SSTは新たなスキルを形成することにポイントを置くことが多い。しかしす

でにもっているスキルが機能するような操作も含めてアセスメントを行うことも必要とされる。とくにいじめという問題に関しては集団内の相互作用を元に行動の抑制が行われるわけであり，どう行動を機能させるかそして，それを相互作用の中でどう生かしていくかという指導が重要になる。

Ⅲ　おわりに

　これまで述べてきたことはすべての「いじめ」に関して言えることではもちろんない。いじめをオルウェーズ（Olweus, 1993）のように定義をすると，こういった「現象」はさまざまな原因で，きっかけで，また偶然の維持要因によって「起こっている」ものと考えることができる。すなわち，周囲に見えている問題は同じであっても，異なったプロセスによって生じている可能性がある。プロセスが異なる場合は，当然指導のアプローチは異なってくる。そのためのアセスメントが重要であると同時に，「大人」から見える状況のみで分析することの危険性も考慮しておく必要があろう。

　いじめは一義的には暴力行為が問題になる。しかし，被いじめ児・生徒がいじめられなくなればそれで解決したわけではない。もしそうであればいじめ集団に関して常に目を光らせ，罰を与えていれば被いじめ児・生徒がいじめにさらされる状況は避けられるかもしれない。しかしそれでは基本的な問題が改善されていないため，たとえばいじめ集団の中のもっとも弱い子が次には暴力にさらされるという事態になりかねない。したがって限定された状況で生じている相互作用をより接近的で，また広範囲に生じることがいじめの改善の標的の1つであると言える。そのために社会的強化を受けやすい行動レパートリー（社会的スキル）が必要であり，予防の観点から言えば，強化される状況のバリエーションを増やしていくことが考えられる必要があるだろう。

文　献

江川玟成：いじめから学ぶ──望ましい人間関係の育成，大日本図書，1986.
遠藤辰雄：「いじめ」をめぐる非行．教育と医学 33：69-75, 1985.
神村栄一・向井隆代：学校のいじめに関する最近の研究動向──国内の実証研究から──．カウンセリング研究 31(2)：190-201, 1998.
小林剛：いじめを克服する──教師への期待──，有斐閣，1985.
森田洋司・清永賢二：新訂版いじめ　教室の病い，金子書房，1994.

Olweus, D.: Bullying at school: What we know and what we can do. Blackwell, Oxford, 1993.
嶋田洋徳：教育場面における臨床心理学的研究の動向と課題――行動的アプローチを中心に――．教育心理学年報38：120-129, 1999.
詫摩武俊：こんな子がいじめる，こんな子がいじめられる，山手書房，1984.

第10章

SSTによる不登校への対応

I 不登校とは

　一般的には「不登校」とは，文部科学省の学校基本調査や児童生徒の問題行動等生徒指導上の諸問題に関する調査において用いられている「不登校児童生徒」の定義，すなわち「何らかの心理的，情緒的，身体的あるいは社会的要因・背景により，登校しないあるいはしたくともできない状況にあるため年間30日以上欠席した者のうち，病気や経済的な理由による者を除いたもの」である。

　そして行動パターンでみるならば，不登校とは，「基本的には，家庭－学校－家庭という往復パターンが家庭で停滞し，断続してしまった状態」（小林ら，1989）と言えよう。すなわち，子どもが日常的に繰り返している家庭と学校の往復行動の流れが家庭の部分で中断し，そこで停留状態に陥ることである。

　行動論の立場からは，不登校行動は学校からの回避反応とみることができる。この回避反応は，学校という基本的に集団での学習の場から回避することによって，学校または登校行動に関連する刺激によって誘発された不安・恐怖反応が低減することから生じる。

　これは，伝統的には神経症発症メカニズムによる「学校恐怖症（school phobia）」（Johnson, et al., 1941；鷲見ら，1960）と呼ばれているものと対応すると言える。

　ところが，1980年以降前述の典型的神経症発症メカニズムによる不登校事例が相対的に減少し，本来は例外的な事例であった不安・恐怖感がみられず無気力，怠学傾向，社会的スキル不足，病弱と関連の深い不登校の増加が報告されている（上里，1985；茨木，1986；小野・小林，2000）。

　したがって，現代の不登校は，多様な発現メカニズムによって形成されていると言えよう。

II 不登校の実態と対策

　調査開始以来，最高の数字を記録した平成14年度の学校基本調査によると国・公・私立の小・中学校で，平成13年度に「不登校」を理由として30日以上欠席した児童生徒数は，小学生2万6,511人，中学生11万2,211人の合計13万8,722人であった。「不登校」数の全児童生徒数における割合は小学校では275人に1人（0.36％），中学校では36人に1人（2.81％）となっており，小・中学校の合計では全児童生徒数の約1.2％を占めていた。

　また不登校児童生徒在籍学校は，全公立小・中学校中，平成3年度は約39％であったが平成13年度は約58％となった。したがって，約半数以上の学校に不登校児童生徒が在籍していたことになる。また1校当たりの平均の不登校児童生徒数も平成3年度には約4.8人であったのが平成13年度には約7人に増加した。

　このような「不登校」の実態への対策として国レベル，都道府県レベルでさまざまな対策が実施されている。

　たとえば，都道府県レベルにおける取り組みとしては，文部科学省の調査結果（平成15年1月14日読売新聞朝刊発表）によると21都県が独自に「不登校」を減らそうと数値目標を設定し対応していることが報告されている。目標のタイプは，不登校の在籍比率などに減少目標の具体的数値を挙げるもの（福島，茨城，広島など），全国的な相対基準で設定するもの（宮城，和歌山，大分など），各年毎に挙げてチェックするもの（秋田，沖縄など），スローガン的なもの（愛媛など）に分かれている。

　そして，平成14年までの3年間で，東京，山形，和歌山などの6都県が不登校生の数を減少させている。

　また国の対策としては，平成14年に文部科学省は1992年の前回の「不登校問題に関する調査研究協力者会議」から10年ぶりに同会議を開催した。平成15年4月11日発表の最終報告では，前回報告から軸足を移し，基本的には，「（不登校児の）自分の力で立ち直るのをただ待つだけでは改善にならない」と働きかけの大切さを訴えている。そして，その働きかけは，適切な対応の見極め（アセスメント）に基づき実施することや不登校を「心の問題」だけではなく「進路の問題」としてとらえることなどを提言していた。

　具体策としては，学校の取り組むべきものとして，①「不登校対応担当」教員

の明確化，②情報共有のための個別指導記録の作成，③学校外の学習状況の把握と評価の工夫，④柔軟なクラス替えや転学を挙げている。また，適応指導教室の指導員常勤配置，実績のある民間施設との連携，中学校卒業後の高校の長期欠席・中途退学への取り組みの充実なども提言していた。

しかしながら，平成17年度学校基本調査の結果，平成16年度の国・公・私立の小・中学校における不登校児童生徒数は，12万3,317人であった。全体数としては，平成14年度から減少したが，在籍児童数に占める割合は1.14％と0.06％しか減少していない状況である。したがって，依然として，深刻な状況であると言えよう。

この報告は今後の全国の不登校施策の指針となるものであり，したがって不登校への対応は，平成15年度からは従来とは異なった「働きかけ」を重視した積極的な支援が開始されることとなった。

Ⅲ　不登校へのSSTの必要性

平成14年度学校基本調査報告では，不登校となった直接のきっかけの調査を実施している。その結果，「学校生活に起因するもの」が36.2％，「家庭生活に起因するもの」が19.1％，「本人の問題に起因するもの」が35.0％となっていた。それぞれに含まれる事項毎に見ると，「本人にかかわる問題」（28.6％），「友人関係をめぐる問題」（19.7％），「親子関係をめぐる問題」（9.7％）等が多かったとのこと。またこれらの推移を見ると，「友人関係をめぐる問題」の比率が伸びていた。

小・中学校別では，小学校においては「本人にかかわる問題」の割合がもっとも高く，次に「家庭生活に起因するもの」の割合が高かった。中学校においては「学校生活に起因するもの」の割合がもっとも高く，次に「本人の問題に起因するもの」の割合が高かった。

また，不登校児童生徒本人に直接聞いた調査においては，「友人関係をめぐる問題」がもっとも多く，44.5％を占めており，続いて「学業の不振」が27.6％，「教師との関係をめぐる問題」が20.8％となっていた。

以上のことから小・中学校の不登校の直接のきっかけとしては，不登校児本人からの報告，教師からの客観的報告からも友人関係，教師との関係などのかかわり，すなわち社会的スキルに関連する問題が指摘されている。

これらと同様の指摘は，高木ら（1965）によっても報告されていた。この研究によると子どもが，学校を嫌がる直接の契機を検討し，学校での友人関係や学業の問題が約半数を占めていることを示している。
　また青山（1975）は，登校拒否児の特徴として，自己主張が弱かったり，友達と意見をぶつけあうより自分の要求のとおるような遊びを好む場合が多いことを指摘している。内山・深谷（1970）も登校拒否児の社会性には幼児期から問題があり，登校拒否は高学年になって学校環境が厳しくなるにつれて必然的に生じた反応であるとしている。
　菅野（1988）は，このような不登校児の対人関係の特徴を次のようにまとめている。①人の言葉や行為に表面上はあまり感じていない風だが，内心はひどく傷ついていることがある。②子ども同士の微妙なコミュニケーションに加われず，疎外的雰囲気だけを強く感じる。③ものごとを被害的・悲観的に感じがちで，人に対して構えてしまったり，かかわりを避けがちになる。④ルールや約束事に厳しく，それを守れない人を許せない。怒りが内向して1人で苦しむこともあれば，他児を批判したり責めたりするので嫌われたり，孤立してしまうことがある。⑤自分の気持ちをうまく表現して人と仲良くなったり，人から助けてもらったり，その場の雰囲気を和やかにしたり，盛り上げたりする子どもなりの社交術をあまり身につけていない。
　以上のように，不登校の事例調査研究から不登校発現後，その子どもが学校に行っていないという状況となり，社会性が必然的に低下している状態を帰納法的にまとめて，不登校児の社会性の特徴としてまとめた研究の指摘がある。
　不登校の系統的援助システムの構築を目的とした研究においては，いわゆる学校恐怖症として学校場面における不安・恐怖感の存在するタイプから研究が開始された。ところが前述したように1980年以降，不安・恐怖感が言語応答や客観的尺度に表れないタイプの不登校が報告されるようになってきた（上里，1985；茨木，1986）。これらのタイプの中で不登校発現前に何らかの対人場面における社会的スキル不足によって学校場面において不快事態が生じそれを回避することによって不登校状態となる事例が報告されている（小野・小林，2000）。
　たとえば，典型例としては，おおよそ次のような状態があろう。すなわち，社会的スキルの欠如により学校の学習集団における対人関係場面において著しく困難感を感じるようになる。学級集団への参加が不可能となり，学校を避けるようになる。そして，家庭に閉じこもりテレビゲームに従事するといった状態となる。

このようにして，不快状態を避けることと，家にいることが積極的に強化刺激を受けることと結びつくことにより慢性化へと進むこととなる（小野・小林，2000）。

また，不登校発現前に社会的スキルがとくに問題とならなくとも不登校発現後，家に閉じこもり，対人接触が極端に少なくなること，またはこの状態が長期化して社会的引きこもり状態となることによって生じる社会性の低下へも段階的SSTが必要であった事例が報告されている（高下・杉山，1993）。

したがって，不登校児の再登校の援助および，再登校行動維持の目的のためには，不登校発現前に社会性が問題となった事例，また問題にならない事例の両方に社会的スキルへの何らかの訓練が必要であると言えよう。とくに，小野・小林（2002）の行動アセスメントに基づく総合的アプローチにおいて，SSTは基礎的アプローチ，すなわちすべての不登校児必須のプログラムとして位置づけられている。

以上のように，学校という基本的には集団での学習の場，すなわち，人と人とのかかわりを基礎とした学習の場への再適応を目的とする時，不登校児へのアセスメントに基づく段階的なSSTは1つの重要な要因であると言えよう。

Ⅳ　事例研究

以下に，対人場面での問題により不登校となり，主に学級場面での同級生に対する主張スキルを身につけることによって，再登校および登校行動の維持がみられた事例（小野・小林，2002）を示す。

1．対象：
A，女子14歳（援助開始時，中学3年生）

2．主訴：
学校に行きたくても行けない。友だちとうまく話せない。

3．不登校をめぐる情報
小野・小林（2002）の行動アセスメントの着眼点を基に以下の情報を収集した。
　a．発現前の行動特性
小学校5年時までは友達も多く，成績も上位にあった。運動は得意であった。

性格的には，几帳面過ぎるところがあったという。対人面では，人前で主張するのが苦手であったという。

　b．発現の経過

　小学6年時に学級委員に選出され，その後円形脱毛症になった。担任が学級委員の仕事を減らす等の対処をして症状が消失した。中学2年生の1学期に同級生の男子生徒から無視されたと母親に訴えたことがあった。そして，中学2年生の夏休み以降，9月初旬から断続的に欠席した。10月と11月は，欠席はなかったが，12月初旬から継続不登校状態となった。3学期になり親戚の叔母からの誘いもあり父母からの提案で，自宅からではなく親戚の家から登校させることとなった。その結果，2月から3月にかけて1カ月間登校した。中学3年の4月から，自宅に戻ったが，しかし，クラス替え後の学級には対人場面への困難感を訴え，始業式のみ出席し，以後継続不登校状態となった。不登校発現当初は，朝，Aに対して父母による説得が行われていたが，長時間に及んだ場合，父親が会社に遅刻したことなどから徐々に行われなくなった。Aの家族が会員であったスポーツクラブに主担当者がアルバイトとして勤務していたことから，Aの母親から相談されたチーフトレーナーが主担当者を紹介した。スポーツクラブにおいて主担当者とA，母親で面会しT大学K研究室を紹介した。そして，Aは，5月14日にK研究室へ母親につきそわれて訪問した。Aの不登校は，断続不登校（小林，1980）から継続不登校というパターンを示していた。

　断続期において自発的に登校した場合は，1日学校に滞在することが可能であったが，帰宅後疲労感を訴えていた。

　c．全般的症状の変化

　断続期には，朝，腹痛，気分不良が訴えられた。継続期には，身体症状の訴えは消失した。朝方，月曜日に体調が優れないといった日中変動，週間変動は残っていた（小林，1980）。

　d．学校・学習との関連

　継続不登校後，学級担任が家庭訪問した際には，面会しなかった。同級生に対する抵抗は強かった。自宅では，1〜2時間勉強をしていた。

　e．家族の状況

　家族構成は，父親，母親，A本人，弟であった。父親は会社員，母親は専業主婦であった。食事習慣・清潔習慣の乱れはなかった。

f．その他

学校関係者（校長，学級担任）および家族は，Aへの援助教育について協力するとの意思表示があった。長期の欠席による体力，学力の低下がみられた。

4．行動アセスメントとしての情報統合

本事例の不登校状態形成は以下のように考えられた。不登校発現時には学級において，学級委員という役割を果たすために必要な社会的スキル，とくに多人数を相手とした場面での主張的スキルが欠如していたと考えられる。その結果，学級場面においてAの主張的スキルの欠如に起因する不快場面が生じ，それを回避する反応が生じたと考えられた。そして，家庭に滞留する行動が，Aへの母親の日常生活の世話やきなどが随伴されると増加し，不登校行動が維持されたと考えられた。

5．指導方針および介入内容

本事例に再登校行動を形成するための指導方針として，Aの主張的スキルの補強を中心とした再登校行動形成のための介入と不登校を誘発・維持していると考えられた家庭要因の除去を試みることが要請された。以下Aと相談の上，決定した介入の内容を示す。

a．学習の補強

学習の補強を目的として英語・数学の学習指導を実施する。（中学校3年生教科書の内容）

b．体力の回復

体力の回復を目的として体力訓練を実施する。（ソフトボール，ランニング，サッカー）

c．登校予定日の設定

本人に登校予定日（小林，1989）を決定するように援助する。

d．段階的な学校場面への接近

再登校行動の形成を目的として状況を見ながら1週間単位で登校予定日数が増加するように試みる。基準変更デザインを適用する。

e．登校予定日の援助

本人との登校予定日の決定後，それが履行されない場合は状況に応じて部分登校，援助機関での再契約を実施する。

f．主張的スキルの補強

主張的スキルの形成を目的として，ロールプレイによる練習等を試みる。主張反応法（小林，1985）の適用を試みる。

　g．学校との連携

担任と連絡を取り合い，受け入れ態勢を調整してもらう。

　h．家庭への指導

家庭訪問を通して，父母のAへのかかわり方を指導する（会話の仕方，誉め方等）。

　i．登校率による評価の実施

再登校後，登校率による評価を実施する。登校率は，以下のように算出した。なお，登校援助を要した登校も登校日数に加えてある。

$$\text{登校率(\%)} = \frac{\text{登校日数}+0.5\times\text{遅刻・早退日数}}{\text{登校すべき日数}} \times 100$$

　j．学習塾との連携

高校受験を目標としての学習指導実施のため，自宅近くの学習塾と連携する。

6．援助経過

以下にAの登校行動の再形成経過を，その指導内容から6期に分けて記述する。

指導スタッフは，1名のスーパーバイザー，K研究室所属の院生（主担当者）他3名となった。

　a．第Ⅰ期（5月14日から6月29日）

この時期は，週2回火曜日と金曜日，1セッション3時間から4時間を基本として14セッション実施した。

第1回インテーク面接においては，登校行動の再形成の仕方について，主担当者が説明した。また，他のスタッフの紹介を実施した。Aから「なんとか自分を変えて学校に行きたいのでよろしくお願いします」との発言があった。スタッフは，Aの申し出を受諾し全力で支援する旨を伝えた。Aから登校予定日を6月30日にしたいという提案があった。セッションスケジュールおよび内容は，午

前10時〜12時：学習指導（英語・数学），12時〜12時20分：昼食，12時30分〜12時50分：休憩，12時50分〜13時50分：体力指導（ソフトボール，ジョギング），13時50分〜14時20分：面接指導であった。ソフトボールでは，キャッチボールの後，ゲームを実施した。Aは，「久しぶりに汗かいた」，「打つの気持ちいい」等の発言があった。スタッフは，「Aさん，球速いねえ」，「ナイスキャッチ」等の声をかけた。ジョギングは，2キロのコースを「疲れた」，「気持ちいい」等と言い，汗を流しながらスタッフと完走した。3セッション終了後，母親から主担当者へ電話があり，Aが「話を聞いてくれる感じ」，「すっきりした」と話している旨連絡があった。

　b．第Ⅱ期（6月30日から7月23日）

　この時期は，週2回，第Ⅰ期と同じ内容のセッション7回と登校訓練を並行して実施した。登校予定日には予定通り教室に行くことが可能であった。3日後の登校予定日に朝，登校をしぶったため，スタッフが家庭訪問し登校を援助した結果，登校が可能となった。登校援助時は，主担当者の「大丈夫，気を楽に」，「どうした」の問いかけに対して「うん，なんとか」と答えて登校した。自発的な登校はこの期間は10日間であった。

　c．第Ⅲ期（7月24日から8月31日）

　夏休み期間中，週2回，5セッション実施した。セッション内容は，第Ⅰ期と同様であった。

　d．第Ⅳ期（9月1日から10月31日）

　週2回，17セッションを実施し，それ以外の日に登校訓練（登校予定日週3日）を実施した。セッションスケジュールおよび内容は以下の通りであった。午前10時〜12時：学習指導（英語・数学），12時〜12時20分：昼食，12時30分〜12時50分：休憩，12時50分〜14時：体力指導（ソフトボール，ジョギング，サッカー），14時〜14時20分：面接指導であった。面接指導においては，主に家庭での生活への助言（勉強の仕方，母親とのやりとりの仕方等），本人からの問題提起への助言を行った。夏休み明け直後の1週間は，登校予定日4日のうち4日登校した。2週目は，4日のうち3日，3週目は，4日のうち3日，4週目は，4日のうち2日登校した。10月に入って週2回のセッション日以外は毎週登校予定日4日のうち3日登校した。

　e．第Ⅴ期（11月1日から11月30日）

　11月からは，セッションを週1回とし5セッションを実施した。登校訓練

（登校予定日週5日）では，週3日登校した。11月12日に中学校において三者面談が行われた。学級担任から高校受験のためには今後連続出席が必要であるとの説明があった。Aは，高校進学を希望していたので，連続登校の目標を主担当者へ出した。そこで，以下の手続きを実施した。朝，Aが登校をしぶった場合は，スタッフ，両親による登校援助を実施する。登校への抵抗の強い場合は，K研究室での学習および計画再設定を実施する。しかしながら，連続自発登校には至らなかった。登校援助の際に主担当者が教室まで励ましながらAと同行した時，教室入室直前に沈んだ表情から笑顔を無理に作って入室するのが観察された。図10-1に第Ⅱ期から第Ⅴ期のAの登校率の推移を示す。

　f．第Ⅵ期（12月1日から翌年3月20日）

　12月1日にAより出席日数を増加させる目的で，登校を優先したいとの申し出があった。そこで，週6日登校と電話による助言指導の形態を導入した。また，Sの自宅近くの塾と連携をとり，そこで高校受験のための学習指導を受けることとした。週2回，2時間の指導が実施された。その結果，12月中は，週4日の登校は可能となったが，2日は登校援助を実施しても登校不能であった。

　冬休み明けの1・2月は，登校援助を必要とした場合もあったが，全出席となった。

　3月5日の午前中に学級担任が，電話により主担当者に助言を求めてきた。内容は，Aの学校場面における友人関係に関する情報であった。数日前に女子の同級生の大部分が，A本人と話をさせて欲しいと担任に要求してきた。彼女たちは，学級の係活動などをAがしないことに不満があるとのことであった。それに対してどのように対応したらよいか助言が欲しいとのことであった。そこで，担任がAの代弁をするのをやめ，話し合いの場を設定するように助言した。そして，Aに対して話し方の助言を実施することを主担当者から伝えた。

　Aには，主担当者が電話で対応の仕方を指導した。無理をしていい子ぶらないこと，過剰な役割はきちんと断ることを助言し，断り方の練習をした。以下に練習内容の一部を示す。

　主担当者（以下，T）：じゃあ，私が同級生の役をしますから。きちんと断ってください。
　A：はい。
　T：Aさんには，この係とこの係をやってもらいます。

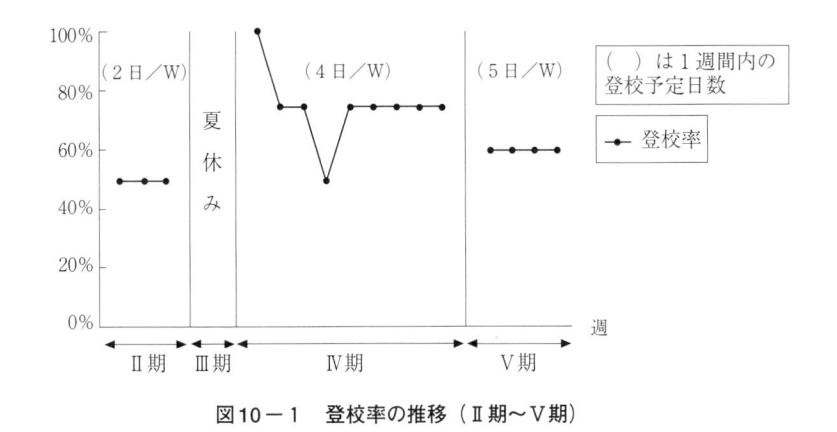

第10章　SSTによる不登校への対応　139

図10－1　登校率の推移（Ⅱ期～Ⅴ期）

A：無理ですよ。
T：わがままなんだから。
A：いえそんなことありません。
T：何もやる気がないんだから。
A：いえ，2つの係では多すぎると思うんですけど。
T：それじゃ，どうすればいいの。
A：この係をしたいのですけど。
T：わかった，それではやってください。

　3月5日の放課後に話し合いの場が設定され，同級の女子生徒がAと話し合いをし，学級の役割分担が決定された。Aも同級生に初めて意見を言えたそうである。この後，Aは「すっきりした」といって，自発的な登校を3月20日の卒業式まで継続した。また，二次募集により地元の公立高校に合格した。経過は順調であると判断されたので必要があればAの方から主担当者に電話するように指示し，電話による指導は一応終結とした。図10－2にⅥ期のAの登校率の推移を示す。

7．予後の状況
　a．高校1年次の状況（4月から8月20日）
　夏休み期間中の8月20日にK研究室においてAとの面接により情報を聴取す

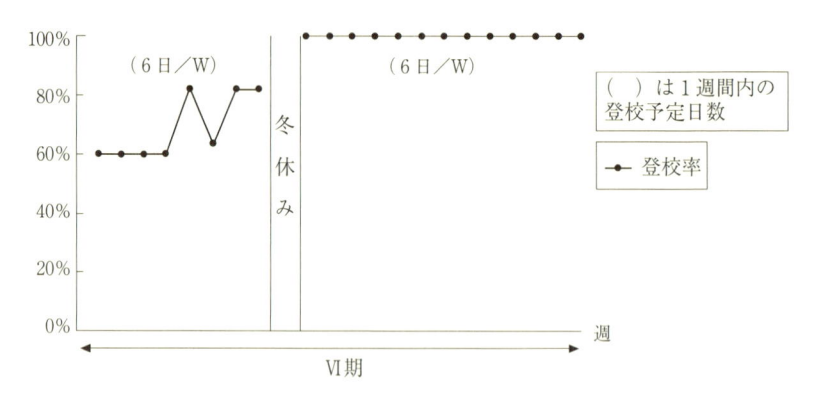

図10－2　登校率の推移（Ⅵ期）

ると同時に自主性診断テストを実施した。現在の状況と不登校前の状況をテストした。不登校前の状況は，回想したものを記入させた。この結果を図10－3に示す。総合点が，10％から99％へ変化がみられた。また，自己主張項目に関しても10％から90％へ変化がみられた。このことは，主張訓練などを通して主体的に行動することが可能となってきたことを示していると言えよう。

高校入学後は，1学期に早退1回，欠席1回以外は，全出席した。高校入学後，男女共に友人が2人いるとのことで，友人関係の中でも自らの意見を主張できるようになったという。

b．高校2年次以降の状況

Aおよび母親からの報告によると，高校2・3年次は欠席がなかったとのこと。高校卒業後は，ビジネス系の専門学校に進学し，欠席もなく卒業し会社の事務職に就職したとのことであった。

Ⅴ　まとめ

1．不登校状態の形成について

本事例は，主な不登校に至る不登校発現前条件として主張的スキルの欠如が考えられた。とくにクラス場面の友人関係においてAの主張的スキルの欠如に起因する問題場面を回避する反応が生じたと考えられた。そして，家庭に滞留することによって対人場面において生じた不安を低減したことが不登校維持要因と考え

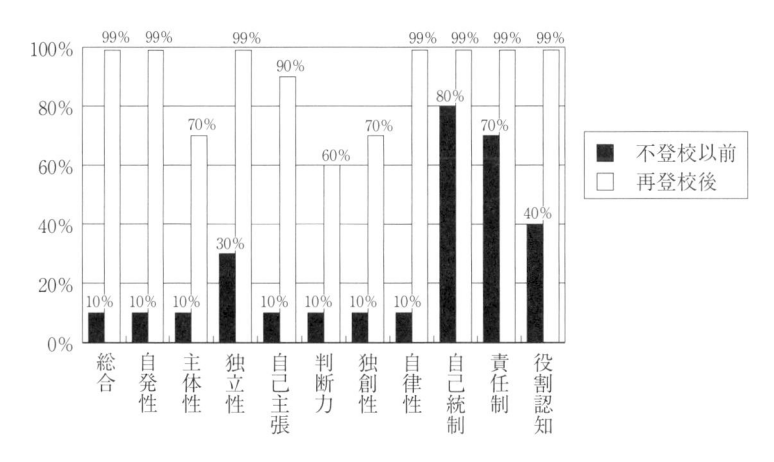

図10－3　自主性診断テストの結果

られた。

したがって，本事例は伝統的な神経症発症メカニズム（Johnson, et al., 1941）による不登校と考えられる。すなわち，不安・恐怖感が言語応答や客観的尺度に明白に現れないタイプ（上里，1985; 茨木，1986）とは異なるタイプと言えよう。

したがって，このような状態における不安反応の低減には主張反応法の適用が有効であると考えられた。すなわち，Aへの主張的スキルの形成が要請された。

2．主張的スキル形成による学校場面活性化と登校行動の維持

小林（1985）は，不登校児への再登校のための主張反応法の一般的適用に関して3条件を挙げている。

① 不登校が長期にわたって持続していないこと，そして学力，体力に極端な低下が認められないこと。
② 不登校の問題が生じるまでは反抗的なところの少ない「よい子」であり，不登校の問題が生じた後も，その問題さえなければ依然として「よい子」であること。
③ 家庭内で家族とのコミュニケーションが存在すること，そして，治療者と面接事態を設定できること。

主張的スキル訓練は,再登校後の3月5日の担任からの情報により,クラスの係活動参加に問題があることが明らかとなった時にこれらの条件に適合することから実施した。

方法としては,主担当者がAに同級生たちへの話し方を電話で助言およびロールプレイを実施した。そして,実際に学校場面において話し合いが行われた結果,その後卒業式まで登校行動が安定維持し,予後も良好であった。したがって,この主張スキルの標的行動の設定方法および導入時期が適切であったと考えられる。

Ⅵ 今後の課題

以上のように本事例は学力・体力,登校の問題を解決した後,主張スキル訓練およびそのスキルを実施したことが,学級場面における不安が低減し登校行動維持を促進したと言えよう。したがって,本事例への行動アセスメントに基づいてSSTを含む総合的アプローチが有効であったと言える。

SSTとの問題行動との関連は,佐藤・金山(2001)において指摘されている。しかしながら,実際の不登校事例研究において,ある社会的スキルの習得が問題行動の改善と直接に関係していることを示しているものは高下・杉山(1993)などがあるが少なかったと言えよう。その点で,本事例研究は不登校問題の改善の1つの要因として社会的スキルが重要であるということを示した点に意義があろう。しかしながら,再登校後の介入を実施しなければならなかった点に改善点があると考えられる。今後,さらに行動アセスメントの方法を検討し,登校後の予測のもと不登校問題改善のため,社会的スキルの標的行動選択を綿密な行動分析をもとに決定し,客観的評価を実施することが課題である。すなわち,佐藤・金山(2001)に指摘されているように,問題行動予防のための社会的スキルを含んだアセスメントシステムの開発が今後の課題である。

付記:本研究は,特殊教育学研究40巻4号(2002年)に掲載された研究論文を加筆修正したものである。研究公表をご承諾くださいましたご両親に感謝いたします。

文 献

青山むつ子・浜岡久美子・平井文子・小池恵美子・小山なおみ・野呂淳子・上床和歌子・

山崖俊子・吉岡寿子・平井信義：登校拒否の発生機序について（第二報）．小児の精神と神経15：131-140, 1975.
上里一郎：登校拒否，岩崎学術出版社，1985.
茨木俊夫：自験例による登校拒否症状の経年比較と複合事例に対する治療パラダイム．行動療法研究11(2)：11-15, 1986.
Johnson, A.M., Falstein, E.I., Szurek, S.A., & Svendsen, M.: School phobia. American Journal of Orthopsychiatry, 11: 702-711, 1941.
小林重雄：登校拒否症について．行動療法研究5：44-49, 1980.
小林重雄：行動療法ケース研究2・登校拒否，岩崎学術出版社，1985.
小林重雄：登校拒否の行動論的アプローチ——再登校行動のシェーピング法．日本心理学会第52回大会発表論文集6(1)：36, 1989.
小林重雄・加藤哲文・小野昌彦・大場誠紀：登校拒否治療への積極的アプローチ——行動アセスメントとその臨床例への適用．安田生命社会事業団研究助成論文24(2)：61-68, 1989.
文部科学省：平成14年度学校基本調査, 2002.
文部科学省：平成17年度学校基本調査, 2005.
小野昌彦：男子小学生不登校への午後登校法適用による援助．カウンセリング研究34(3)：63-69, 2001.
小野昌彦・小林重雄：女子小学生不登校への再登校行動の形成——かかわり形成が困難であった事例．行動療法研究25(2)：37-45, 2000.
小野昌彦・小林重雄：中学生不登校の再登校行動維持への主張的スキル訓練．特殊教育学研究40(4)：355-362, 2002.
佐藤正二・金山元春：基本的な社会的スキルの習得と問題行動の予防．精神療法27(3)：246-253, 2001.
菅野純：登校拒否を見る視点・人とのかかわり．児童心理2(13)：58-61, 1988.
鷲見たえ子・玉井収介・小林育子：学校恐怖症の研究．精神衛生研究8：27-56, 1960.
高木隆郎ら：学校恐怖症の典型像（　）．児童精神医学とその近接領域6(6)：146 155, 1965.
高下洋之・杉山雅彦：不登校を伴う社会的ひきこもり児に関する社会的スキル訓練．特殊教育学研究31(2)：1-11, 1993.
内山喜久雄・深谷和子：登校拒否の発症における家庭的要因の分析——男子の事例を中心に．教育相談研究9：15-27, 1970.

第11章

SSTによる学校ストレスへの対応

I 子どものストレスと友人関係

　子どもを取り巻く生活環境には，主に，放課後を含む学校場面と，家庭場面とがある。なかでも子どもにとっての社会的場面である学校で経験するストレス（学校ストレス）は，子どもの不適応行動と高い関連性があることが明らかにされている。学校ストレスの原因となる経験は，対教師関係，学業，部活動などさまざまな出来事（ストレッサー）があるが，とくに，友人関係ストレッサーは，多くの子どもが共通して経験する出来事であり，そのインパクトも他のストレッサーに比して，はるかに大きいことが示されている（嶋田，1998）。そして，友人関係のストレッサーを経験した子どもは，さまざまなストレス反応（不機嫌・怒り感情，抑うつ・不安感情，無気力感，身体的症状など）を表出していることも明らかにされている（図11−1）。

　また，友人関係のストレッサーを経験している子どもに対する援助は，友人関係ストレッサーそのものの除去（環境調整）やリラクセーションの獲得の他にも，嫌な経験や出来事の受け止め方やとらえ方を変容する認知的対処，否定的な出来事に対する具体的な対処技術（コーピングスキル）の獲得などが有効であることが知られている。なかでも，コーピングスキルの獲得は，直面している当該の問題の解決のみならず，その後子どもが経験するであろう同様のストレッサーに対しても，効果的に対処できるようになることが期待される。すなわち，児童生徒のストレスに関する問題やそれに起因すると考えられる不適応行動に対して，予防的に機能する（ストレス耐性が強められる）と考えられる。

　心理的ストレスに関する研究領域では，ストレスを阻止，軽減するための対応策とその具体的な介入方法は，ストレスマネジメント（ストレス管理）と呼ばれる。このストレスマネジメントにおいては，その介入の目的や狙いによって4段

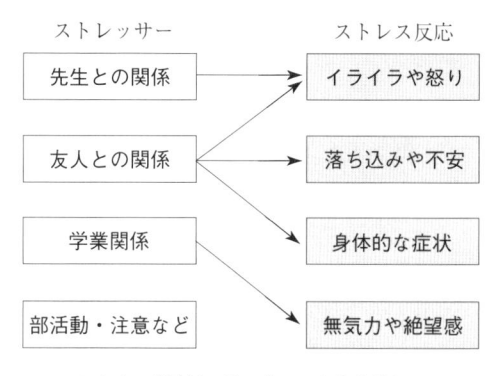

```
ストレッサー              ストレス反応
┌──────────┐         ┌──────────┐
│ 先生との関係 │────────→│ イライラや怒り │
└──────────┘    ╱    └──────────┘
┌──────────┐  ╱      ┌──────────┐
│ 友人との関係 │─┼──────→│ 落ち込みや不安 │
└──────────┘  ╲      └──────────┘
┌──────────┐   ╲     ┌──────────┐
│   学業関係   │────────→│  身体的な症状  │
└──────────┘         └──────────┘
┌──────────┐         ┌──────────┐
│部活動・注意など│───────→│ 無気力や絶望感 │
└──────────┘         └──────────┘
```

※とくに関連性の強いものに矢印を付している

図11－1　ストレッサーとストレス反応との関係

階に分けることができるとされる（嶋田,1998）。その第1段階は，いわゆる刺激統制（環境調整）であり，ストレッサーとなりうる外的，内的な刺激をコントロールしようとする方法である。第2段階は，個人の認知的評価に対する介入であり，ストレッサーとなりうる出来事や経験に対して，その受け止め方を変容したり，主観的なコントロール可能感を高めたりする方法である。

　また，ストレスマネジメントの第3段階は，個人のコーピング（対処方略）に対する介入であり，ストレス事態に際し，当該のストレッサーの質的側面を理解し，適切なコーピング方略を身につけたり，不適切なコーピング方略を変容したりすることに焦点が当てられる。さらに，第4段階では，結果として生起してしまったストレス反応に対して直接的な軽減をはかることに重きがおかれる。一般に，狭義の意味で用いられる場合の「ストレスマネジメント」は，この第4段階に相当すると考えられ，各種のリラクセーション技法（漸進的筋弛緩法，自律訓練法，動作法など）や軽運動などによるアクチベーション技法が使用されることが多い。それぞれのストレスマネジメントの手法においては，生活の中のストレスをすべてなくそうとするのではなく，避けられないストレスといかにうまくつきあっていくかという点を重視しているところに大きな特徴がある。

　このような視点を踏まえると，直面した（あるいは今後直面するであろう）ストレス事態において，不適切なコーピング方略を変容し，適切なコーピング方略を身につけることは，ストレスマネジメント全体を考える上でも中核となる介入

にあたると考えられる。従来の心理的ストレスに関する研究においては，ストレッサーの質的側面に関して，エフォートタイプとディストレスタイプがあることが知られている（鈴木ら，1999）。エフォートタイプとは，かかわり方（努力）次第で，ストレス事態を解決することが可能なストレッサー，ディストレスタイプとは，ストレス事態そのものの解決が困難なストレッサー（喪失体験など）のことを指す。そして，エフォートタイプのストレッサーの場合には，問題解決型のコーピング（当面の問題に対して計画を立てたり，実行したりするなど）がストレス低減に有効に作用する一方で，ディストレスタイプのストレッサーの場合には，情動焦点型のコーピング（自分の気持ちを整理したり，時間や距離を置いたりするなど）の方がストレス低減に有効に作用することが明らかにされている。

　成人の人間関係に関するストレッサーの場合には，エフォートタイプとディストレスタイプの両方の側面をもつストレッサーであることも多いが，児童期や青年前・中期の発達段階においては，エフォートタイプのストレッサーであると理解できることの方が多い。すなわち，子どもなりの社会の中で経験する人間関係に関するストレッサーは，先に述べたとおり，友人関係のストレッサーの占める割合が顕著に多く，その内容的側面は，コーピング方略を「スキル」として具体的に身につけることによって，解決可能なストレッサーであることが多いということである。

　このように子どもの学校ストレスを軽減するためには，友人関係ストレッサーに対するコーピングスキルを身につけさせる介入が有効であることが予想される。そこでその1つの具体的な方法として，子どもに「社会的スキル」を獲得させることが有効であることが明らかにされている（嶋田ら，1996）。本章で取り扱う社会的スキルとは，人間関係を円滑に営む技術（スキル）のことであり，「社会的に受け入れられているか，あるいは社会的に価値があるとされているやり方で，社会的場面において，本人にも相手にも互いに利益になるように相互作用する能力」として定義されるものを指す。したがって，SSTによって，このような社会的スキルを身につけることができれば，友人関係ストレッサーに起因すると考えられる多くの心理的ストレスに関する諸問題が解決され，今後の予防にもなることが期待される。

Ⅱ 学校ストレスの低減を目指したSSTの実践例

 学校ストレスの低減を目的としたSSTは，大きく個人を対象としたもの，小集団を対象としたもの，クラス集団を対象としたもの，学年集団を対象としたものに分類することができる。治療的意味合いが強い場合には，従来から臨床心理学の分野で実践されているように，個人や小集団を対象としたSSTが多い。ところが，学校現場を基盤とした取り組みを展開する上では，現行の教育制度の流れから，クラスやそれに準ずる単位の集団で実践されることが多く，その目的も治療的というよりは予防的意味合いが強い。また，クラス単位などでSSTが実践される場合にも，主なターゲットとなる子どもがあらかじめ設定されている場合もある。

1．実践例1（小学校）

 ここでは，まず小学校における実践例を紹介する。この実践は，公立小学校5年生2クラスの子どもを対象としたもので，1クラスを訓練群，もう1クラスを統制群として，群の効果を比較することによって，SSTによる学校ストレス軽減効果を検討したものである（太田ら，1999）。手続きとしては，ベースラインの測定，1週間2時間の訓練を4週間連続して実施，ポストデータの測定，フォローアップデータの測定から構成された。なお，ベースラインの測定時には，クラス担任教諭を対象として，受け持ちの子どもの中から，非主張的であることに起因して友人関係に関してストレスを感じているであろう子どもを数名選択すること（行動観察調査）を依頼している（以下，ターゲット児とする）。
 実施されたSSTの内容は，これまでの先行研究を整理して，主張性スキルに分類されるものを収集した。それを質的に異なると考えられる4つの場面を設定し，それぞれの場面を代表する具体的なエピソードをそれぞれ4つずつ設定した（合計16エピソード，表11-1）。なお，4つの場面は1週間に1場面（4エピソード）ずつ指導を行った。具体的な指導は，まず図11-2，図11-3にあげたような「吹き出し」がついた絵を子どもに呈示して，自分がそのような状況におかれたら何と言うかを吹き出しの中に記入させた。そして，それを別の子どもの回答と交換して，実際にその場面のロールプレイを実施し，自分が，自分の記入した内容を「他の人から言われた」ら，どのような気持ちがするかをお互いに

表11－1　主張訓練の内容（実践例1）

場面1　自分の意見をはっきり言う
　①クラスのお楽しみ会でやる班の出し物を決めています。
　　あなたは歌を歌いたいので，それをうまく友だちに伝えたい。（図11－2）
　②文化祭でやる劇の役割を決めています。
　　あなたは他の役がやりたいので，そのことをみんなに伝えたい。
　③掃除の時間に友だちがさぼって遊んでいます。
　　あなたはちゃんと掃除をしてほしいことを友だちに伝えたい。
　④あなたが貸した本を友だちがなかなか返してくれません。
　　あなたは本を返してほしいことを友だちに伝えたい。

場面2　友だちの要求をうまく断る
　①友だちが遊びに行こうと誘いに来ました。
　　あなたは宿題をしなければならないので，うまくそれを断りたい。
　②友だちがあなたが読んでいる本を見て，貸してほしいと言っています。
　　あなたは自分が読んでいる途中なので，うまくそれを断りたい。
　③友だちが係の仕事を手伝ってほしいと言っています。
　　あなたは塾があるので，うまくそれを断りたい。
　④休み時間に友だちが遊ぼうと言っています。（図11－3）
　　あなたは委員会があるので，うまくそれを断りたい。

場面3　自分の意見を通そうとする
　①友だちの誘いを断ったのに，友だちはそれを聞いてくれません。
　　あなたは，行けないという自分の意見を通したい。
　②掃除をさぼっている友だちに注意しましたが，聞いてくれません。
　　あなたは，掃除をしてほしいという自分の意見を通したい。
　③学校の帰り道で買い食いをしようという友だちを注意しましたが，聞いてくれません。
　　あなたは，買い食いをしない方がよいという自分の意見を通したい。
　④自習の時間，おしゃべりをしている友だちに注意しましたが，聞いてくれません。
　　あなたは，おしゃべりをやめてほしいという自分の意見を通したい。

場面4　授業中にはっきり発言する
　①先生が授業中，分からないところはないかどうかを聞いています。
　　あなたは，自分が分からないところがあるということをうまく伝えたい。
　②授業中，友だちがあなたとは違う意見を言いました。
　　あなたは，自分の意見もみんなにうまく伝えたい。
　③授業中友だちが発言した後，先生が他の人はどうかと聞いています。
　　あなたは，自分の答えもみんなに聞いてほしいことをうまく伝えたい。
　④先生が授業中，みんなに感想を聞いています。
　　あなたは，自分の感想を聞いて欲しいということをうまく伝えたい。

図11−2　主張訓練の内容の例1　　図11−3　主張訓練の内容の例2

確認し合いながら，よりよい案を出し合うというような形式がとられた。

　SSTの指導に伴って用いられた測度は，社会的スキル尺度に加え，学校ストレッサー，ストレス反応，コーピング（対処行動），自尊感情をそれぞれ測定する尺度が用いられた。これらの測度について統計的分析を行ったところ，SSTによって社会的スキルが獲得された子どもは，そうでない子どもに比べて，有意にストレス反応が低減したことが示された。この傾向は，とくに無気力反応を呈している子どもに顕著に効果が見られたことが明らかにされている。また，ターゲット児を分析した結果，主張性スキルが元々獲得されていない場合に望ましいスキルを獲得させることは，ストレス反応を軽減し，自尊感情を高め，適切なコーピングを実行することに有効であることが示されている。

2．実践例2（中学校）

　次に中学校における実践例を紹介する。この実践は，公立中学校2校の1〜3年生を対象としたもので，1つの中学校を訓練群，もうひとつの中学校を統制群として，群の効果を比較することによって，SSTによる学校ストレス軽減効果を検討したものである（嶋田，2000）。手続きとしては，ベースラインの測定，学年別に1時間の訓練の実施，ポストデータの測定から構成された。この実践は，学年単位の集会時に行われており，大人数を対象に行われているところに特徴がある。また，当該の学年部に所属する教諭も全員，生徒たちと一緒に指導を経験

するような工夫が行われている。

実施されたSSTの内容は，これまでの先行研究を整理して，多くのSSTプログラムに含まれている社会的スキルの有用性の心理的教育（コミュニケーションの有用性，傾聴的態度）の部分を取り上げ，これを大人数で実施できるように「こころの実験」を3つ設定した。なお，この実践活動は，総合学習の時間内に，"「こころ」の総合学習"の一環として位置づけられていた（図11－4）。具体的な指導は，2人組を作り「ピア・カウンセリング」と称して，図11－4のスライドを呈示しながら，カウンセラー役とクライエント役に分かれた。

そして，「実験1」では，クライエント役の生徒が話をしても，カウンセラー役は「石」になって反応しないことをルールとした。そのようなロールプレイを実際に行い，お互いにどのような気持ちがするかを話し合うというような形式がとられた。続く「実験2」では，お互いに役割を交代し，「うなづき」だけでさまざまな気持ちが通じるような工夫をすることのロールプレイを行った。さらに「実験3」では，カウンセラーは相手に何を質問してもよいが，相手が嫌そうにしたら質問をそれ以上続けないというロールプレイを行った。最後には，「こころの実験」の振り返りとして，うなづきの重要性，うなづきのもつ多くの意味，コミュニケーションの要素，相手が不快に思う行動に関する説明を行った（図11－4）。

SSTの指導に伴って用いられた測度は，社会的スキル尺度に加え，ストレス反応，社会的スキルの有効性の理解度，SSTプログラムの楽しさをそれぞれ測定する尺度が用いられた。これらの測度について統計的分析を行ったところ，訓練を受けた生徒は，訓練を受けなかった生徒に比べ，有意に向社会的行動が多く身についたことが示された。ところが，ストレス反応そのものの低減は確認できなかった。その一方で，社会的スキルの有効性の理解度，SSTプログラムの楽しさの評価については，訓練群は統制群に比べて，有意に高いことが示された。この実践例では，ストレス反応の低減こそ確認されなかったが，他の指標の結果を総合すると，SSTの動機づけや導入的役割は十分に果たしたことが示唆されている。

3．実践例3（小学校）

さらに，小学校における別の実践例を紹介する。この実践では，公立小学校6年生3クラスの子どもを対象としたもので，諸事情によって統制群を設けること

ができなかったが，具体的な介入の手続きを工夫することによって，SSTによる学校ストレス軽減効果を検討したものである（嶋田，1999）。手続きとしては，ベースラインの測定，1回1時間の訓練を2回実施，ポストデータの測定，フォローアップデータの測定から構成された。群構成に関しては，1クラスを単位として，クラスAが主張訓練群，クラスBが心理的教育群，クラスCが合成介入（主張訓練＋心理的教育）群とされ，それぞれの群を比較検討することが行われている。

実施されたSSTの内容は，これまでの先行研究を整理して，先に述べた実践例1で用いられた主張訓練を短縮化したプログラムを用いた（相手の気持ちを害さないように自分の思っていること，考えていることを適切に伝えるスキルの獲得することが目的）。また，心理的教育においては，ストレスマネジメント教育の技法を基盤として，ストレスとは何か（ストレスの生じる仕組み）を理解し，ストレス状態とさまざまな情動的，認知的，行動的変化（ストレス反応）との関連性を理解すること，生活の中に存在するさまざまな「ストレッサー」を特定して，その内容に気づくこと，「リラクセーション」によって得られる身体的変

```
「こころ」の総合学習
     実 験 1
1. 2人組になって役割を決める。
   →1人は話す人，1人は聞く人。
2. 話す人は今日の出来事を時間を追って話す。
   →朝から経験したことを順番に。
3. 聞く人は「石」になる。
   →黙って相手をみる。身体を動かしてはダメ。
```

```
「こころ」の総合学習
     実 験 2
1. 実験1と役割を交代。
   →話した人は聞く人に，聞いた人は話す人に。
2. 話す人は今日の出来事を時間を追って話す。
   →朝から経験したことを順番に。
3. 聞く人は「うなずき」だけで，次のことを伝える。
   →①言っていること（意味）が分かったよ。
     ②なるほどねぇ～。
     ③分かったよ。そろそろやめてよ！
```

```
相手が不快に思うのはどんな時？
・話をしているのに，「聞いているぞ」のサインが返ってこない。
・自分の話が，途中でさえぎられる。
・もう話をやめてほしいのに，話がずっと続く。
・自分の話が，否定ばかりされる。
・自慢話がすごく多い。

相手が不快に感じてしまうと……
  →「イヤな性格」だと思われる。
  →もう話をしようと思わなくなる。

友だち作りが上手な人は，上手にコミュニケーションしているのです。
```

図11－4　こころの実験（実践例2）

表11－2　心理的教育の内容（実践例3）

①ストレスの理解
　　ストレスとは何か（ストレスの生じる仕組み）を理解し，ストレス状態とさまざまな情動的，認知的，行動的変化，ストレス反応との関連性を理解すること。
②ストレッサーの理解
　　生活の中に存在するさまざまなストレッサーを特定してその内容に気づくこと。
③リラクセーションの理解
　　リラクセーションに伴って生じるさまざまな身体的変化を理解すること。
④コーピングの理解
　　主張訓練など（ストレスの具体的な対処方法）の有効性を理解すること。

化を理解すること，「主張行動（ストレスの対処方法）」の有効性を理解することが目的とされた（表11－2）。

　SSTの指導に伴って用いられた測度は，社会的スキル尺度に加え，学校ストレッサー，ストレス反応，コーピング（対処行動）をそれぞれ測定する尺度が用いられた。まず，第1週には，すべての群のベースラインを測定し，第2週には，主張訓練群と合成介入群に対して主張訓練が実施された。また，第3週には，心理的教育群と合成介入群に対して心理的教育が実施された。さらに第4週には，第2週と同様の訓練が実施され，最後の第7週に，すべての群のフォローアップデータの測定が行われた（図11－5）。実践で用いられた測度に関して統計的分析を行ったところ，主張訓練群と合成介入群の子どもは，心理的教育群に比べて，有意にストレス反応が軽減したことが示された。さらに，合成介入群と主張訓練群を比較したところ，合成介入群の方がSSTの効果が長く維持されることが明らかにされた。すなわち，心理的教育のみでは学校ストレスの軽減には有効に作用しにくいものの，SSTと心理的教育を組み合わせることによって，学校ストレスの軽減（積極的対処の使用，あきらめ対処の不使用，ストレス反応の表出の低減）に有効に作用することが示唆されている。

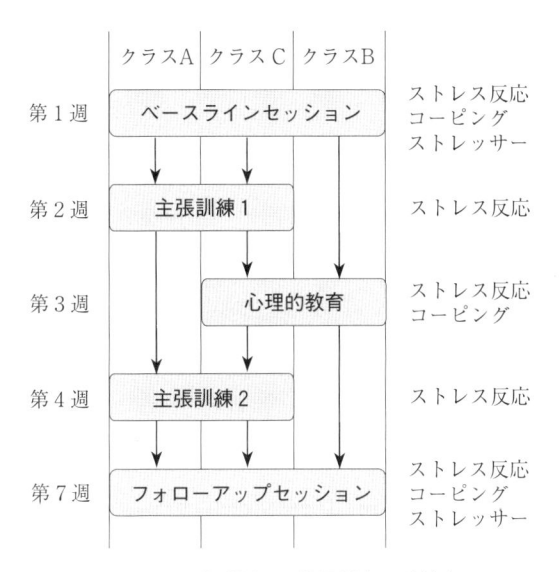

図11−5　実践例3の効果判定の手続き

III　学校ストレスの低減を目指したSSTの研究例

　社会的スキルが学校ストレスの低減にどのような影響を及ぼしているのかについては，嶋田ら（1996）によって調査研究による基礎研究が行われており，社会的スキルの獲得は，多くの質の異なったストレッサーによってもたらされるストレス反応の軽減に概して有効に作用することが報告されている。

　また，事例研究としては，嶋田（2003）の報告がある。この研究報告においては，中学1年生の交友困難の事例に対して，SSTを用いてイライラ感などのストレス反応を低減することが試みられている。対象児に関する行動分析の結果，交友困難は，クラスメートに対する攻撃的な言動が周囲のネガティブな反応を引き出しており，対象児が用いる日常の周囲への働きかけが機能していないことに起因していると考えられた。そこでこのネガティブな対人的相互作用を改善するために，攻撃行動の変容と向社会的スキルの獲得を目的としたSSTが実施された。SSTは主として「コーチング法」が用いられ，標的行動は「友人に話しかけるときに穏やかな言葉や態度を使う」，および「友人の話をうまく聞く」が設定された。

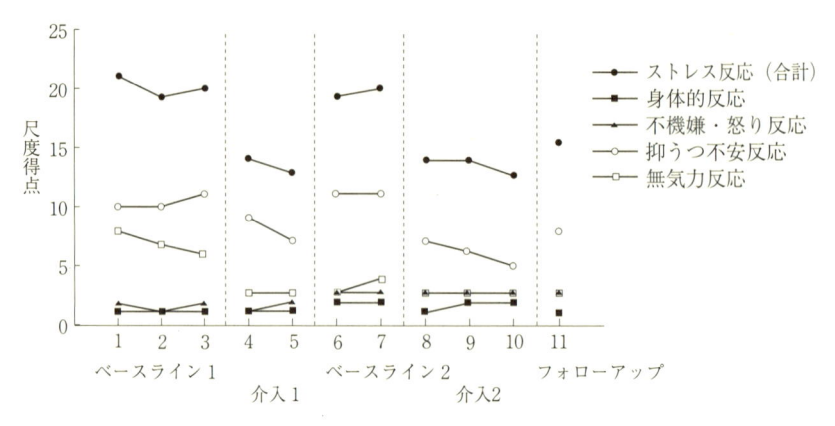

図11-6　SSTによるストレス反応の変化

　撤去計画法（ABAB法）を用いて，SSTの学校ストレス軽減効果を検討したところ（SSTによって標的行動が獲得されたことは別に確認済み），ベースライン期に比べて，介入期においては，不機嫌・怒り反応を中心として，ストレス反応が軽減したことが明らかにされている（図11-6）。これはSSTが社会的スキルの獲得だけではなく，友人関係ストレッサーに起因する学校ストレスの問題をも解決する可能性を高く有していることを示唆するものである。

　嶋田（2003）はさらに，交友困難の中学生3ケース（対象児A，B，C）に対してもSSTを適用し，社会的スキルを獲得させると同時に，さまざまなストレス反応を低減する試みを行っている。この3ケースは中学1～2年生の男女生徒であり，問題の背景はさまざまであるが，結果として周囲のクラスメートとのネガティブな対人的相互作用がその中核にあることが行動分析されている点，および友人関係ストレッサーの評価が高く，多くのストレス反応を表出している点に関しては共通している。そこで，それぞれのケースにおいて，これらのネガティブな相互作用を改善するためにSSTが適用され，同時にストレス反応が軽減されるかどうかの検討が行われている。

　被験者間多層ベースライン法を用いて，SSTの学校ストレス軽減効果を検討したところ，それぞれのケースにおいてSSTの導入と標的行動の獲得に伴って，ベースラインに比べて，ストレス反応が軽減したことが明らかにされている（図11-7）。先の事例研究と同様に，これはSSTが友人関係ストレッサーに起因すると考えられる学校ストレスの問題の解決にも有効に機能することを示唆するも

第11章　SSTによる学校ストレスへの対応　155

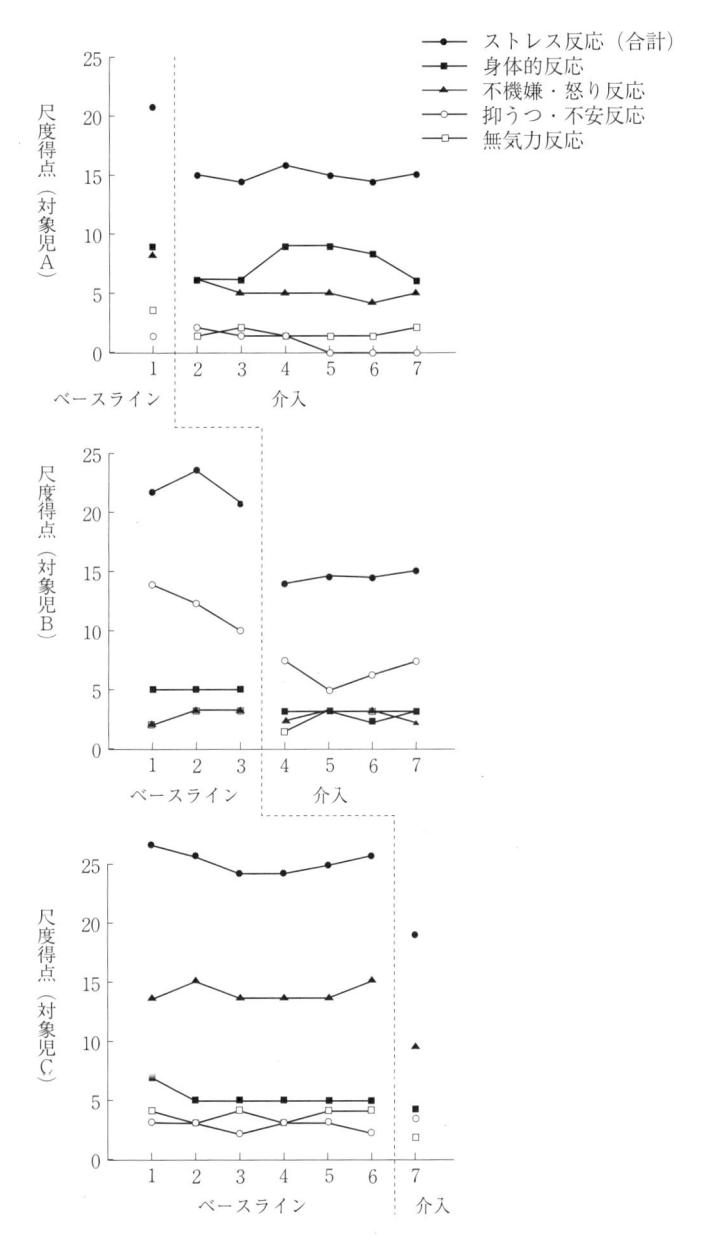

図11-7　SSTによるストレス反応の変化

のである。

　これ以外にも，近年はこのようなSSTを特定の個人や小グループだけではなく，学級集団などに適用したストレスマネジメント教育の実践においても，SSTやSSTに準ずると考えられる要素が多く盛り込まれるようになっており（第14章，第15章参照），かつてない勢いで，急速に学校現場に実践プログラムが広がりつつある。これはSSTのもつ指向性が学校教育の指向性とオーバーラップするところが多いことが理由の1つとして考えられる。そして，このような背景をもって，ストレスマネジメント・プログラムの内容も，パイロットスタディ的なものから，より洗練されたものへの変化のプロセスも伺える。一方で，クラス集団を対象とした実践報告の中には，本来のSSTがもつ目的や意味合いに照らし合わせると，安易にSSTが緩用されていると思われるものも少なくないが，それは多くの立場の関係者のコンセンサスを得るまでのプロセスともみなすこともできると思われる。

　社会的スキルの問題が観察される子どもが増加した背景には多くの見解があり，いまだ不明瞭な点も多くあるが，少なくとも社会的スキルの問題を抱えた子どもが実際に多く存在し，ストレス事態を経験する確率が増加し，さまざまな問題行動を呈するリスクを抱えているとすると，学校などで子どもに対して，治療的，予防的に，社会的スキルを「改めて学ばせること（SST）」が必要な時代になったとみなすことも可能である。そして，ストレスマネジメントは，働き盛りの成人を対象としたもののみならず，子どもを対象にしたものも，その有効性を示すデータも数多く蓄積されはじめている。さらに多角的な学校ストレスの軽減を目的としたSSTの実践例を積み重ねることによって，子どもを対象としたSSTは，ストレスの軽減のみならず，子どもに「生きる力」を獲得させる具体的な方法論として，今後ますます発展することが期待される。

文 献

太田玲子・嶋田洋徳・神村栄一：小学生における主張訓練のストレス反応軽減効果．日本行動療法学会第25回大会発表論文集，pp.96-97, 1999.

嶋田洋徳：小中学生の心理的ストレスと学校不適応に関する研究，風間書房，1998.

嶋田洋徳：小学生の学校ストレス軽減に及ぼす心理的教育の効果．日本健康心理学会第12回大会発表論文集，pp.262-263, 1999.

嶋田洋徳：集会を利用した社会的スキル訓練導入の試み．日本行動療法学会第26回大会発表論文集，pp.190-191, 2000.

嶋田洋徳：中学生における社会的スキル訓練が心理的ストレス反応に及ぼす影響．行動療法研究29(1)：37-48, 2003.
嶋田洋徳・戸ヶ崎泰子・岡安孝弘・坂野雄二：児童の社会的スキル獲得による心理的ストレス軽減効果．行動療法研究22(2)：9-20, 1996.
鈴木伸一・嶋田洋徳・坂野雄二：高次因子分析によるストレス対処過程のeffort-distress次元の検討．ストレス科学研究14：1-13, 1999.

第12章

摂食障害の主張訓練(Assertion Training)

I 摂食障害とは

　摂食障害とは，食習慣の異常と体重制御行動があり，これらの異常が身体および心理社会的に障害を及ぼしている疾患と定義されている。また，これらの行動異常は，他の身体および精神疾患の結果，二次的に生じるものを含まない。DSM-Ⅳによれば摂食障害はさらに次の3つに分類される。

①神経性無食欲症（Anorexia Nervosa, 神経性食欲不振症と呼ぶ場合もある）：BMI17.5kg/m^2以下のような低体重を維持しようとし，肥満や体重増加に恐怖心を抱く。また，ボディイメージや体型の認知障害を有している。自己評価が体重や体型に関連している。月経周期が連続3回以上欠如しているなど無月経である。拒食や小食，選食に固執する制限型とむちゃ喰いまたは排出行動を行う排出型がある。

②神経性大食症（Bulimia Nervosa）：むちゃ喰いエピソードと体重の増加を防ぐために自己誘発性嘔吐などの不適切な代償行動を繰り返す。自己評価が体重や体型に関連している。

③非定型摂食障害（Atypical eating disorders, またはEating disorder not otherwise specified）：月経があったり，または体重が正常範囲内にあること以外は神経性無食欲症の診断基準を満たす者や，むちゃ喰いおよび不適切な代償行為の頻度が少ないこと以外は神経性大食症の診断基準を満たす者，むちゃ喰いおよび不適切な代償行為のみ顕在化している者などを非定型摂食障害と分類する。

Ⅱ 摂食障害の心理療法

　摂食障害，とくに神経性食欲不振症の治療はしばしば治療抵抗などの困難を伴い，長期化しやすい。また社会的機能が失われやすいなどの問題も含まれる。多くの臨床試験が実施されているが，神経性食欲不振症に対してはいまだに標準的な治療法として確立された心理療法はないと言える。
　フェアバーンら（Fairburn, et al., 2003）による摂食障害の心理療法の効果に関するメタ分析によれば，神経性食欲不振症を対象にした心理療法は，家族療法に比較的良好な治療効果がみられ，他に認知行動療法，認知分析療法，精神分析療法などが適度な効果をもつとされる。認知行動療法は比較的使用される機会の多い治療法であるが，有効な治療効果を示す研究は少ない。
　こうした手詰まり感を打破する印象を与える最近の試みが，社会的スキルの習得に焦点を当てた対人コミュニケーションの心理療法である。確かに，これまでの摂食障害の入院治療は体重の回復と食行動異常の修正に力点がおかれがちであった（牛島・山内，2000）。入院自体が刺激統制などの環境調整法としての機能を果たしうることや，良くならなければ退院できないという制約をオペラント療法に結びつけて奏効しやすいことなどから，一時的な食行動の改善は可能であった。また中心静脈栄養などの栄養補給により，体重の回復を見ることも可能であった。しかしそれだけでは，安定的な治療効果の維持や，高校や職場への復帰に自信をもつには至りにくいことも事実である。本疾患にありふれて見られる心理状態とは，①自己評価が低い，②対人主張性が低い，③認知のゆがみが強いなどという諸点であるが，これらはいずれも社会的活動を阻害する要因となっている（佐々木・熊野，1996; Goebel, et al., 1989）。またそのことは円環的に当人の心理社会的ストレスを増大し，それが食行動にも悪影響を与えると予想される。退院後の学校，職場復帰をスムースにし，かつ再発を強力に予防できる心理療法が望ましい。最近は，椎名ら（Shiina, et al., 2005）や，木下ら（2005），富家（2004），松坂ら（2004）などが主張訓練を取り入れた摂食障害の治療法を試みて意義ある結果を得ている。こうした社会適応促進型の治療技法は今後ますます注目されるであろう。

III 摂食障害と主張性

　摂食障害は社会的な病理であるという見方もある。小澤ら（2005）は，ダイエット記事などの痩身情報に接する機会が多い女子大生は，そうでない同年代の女性に比べて7倍も食行動異常を示すことを明らかにした。とりわけ情報感受性が高い人は情報暴露によって痩身理想の内面化という精神機序が顕在化しやすく，これらが食行動異常のコアになるやせ願望をもたらしているという。すなわち摂食障害の発生には，社会的な情報の取り込み方と取り込んだ情報の自己像への反映にかかわる認知的メカニズムが関与していると推察できる。

　それでは対人関係による影響はどの程度存在するのであろうか。高木ら（2002a）は高校生用主張性尺度を作成し，高校生の主張性が7因子構造からなることを実証している（図12－1）。この尺度を用いて，高木ら（2002b）は摂食障害の傾向にある思春期女子の主張性得点と自尊心を調査した。具体的には，女子高校生の食行動異常とBMIの関連から食行動異常の摂食障害を類型化し，主張性および自尊心の状態を探索した。対象は有意抽出した高等学校8校女子1102名，平均年齢16.37（SD0.91），有効回答1054名であった。測度は食行動調査表（EAT26），高校生用主張性尺度（高木ら，2002），自尊心尺度（菅原，1985），体重，身長である。EAT＞20かつBMI＜18.5を拒食傾向群（2.7％，28名），EAT＞20かつBMI＞25を食行動異常性肥満群（出現率2.0％，21名），EAT＞20かつ18.5＜BMI＜25を摂食障害圏群（同15.5％，163名），EAT＜20かつBMI＞25を肥満群（同5.2％，55名），EAT＜20かつ18.5＜BMI＜25を健常群（同57.1％，602名），EAT＜20かつBMI＜18.5以下をやせ群（同17.6％，185名）に分類した。その結果，主張性は平均値が高い順に摂食障害圏群（平均89.7），健常群（87.5），やせ群（87.3），食行動異常性肥満群（87.0），拒食傾向群（83.5），肥満群（82.6）であった。同様に自尊心を順位別に並べると，健常群（平均34.8），肥満群（34.8），やせ群（34.7），拒食傾向群（32.6），摂食障害圏群（32.2），食行動異常性肥満群（31.5）となっていた。

　要するに，摂食障害の中でも主張性は高いが自尊心は低いグループと，主張性と自尊心がともに低いグループがあることが判明した。健常群では，主張性と自尊心は対応して高くなるが，食行動異常者の自尊心には主張性の関与が低くなる傾向が明らかになったのである。

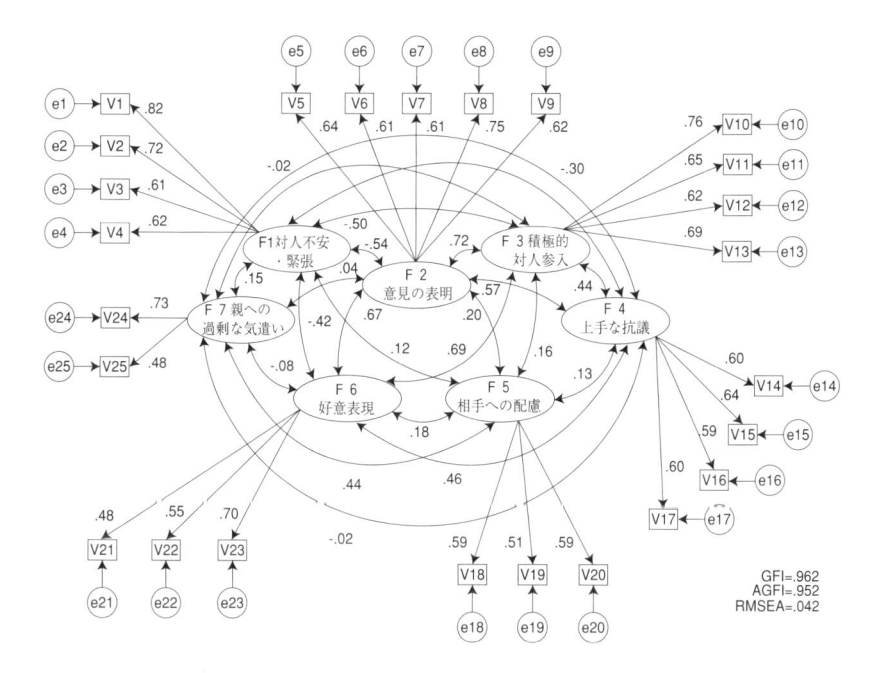

図12−1　検証的因子分析による高校生用主張性尺度の因子構造
（パス係数・共分散は第3因子と第7因子，第4因子と第7因子の
相関係数，共に-0.02以外はすべて1％水準で有意）

Ⅳ　再帰属療法を取り入れた摂食障害の主張訓練

　対人コミュニケーションが上手にできるかどうかは相手側の要因も大きく作用する。もしコミュニケーションの失敗に相手側の要因が過剰に関与した場合，自己のコントロールの限界を超えたと判断して自己関与性を低めなければならない。対人コミュニケーションが相手側の要因によってうまくいかなかった場合，失敗の原因帰属はソーシャルスキルの遂行に重要な役割を果たすと考えられる。そうした観点から佐野ら（2002）は主張性と楽観的帰属の関係を調査し，主張性と楽観的帰属を組み合わせた群がもっとも自尊心を高める結果になっていることを明らかにした（図12−2）。すなわち，楽観的な帰属が伴わなければ主張性を獲得したとしてもその効果はそう高くないと言え，主張訓練に再帰属療法を取り入

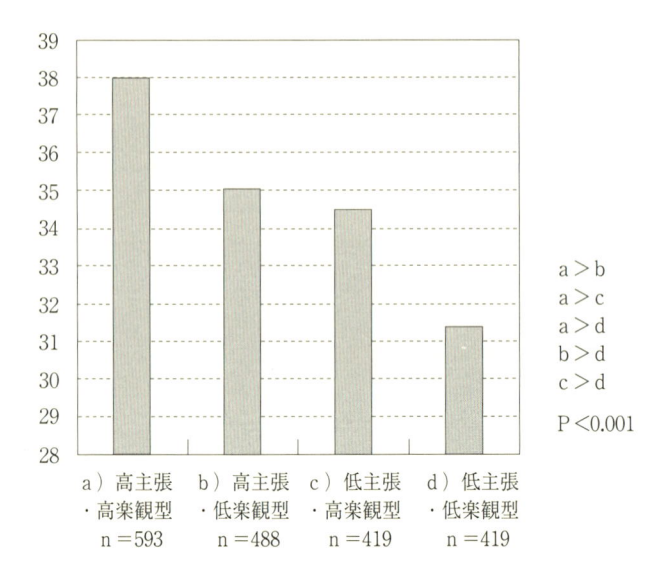

図12−2　楽観帰属と主張性が自己評価に及ぼす影響
（佐野ほか，2002）

　a＞b
　a＞c
　a＞d
　b＞d
　c＞d
　P＜0.001

a）高主張・高楽観型　n＝593
b）高主張・低楽観型　n＝488
c）低主張・高楽観型　n＝419
d）低主張・低楽観型　n＝419

入れることが望ましいと考えられる。
　以下に，同疾患者を対象にした帰属変容と主張性向上を目的とした集団認知行動療法のプログラムを提案する。
　原因帰属の変容は達成感や自己評価に対しても影響を及ぼすことが知られているが（Ralph & Mineka, 1998），近年，対人コミュニケーションの動機的側面に深くかかわる認知変数としてもこの帰属が取り上げられている（Manusov & Harvey, 2001）。また，主張性（アサーション）とは，対人場面において自己の率直な表現と相手への配慮をかかさないことからなる特性的な行動様式であるが，その訓練は対人関係機能を正常化させるとともに，自己評価を向上させる効果が期待されている（Rees & Graham, 1991）。
　筆者らは上記の点を考慮した集団認知行動療法の構成に試行錯誤してきた（富家ら，2000）。現在のところ，リラクセーション技法の習得（1回），再帰属療法（2回），主張訓練（5回）の構成がもっとも効果的であると考えている。治療期間は総実施回数を合計8回とし，実施頻度は週1回90分と設定した。病院で実施することを前提としているが，学校の保健室や教室でも実施できるように配慮

してあり，特別な施設はいらない。これは昨今の難治化する心身症のポストベンションは学校保健が積極的に責を果たすべきだとの考えからである。本章では試行結果を主張行動と自己評価の改善に着目して報告したい。

V 方 法

1．対 象

研究的治療計画の参加に同意した神経性食欲不振症7名，同大食症3名。計10名。平均年齢19.0歳，平均BMI14.7であった。いずれも身体管理的な薬物を中心とした治療継続中の患者で，合併の精神疾患はない。ただし，容態が安定し心理療法に参加できる程度の体力や精神的安定が得られた入院ないし外来患者のみに限定した。

2．アセスメント

①EAT-26（食行動異常。末松ら，1986）
②Self esteem scale（SES；自己評価。山本ら，1982）
③STAI-state（特性不安。今田，1975）
④Marlow-Croune短縮版（MCSD；社会的望ましさ。神村ら，1998）
　　以上を8週間に渡る介入のPre, Postに各1回実施する。
⑤主張性の行動観察（構造化面接により平時の主張性を2者間評定した。評定項目は，表情，視線，姿勢，ジェスチャー，発声，言葉のわかりやすさ，意思伝達の確かさ，相手への配慮の8項目。さらに，8項目総平均を主張性指標〔ASS〕とした。各セッション終了後に8回実施）。この観察に先立って，評定者間一致率が高まるように訓練がなされた。

3．治療プログラムの概要

以下に，入院または外来通院中の思春期摂食障害患者を対象とした集団認知行動療法のプログラム試案を記す。実施は毎週1回（90分）。参加スタッフは心理士のほか，医師や看護婦など数名が毎回参加する。

　a．第1セッション（リラクセーション）
　〈ねらい〉

不安への対処方法を中心に心理教育することが目的である。
〈実施形態〉
会議室または一般教室形式
〈方法〉
不安・緊張が強いときは指先などの末梢の循環が悪くなっており，リラックスしているときは逆にその部位が温まっているときであることを説明する。

あらかじめ各患者の前に2つの洗面器をおき，片方に氷冷水，片方に温水をいれておく。氷冷水に両手をつけて，30秒程度数える。そのときどのような感じがするかをよく味わうように教示する。次に温水に手を入れる。このとき指先が次第に温まっていく感覚や，リラックスする気持ちをよく味わうようにする。この動作を2，3回反復したのち，感想を聞きあう。冷水時，指先の冷たさ以外に頭痛や呼吸の乱れなどを体感できたかどうか確認する。温水時には指先の温感が手のひらの付け根から指先にかけてゆっくりと上っていく様子や，そのときに心臓や呼吸，筋肉の弛緩などにどのような変化が現れたかを確認させる。

冷水につけたあと，温水につけないで温感イメージだけで温度の回復を試行する。指先まで温まりきらない人もいるが，手のひらの部分は十分に温まることをお互いに触って確認する。

末梢の温度変化が感情や思考にどのような影響を与えうるかを話し合う。また，不安などの不快な感情のわき起こっている時には，末梢の温度管理に注意することでコントロールできることを述べる。ただし，必ず冷水に一度つけ，十分冷やしてから温水につける方が温感が強いことを強調する。日常の生活の中で末梢の温感をコントロールするためにはどのような方法がよいかという点を話しあう。実際に出された温水以外に効果がありそうだと思われる方法の例としては，ドライヤーで腕や上背部を広範囲に温める，蒸しタオルで手や顔を拭く，カイロをにぎる，運動をする，などである。その人の好みに合わせてよいであろう。

最後に，ホームワークを出す。日常生活の中で自分に合う温感方法を見つけ，それを毎日やってみるという内容である。また次回までにGood & Badというセルフモニタリング用紙に，最近経験した良かったこと（Good）と嫌だったこと（Bad）を1～3程度記録してくる。

b．第2セッション（再帰属療法）
〈ねらい〉
日常的に経験している思考上の癖が，感情や行動に強い影響を及ぼしているこ

とを知る。とくに原因帰属が動機づけや自己評価に及ぼす影響の強いことを知り、そのコントロール方法を体験する。多様な原因を考えられることと、その中から適応的なものを自由に選択する方法を知る。参加者に対しては、原因帰属のことを「原因選び」というわかりやすい用語に直し、親和性を保つことにする。

〈実施形態〉

会議室または一般教室形式

〈方法〉

ホームワークのセルフモニタリングにもとづいた話し合いを行う。それをもとに黒板に参加者のGoodとBadの事項を書き出す。そしてGood & Badおのおのについて、今週のGood大賞とBad大賞を投票によって決定する。このような集団討議のプロセスは、大勢の前で発言することに抵抗のある本疾患者にとっては適度な訓練となる。Good大賞とBad大賞に選ばれた事項を板書し、生じた状況を説明する。そして、「もしこれが自分の身にふりかかったとしたら、あなたはその原因についてどう考えますか？ どうしてこんなことが起きたと考えますか？」という仮定の質問をする。この問いに対する回答を全員から収集し、黒板に列記する。

1つの事象に対するさまざまな原因が列記されたところで、「原因は1つではなく、人によってさまざまに想起されうるものである」ことを指摘する。さらに、さまざまな原因が列記されているのを見て、その中でどれが一番受け入れやすい原因であるかを問う。どの原因を選ぶかによって、受け取る感情が異なることを考える。

帰属のレーダーチャートを示し、原因が運・能力・努力・体調・他人・時期に分類できることを説明する。また、各カテゴリーについて具体的に何を思いつけるかを考えさせる。これまでが自由想起であったのに対して、これは課題想起となっている。さらに、レーダーチャートに10点満点で当てはまると思う程度を記入し、プロットする。多様な想起が可能な人ほど丸みのあるグラフとなる。ホームワークとして、1週間のGood & Badの中から1つ例を取り出し、レーダーチャート上にアセスメントをしてくる。

c．第3セッション（再帰属療法：帰属レーダーチャートと自由討議）

〈ねらい〉

帰属のレーダーチャートの記入に慣れる。集団内発言を通して話し合いの雰囲気に慣れる。

〈実施形態〉
会議室または一般教室形式
〈方法〉
宿題にしていたレーダーチャートを発表してもらい，みなでもっと違った帰属はないか考える。大勢の知恵でたくさんの帰属が考え出されることを経験する。その後，どういう帰属がもっとも気持ちによい影響を与えるかについて全員の意見を聞く。これまでの感想や近況などについて聞く。また，再帰属療法を行った場合，どのような効果が現れると思うかなど，治療の効果に対する期待や見通しを聞く。ホームワークとして，レーダーチャートを記入してくることにする。

d. 第4セッション（主張訓練第1回：アサーション宣言）
〈ねらい〉
対人関係の仕組みについて学び，主張訓練の説明を受ける。
〈実施形態〉
椅子をサークル状にならべる
〈方法〉
はじめに，対人関係のさまざまな場面（客であるあなたにウエイトレスが間違えたお皿をもってきてしまったとき，あなたは間違いを指摘して正しいお皿をもってこさせる，など）というような対人主張性を測る質問紙に回答させる。回答終了後，質問項目の中でもっとも苦手とする対人場面について1つ選ばせる。どの場面を選んだかを集団全員に回答させるが，同時に「なぜそれが苦手であるか」という原因も聞く。そのときの理由はさまざまに回答されるが，それとは異なる原因を考えた人がいないかを確認する。「苦手である」と感じている人はたくさんいても，その原因の選び方にはさまざまな個人差があることを知ってもらうためである。また，自分はその項目は苦手でないとする人がいないかも確認する。苦手でないと感じるのはどうしてか，その原因を聞く。このようにして，質問紙をネタにして皆で意見を出し合い，多様な考え方が可能であることを知ってもらう。

対人関係には3種類あることを学ぶ。すなわち，I'm OK, you're not OK.（攻撃的〔アグレッシブ〕なつきあい方），I'm not OK, you're OK.（非主張的〔ノンアサーティブ〕なつきあい方），I'm OK, you're OK.（アサーティブなつきあい方）である。それぞれについて説明を受ける。またアサーティブに振る舞うことでど

のような効果が期待できるか（自己評価の向上など）を説明する。

　モデル提示を行う。治療者2名が，円座の前に出て要求―拒否のやりとりを実演する。その際，ノンアサーティブ，アグレッシブ，アサーティブの3つのパターンを例示する。また，ジェスチャーやボリュームコントロールなどノンバーバル行動の例についてもモデル提示する。

　動機づけを高めるために，自作した「私のアサーション宣言○か条」などを暗記させることもある。その場で暗記できる人に対しては暗誦させてみる。

　e．第5セッション（主張訓練：伝言ゲーム式ロールプレイング要求場面）
〈ねらい〉
　ロールプレイングにより，要求場面のアサーションができるように練習する。
〈実施形態〉
　椅子をサークル状にならべる
〈方法〉
　参加予定者の不安が高いことも予想されるため，開始前夜，または数時間前には状況を観察したり声がけをしておく。当日は治療者が部屋の前で迎えて立ち，ひとりひとりに握手してもよい。また，円座の部屋作りを全員で行っても不安軽減作用がある。全員がそろったら，入室者にウォームアップとして温感リラクセーションか軽い体操を行う。

　要求場面の伝言ゲームに関する言語教示を行う。伝言ゲームとは，まず隣人とペアになりお互いに分身役となる。そして，自分が要求したい内容を告げる相手（会場の中から自由に選ぶ）に対して要求内容（自由想定でもヒント集から選んでもよい）を自分の分身役に伝言してもらうという方法である。自分の要求内容を自分自身で告げるよりも，分身役に代理で告げてもらった方が，強く緊張しなくてすみ，かつ分身役の技術を観察学習できるメリットがある。

　治療者のペアが具体的にやってみせる。このとき，上手にやる必要はなく，またほんの少し実演する程度でよい。ロールプレイングを実施するコツはすぐに終えてしまうことである。

　隣り合った患者同士がペアになり，実施する。治療者は巡回しアドバイスを加えたり，ほめたりする。時にはみんなの前で実演させることもある。

　うまくできない場合，その原因を考えさせる。たいていはコミュニケーションの推移を悲観的に予測しているなど，妨害的な認知要因をもっている。的確な「原因選び」ができているかどうかを確認し，本人にフィードバックする。

時間になったら終了し，講評を行う。評価ポイントは12項目ある。1）表情の豊かさ，2）視線の一致，3）正しい姿勢の保持，4）ジェスチャーの有無，5）声の適切な大きさ，6）相手に伝わりやすい言葉を選んだか，7）自分の気持ちを正直に述べたかどうか，8）相手の気持ちを確認する言葉やジェスチャーを入れたかどうか，9）臨機応変な応対ができたかどうか，10）不安の程度，11）思考の混乱の有無，12）無気力，やる気のなさ，の合計12項目である。最後に，「アサーションのコツ」という小冊子を配布してヒントになりそうな部分を読み上げる。

ホームワークを出す。今日のロールプレイを振り返って，今日の自分の課題を発見する（お願いする勇気がないとか，ジェスチャーがたりないとか，声が小さかったなど）。それを1週間練習する。また一日のアサーションアセスメントを自分で振り返りをして記録する。

　f．第6セッション（主張訓練：伝言ゲーム式ロールプレイング拒否場面）
〈ねらい〉
ロールプレイングにより，拒否場面のアサーションができるように練習する。
〈実施形態〉
椅子をサークル状にならべる
〈方法〉
今回のテーマは拒否場面であるので，断ったり誤ったりする場面を選ぶ。また拒否された側の気持ちも聞き出す。その他の流れは第5セッションとほぼ同様である。とくに失敗体験を有した場合は，どうしてうまくいかなかったのかを考えさせる。時に集団全員で考える。的確な失敗原因に帰属できるようにアドバイスする。

　g．第7セッション（主張訓練：伝言ゲーム式ロールプレイング感情表出場面）
〈ねらい〉
ロールプレイングにより，感情表出場面のアサーションができるように練習する。
〈実施形態〉
椅子をサークル状にならべる
〈方法〉
感情表出場面とは，単なる用件の伝達ではなく，現在の自分の気持ちや気分を述べる，相手に対する感想を伝える，挨拶をする，などのことである。言わなく

ても日常生活は行えるものばかりであるが，対人関係に花を添える潤滑油になりうる。その他の流れは第5セッションとほぼ同様である。
　h．第8セッション（主張訓練：伝言ゲーム式ロールプレイング総合場面）
〈ねらい〉
ロールプレイングにより，これまでの復習を行う。
〈実施形態〉
椅子をサークル状にならべる
〈方法〉
基本的な流れは同じであるが，最後は，要求，拒否，感情表出の3つの場面を自由にとりまぜてロールプレイングを行う。総合的な評価を中心にする。

4．結　果

8週間にわたる認知行動療法（CBT）の治療結果は，8週間の集団療法期間の前後で比較すると，体重が有意に増加し（P＜0.01），食行動異常（P＜0.05），自己評価（P＜0.05）はいずれも有意に改善していた。また，社会的望ましさ（MCSD）は変化を示さなかった。表12-1には各変数間のピアソン相関を示す。また8セッションを経過中の行動観察も意義ある変化を見せた。表情の豊かさ，視線の一致，相手への配慮に関してはセッションの主効果が有意（p＜0.05）となり改善が見られた。また，発声量，言葉のわかりやすさ，確実に自分の気持ちを述べている程度に関してはセッションの主効果が有意ではなかった。

Ⅵ　まとめと考察

　学校復帰を前にした思春期の摂食障害女子を対象に，リラクセーション，再帰属療法，主張訓練からなる集団認知行動療法を実施した（富家ら，2002）。その結果，一部の主張行動に改善が見られ，また自己評価の向上も確認された。アサーティブネスと自己評価が向上するかどうかは退院後の社会的活動性を予測する大きな指標となり得るので，臨床的には興味のある結果だろう。
　行動観察による主張性総平均（ASS）は，治療前においてはEAT26と強い負の相関を示し，本疾患者に特有な低い主張性を表現した。ところが，治療の進行につれて複数の主張行動が改善していることもあり，治療終結後は食行動と主張性に相関がみられなくなる。元来，健常域の高校生には食行動と主張性にわずか

表12−1　治療前後における変数間相関

	体重 (kg)		食行動異常（EAT20）		自己評価（SES）	
	治療前	治療後	治療前	治療後	治療前	治療後
食行動異常（EAT20）	0.21	-0.2				
自己評価（SES）	-0.6	0.01	-0.7	-0.3		
主張性行動観察	0.32	0.51	-0.5	-0.3	0.23	0.42

いずれも有意な相関係数　n＝10

な相関しかみられないので（富家，2000a,b），これは治療的改善があったと言える結果だろう。

　本治療法が自己評価を向上させたことは事実であるが，自己評価に及ぼす主張性の影響については必ずしも明確ではない。両者はともに改善しているが，有意な相関ではなかった。主張行動の中で，「表情」や「視線」などの3項目に改善が見られたが，「言葉の平易さ」や「発声量」など残る3項目は不変であり，主張行動の具体的な項目によって改善速度に開きがある。このように，主張行動の改善の程度にばらつきがあることが自己評価との明瞭な相関を許さない理由かもしれない。しかし，両者に即時的な関連性は薄いというだけで，仮説が否定されたわけではない。

　ところで，体重と自己評価（SES）は介入前では強い負の相関を認めており，これが本疾患の心理的特徴の最たるものとも言えるが，治療終了後にはこの相関関係が解消した。本治療により，体重の影響を受けにくい自己評価システムに変化した可能性がある。失敗の原因を体重に求める傾向が薄れ，より社会に向けた合理的な帰属思考ができるようになったのではないだろうか。このことは原因推定の多様化と原因選択の合理性，予測性を向上させることをねらいとした再帰属療法の効用について改めて興味を抱かせる結果である。

　近年，認知行動療法や認知療法がマニュアル式の集団療法の形態をとる機会が増えている（Rose, 1998; Free, 2000）。その背景には時間と費用の両面にわたるコストを配慮しなければならなくなった時代の流れもある。その一方で，治療者を含めて集団内のメンバーが互いにモデルとなりあい，治療成果が高まる積極的意義を指摘する声もある（Free, 2000）。旧来の集団精神療法が集団内の感情修正体験（患者相互間の感情的な相互関係）を重視した力動療法であるのに対して，今日の集団認知行動療法は，マニュアルをベースとした構造化治療プログラムに，

患者相互の観察学習体験を積極的に取り入れる内容となっている点で大きく異なる。本療法の初期のセッションでは，通常の教室を使用して，お互いが顔を見合わせなくてもいいようになっているが，セッションが後半になるにつれ，ペアを組んだり，円座になったりしてつきあいの密度が増す。しかし，つねにルールがあるために一定以上の自由な関係は与えられない。摂食障害の場合，対人コミュニケーション場面で「アドリブがきかない」ことが多いといわれ，また緊張を強いられる集団場面に参加したがらない傾向がある。その点に配慮したプログラムを作成し，最後まで脱落例なく治療的な改善をみたことは成果であった。しかし，社会復帰後の予後調査や，対照条件との比較など報告すべき今後の課題を残している。

文　献

Free, M.L.: Cognitive therapy in groups. WILEY, 2000.

Goebel, M., Spalthoff, G., Schulze, C., & Florin, I.: Dysfunctional cognitions, attributional style, and depression in bulimia. Journal of psychosomatic Research. 33(6): 747-752, 1989.

堀江姿帆・小羽俊士・鍋田恭孝：摂食障害におけるコミュニケーション上の逸脱とWisconsin Card Sorting Test（WCST）の成績不良の関係．精神科治療学20（12）：1273-1279, 2005.

今田寛：恐怖と不安，誠信書房，1975.

神村栄一・嶋田洋徳：Marlowe-Crouneの社会的望ましさの尺度日本語短縮版の作成の試み．ストレス科学研究9：7-17, 1998.

木下由美子・河合啓介・有村達之・滝口久美恵・片山くみ子・野崎剛弘・滝井正人・久保千春：摂食障害患者に対する集団ソーシャルスキルトレーニングがスタッフとして参加した看護師の自己表現技術に及ぼす効果．心身医学45（10）：778-783, 2005.

松坂香奈恵・富家直明・内海厚・斉藤久美・吉沢正彦・田村太作・稲葉ひとみ・丸山史・庄司知隆・遠藤由香・森下城・佐竹学・野村泰輔・金澤素・本郷道夫・福土審：摂食障害に対する集団認知行動療法の効果——主張訓練を中心とした新しい治療法．心身医学44（10）：763-772, 2004.

Manusov, V. & Harvey, J.H.: Attribution, communication behavior, and close relationships. Cambridge University Press, Cambridge, 2001.

小澤夏紀・富家直明・宮野秀市・小山徹平・川上祐佳里・坂野雄二：女性誌への暴露が食行動異常に及ぼす影響．心身医学45（7）：521-529, 2005.

Ralph, J.A. & Mineka, S.: Attributional style and self-esteem: The prediction of emotional distress following a midterm exam. Journal of Abnormal Psychology, 107(2): 203-215, 1998.

Rees, S. & Graham, R.S.: Assertion training: How to be who you really are. Routledge, London, 1991.（高山巌・吉牟田直孝・吉牟田直訳：自己表現トレーニング——ありのままの自分を生きるために——，岩崎学術出版社，1996.）

Rose, S.D.: Group therapy with troubled youth. SAGE, 1998.

佐々木直・熊野宏昭：摂食障害の認知行動療法．大野裕・小谷津孝明（編）：認知療法ハンドブック　下巻，星和書店，1996.

佐野誠・高木麻夕子・富家直明：帰属認知は主張的スキルの効果を増強する．日本健康心理学会第15回大会，2002.

末松弘行・高野晶・久保木富房・吹野治・北川淑子・藤田俊治：摂食態度調査表（EAT）の縮小版の有効性について．厚生省特定疾患・神経性食欲不振症調査研究班・昭和60年度研究所報告書30，1986.

Shiina, A., Nakazato, M., Mitsumori, M., Koizumi, H., Shimizu, E., Fujisaki, M., Iyo, M.: An open trial of outpatient group therapy for bukimic disorders: Combination program of cognitive behavioral therapy with assertive and self-esteem enhancement. Psychiatry and clinical neurasciences, 59: 690-696, 2005.

高木麻夕子・富家直明：高校生用主張性尺度の信頼性・妥当性の検証．第28回日本行動療法学会大会，2002a.

高木麻夕子・富家直明：高校生女子の主張性と食行動異常．第9回日本行動医学会大会，2002b.

富家直明：摂食障害患者のストレスマネジメント．坂野雄二（監修）：学校，職場，地域におけるストレスマネジメント実践マニュアル，北大路書房，pp.163-180, 2004.

富家直明・松坂香奈枝・内海厚：摂食障害の再帰属療法と主張訓練．宮崎大学教育文化学部紀要（教育科学）6: 13-25, 2002.

富家直明・内海厚・野村泰輔・本郷道夫・福土審：摂食障害（拒食症）の集団認知行動療法．第41回日本心身医学会総会，2000.

富家直明・福土審：健常高校生の食行動異常とその背景．第50回日本心身医学会東北地方会，2000a.

富家直明・福土審：健常高校生における食行動異常と時間展望イメージの関連性．第41回日本心身医学会総会，2000b.

牛島定信・山内俊雄：摂食障害・性障害．松下正明（編）：臨床精神医学講座S4，中山書店，2000.

山本真理子・松井豊・山成由紀子：認知された自己の諸側面の構造．教育心理学研究30：64-68, 1982.

第13章

幼稚園・保育園で行う集団SST

I　集団SSTの必要性

　従来のSSTは，社会的スキルに不足がみられるために何らかの社会的不適応を示す子どもに対して個別にあるいは小集団を用いて実施されてきた。ところが，少子化や共同体意識の薄れた地域社会というような今日の社会状況では，日常生活の中で対人関係を経験する機会は減少する一方であり，社会的スキルの学習不足は，特定の子どもだけの問題ではなく，多くの子どもにとって共通の問題となりつつある。こうした社会的スキルの学習不足は，不登校，いじめ，学級崩壊など，急増する子どもの社会的不適応の背景とも考えられている。

　このような問題意識を受けて，最近では，予防的，発達的な観点から，できるだけ多くの子どもが，早期に社会的スキルの指導を受けることの意義が強調されている（佐藤・金山，2001）。こうした観点に基づいて，クラスに在籍する子ども全員に社会的スキルを学習する機会を意図的に提供しようとする取り組みが集団SSTである。

　保育園，幼稚園，そして小中学校（以下，一括して学校と呼ぶ）は，子どもが一日の大半を過ごす場所である。とくに，先にあげたような社会状況の中，地域や近隣で遊ぶことが少なくなった昨今の子どもにとっては，学校における仲間関係が以前にも増して彼らの社会的発達の重要な資源となっている。学校は子どもが社会的スキルを学習し，学習した社会的スキルをすぐに実践に移すことができる絶好の場である。そして，学校には体系的な指導のできる保育者や教師も存在する。現在，子どもに社会的スキルを学習する機会をもっとも組織的，効率的に提供できる場は学校をおいて他にないと言えよう。

Ⅱ 集団SSTの利点

集団SSTには，多くの子どもを同時に指導することができるという効率性の他にも，以下のような多くの利点があげられる。まず，クラスにはさまざまな子どもがいるので，互いの社会的スキルの優れたところをモデルとすることで相互に学びあうことができる。これまでの研究によれば，モデルと観察者に年齢や性など類似点が多い場合に，モデリング効果が高まることが知られている（相川，2000）。この意味において，クラスの仲間はもっとも良いモデルと言える。また，社会的スキルの般化には，特定の相手との練習よりも，多様な相手とのかかわりの中での練習が有効とされる（Michelson, et al., 1983）。クラスで行う集団SSTではこうした状況を設定することが可能である。

社会的スキルの般化という点では，集団SSTは指導効果が波及しやすい条件を備えていると言える。たとえば，集団SSTは，子どもが日常で社会的スキルを実行する場である教室や運動場を指導の場面としている。こうした環境における指導は，社会的スキルの般化に有効である（Michelson, et al., 1983）。また，集団SSTでは，クラスの子ども全員が一緒に参加しながら，共通の社会的スキルについて学習するので，お互いの行動上の変化に気づきやすく，相互によるフィードバックの促進が期待できる。こうしたフィードバック環境の充実は，社会的スキルの定着化に有効とされる（佐藤，1996）。

集団SSTには，学校での実施上の利点もあげられる。従来の個別や小集団によるSSTでは，特定の子どもに対して，特定の時間に，特定の場所で指導を行うという形態が多かった。しかし学校では，こうした形態による指導は実施が困難である場合が少なくない。その点，集団SSTでは，従来のSSTのように特定の子どもだけを対象とするのではなく，クラスの子ども全員を対象としており，授業時間に教室で実施できるので，こうした問題を解消することができる。また，教師が通常の授業時間に実施することが可能なため，年間計画に組み込んだ体系的な指導を行うこともできる。

Ⅲ 幼児を対象とした集団SSTの意義

現在報告されている集団SSTに関する研究の多くは小学校で実施されたもの

で，幼児を対象とした集団SSTに関する研究はほとんどないのが現状である。しかし，以下にあげるような意義からすれば，集団SSTは，小学生に限定されることなく，幼児に対しても適用され，その効果が検討されるべきであろう。

　第一点として，幼児期に仲間とうまくかかわることのできない子どもは，小学校に入学してからも仲間関係で問題を抱える確率が高いことがあげられる。たとえば，幼稚園の年長児時点から小学校5年生までのソシオメトリック地位の安定性について検討した前田（1999）の研究では，幼児期に仲間から人気がある子どもや拒否される子どもの地位は，いったん確立すると容易には変動せず，3年間から4年間の期間を経ても，なお維持されやすいことが明らかにされている。

　また前田（1997）は，幼稚園の年長時点（11月）と小学1年生の時点（12月）における子どもの社会的行動特徴を縦断的に検討している。この研究に参加した子どもは，年長児時点から小1時点にかけてクラス編成がなされ，小1時点では新しい仲間集団に参加していたにもかかわらず，各時点で測定された社会的行動特徴に関する仲間知覚得点の間の縦断的相関係数は，社会的コンピテンスで.483，引っ込み思案で.650，攻撃性で.688と高い値を示していた。この結果は，幼児の社会的スキルにみられる個人差が小学校入学後も安定して残ることを示唆している。

　第二に，幼稚園や保育園では幼児の社会性の発達を重視したカリキュラムが設定されており，この点に対する保育者の意識も高いため，SSTの考え方を日常の保育活動の中に取り入れやすいことがあげられる。

　小林（2001）は，保育者と小学校の教師がそれぞれの現場で子どものどのような側面の指導を重視しているのか調査している。その結果，保育者と小学校教師の間で，幼児期に重点的に指導する部分と就学後に重点的に指導する部分についての考えが，かなりの点で食い違いをみせる一方で，基本的な社会性は幼児期に身につけるべきであるという点では両者の意見が一致することを報告している。この調査結果は，幼児期における社会性の育成が，保育者のみならず，次に子どもを迎え入れる立場にある小学校教師によっても重視されていることを示すものである。

　第三に，幼児期には仲間集団内の評判がそれほど固定化されていないため，指導効果が出現しやすいことがあげられる。子どもの仲間集団は小学校中学年以降になると，評判の偏りが顕著になるため（Hymel, et al., 1990），ある子どもが行動上の変化をみせても，その子どもに対する仲間の見方を変えるのは難しいと言われている（Bierman & Furman, 1984）。そこで，こうした制約が仲間集団の中

でまだそれほど生まれていない幼児期の子どもを対象にすれば，SSTの効果はいっそう高まると考えられる。

以上のような理由から，幼児に対するSSTの意義は大きいことがわかる。また，保育園や幼稚園では自由な遊び活動の時間が多くもてるので，そうした活動時間を生かすことによって，SSTをスムーズに実施できる。この点から見ても，幼児期はSSTに適した時期であると言える。

Ⅳ 幼児を対象とした集団SSTに関する研究

すでに述べたように，幼児を対象とした集団SSTに関する研究は非常に少ないのが現状である。そうしたなか，佐藤ら（2000a）は，先にあげたような意義から，保育園年長児クラスにおいて集団SSTを実施し，その効果を検討している。彼らは，従来の個別のSSTで用いられてきた，教示，モデリング，リハーサル，フィードバック，社会的スキルの日常場面での使用の奨励という指導要素に準拠した集団SSTを6セッションにわたって実施した。しかしながら，自然な自由遊び場面における行動観察の結果からは，幼児の行動に十分な変化は見出されなかった。佐藤ら（2000a）の研究は，幼児を対象に集団SSTを試み，その実施方法を明示した点で高く評価されるものの，指導効果が自然な自由遊び場面における幼児の行動にまでは反映されなかった点で不十分である。この結果は，彼らが行った指導手続きのみでは指導効果の自然場面への般化に限界があることを示唆している。

集団SSTの効果を般化させるための手続きに関しては，従来の幼児を対象とした個別のSSTにおいて見出された知見を参考にすることで検討が可能である。幼児を対象とした個別のSSTに関する研究では，社会的スキルの般化を生じさせるためには保育室（指導のための特設場面）での指導に加えて自然な自由遊び場面における機会利用型の指導が有効であることが確かめられている（佐藤ら，1993）。個別のSSTと集団SSTが同様の指導要素から成り立っているとすれば，集団SSTにおいても，自由遊び場面での指導を導入することは，社会的スキルの自然場面への般化に有効に働くことが期待される。

こうした考えから，金山ら（2000）は，幼児を対象とした集団SSTにおいて，保育室における指導に加えて，自由遊び場面で機会利用型の指導を行う手続きを実施した。その結果，指導した行動の出現頻度が自然な自由遊び場面において実

際に増加していたことが行動観察の結果から明らかにされた。そこで，次の節ではこの金山ら（2000）による研究を取り上げて，幼児を対象とした集団SSTの実践例を紹介することにしたい。

V 幼児を対象とした集団SSTの実践例

ここでは，金山ら（2000）によって報告された，保育園年中児クラスにおける集団SSTの実践例を紹介する。

1．参加者
保育園年中児クラスの幼児11名（男児6名・女児5名）が参加した。

2．指導の手続き
a．指導目標

指導前の行動観察，保育者による社会的スキル評定および保育者との面談などを参考に，「適切な働きかけ」と「適切な応答」の習得が指導目標となった。適切な働きかけについては，仲間集団への参入，仲間の誘い方などを中心とした指導を行った。また，適切な働きかけには，働きかける相手の感情の理解が重要であると考えられたので，この点の指導も取り上げることにした。適切な応答については，適切な働きかけを実行した仲間に対して好意的で適切な応答を返すことを目標とした。

b．指導の構成

指導期間は約2週間であり，その間に6セッションが実施された。第1，3，5セッションは保育室で，第2，4，6セッションは自由遊び場面で実施された。それぞれのセッションには2～5名のトレーナーが参加した。

保育室における指導は，1セッション20～30分として3セッションが実施された。それぞれのセッションは，基本的に，教示，モデリング，リハーサル，フィードバック，社会的スキルの日常場面での使用の奨励という指導要素から構成された。

自由遊び場面における指導は，保育室におけるセッションの次回セッションにおいて1セッション20～30分として3セッションが実施された。園庭において，トレーナーは幼児を観察しながら，スキルの実行が適切な機会を設定し，必要に

応じてプロンプトやフィードバックを提供した。
  c．指導の概要
　第1セッションでは，まず，トレーナーが演じる子どもが，仲間の輪を遠くから見つめ，仲間に入りたいのにどうしたらよいかわからないという寸劇を提示した。そして，この子はどうすればよいのか幼児らに回答を求めた。その後，子ども役のトレーナーが，幼児たちから案出された行動を実行したことで仲間に加わり楽しく遊ぶことができたというモデルを示しながら，この子も迎え入れた仲間もとても気持ちがよいことを確認した。続いて，仲間に入ることができた子が遊び道具を借りるためにはどうすればよいかという場面についても同様の活動を行った。こうした活動を通して幼児全員に適切な働きかけの重要性を教示した。
　その後，幼児らは適切な働きかけについてリハーサルを行った。この際，トレーナーは活動を観察しながら，必要に応じてプロンプトやフィードバックを提供した。最後に，セッションの振り返りを行い，日常場面でも適切に働きかけるように奨励した。
　第2セッションでは，自由遊び場面において，トレーナーは幼児の様子を観察しながら，幼児が学習したスキルを実行できる機会を設定し，必要に応じてプロンプトを与えた。また，トレーナーは幼児の行動に対してフィードバックを提供し，適切なスキルの実行には賞賛やほほえみなどを与えた。
　第3セッションでは，まず，トレーナーの様子を見て，そのトレーナーはどんな気持ちでいるのかを幼児らにたずねた。そして，仲間がそのような気持ちのときには，どのように働きかければよいのかをトレーナーとともに考え，案出された行動を何人かの幼児に実際に演じてもらった。
　その後，2つのグループに分かれてリハーサルを全員が実施した。この際，トレーナーは必要に応じてプロンプトやフィードバックを提供した。最後に，セッションの振り返りと日常場面での使用の奨励を行った。
　第4セッションでは自由遊び場面での指導を実施した。指導手続きは，第2セッションと同様である。
　第5セッションでは，まず，集団の中で遊んでいる子が，1人で遊んでいる子をこちらの集団に誘いたいという寸劇を提示した。この子はどうすればよいのか幼児たちに回答を求めた。続いて，子ども役のトレーナーは幼児たちから案出された行動を実行し，この子も，誘われた子もとても気持ちがよいことを確認した。

その後，2つのグループに分かれてリハーサルを全員が実施した。この際，トレーナーは必要に応じてプロンプトやフィードバックを提供した。最後に，セッションの振り返りを行い，日常場面でのスキルの使用を奨励した。

第6セッションでは自由遊び場面で指導を実施した。指導手続きは，第2セッションや第4セッションと同様である。

なお，それぞれのセッションでは，適切な働きかけに対して適切に応答することの重要性についても教示し，適切な応答の実行を促して，それに対するフィードバックを行うなど，適切な応答についての指導を随時挿入していった。

3．指導の結果

表13-1は，自然な自由遊び場面で幼児が示した行動を指導の前後にわけてまとめたものである。ここでは，1日1回10分の観察を2回ずつ実施して集計された20分間中の適切な働きかけ，適切な応答の出現頻度をクラスの平均値として表している。この表をみると，適切な働きかけ，適切な応答のいずれもが指導前から指導後にかけて増加していることがわかる。これらの変化は，統計的に有意であることが確認されている。

表13-2は，指導前後に保育者によって評定された社会的スキル尺度（渡邊ら，1999）の得点をクラスの平均値として表したものである。統計処理の結果，社会的働きかけスキル，協調スキル，教室活動スキルの評定得点に指導前から指導後にかけて有意な増加が確認された。

以上の結果は，集団SSTが幼児の社会的スキルの習得に有効であったことを示すものである。とくに，自然な自由遊び場面において幼児の行動に変化が認められたことは大きな成果であろう。この結果は，SSTにおけるもっとも重要な課題の1つである社会的スキルの自然場面への般化を示している。

こうした自然場面への般化が得られたのは，自由遊び場面での指導を導入したことが大きく貢献していると考えられる。幼児を対象とした個別のSSTでは，社会的スキルの般化を生じさせるためには，保育室（指導のための特設場面）での指導に加えて，自然な自由遊び場面での指導を実施する必要があることが繰り返し指摘されている（佐藤ら，2000b）。したがって，集団か，個別かにかかわりなく，自由遊び場面で行われる指導は，保育室ないしは指導室で学習した社会的スキルを自然場面に般化させるための効果的な技法であると言えるだろう。

表13－1　適切な働きかけ，適切な応答の出現頻度の平均値

	指導前	指導後
適切な働きかけ	4.91　(3.42)	11.45　(5.50)
適切な応答	0.82　(0.98)	4.64　(5.45)

（　）内は標準偏差

表13－2　保育者評定による社会的スキル尺度得点の平均値

	指導前	指導後
社会的働きかけスキル	26.73　(5.12)	27.36　(4.46)
自己コントロールスキル	10.45　(1.86)	10.45　(1.86)
協調スキル	20.18　(3.66)	21.45　(3.72)
教室活動スキル	15.64　(3.78)	16.64　(4.20)

（　）内は標準偏差

Ⅵ　今後の課題

　効果的な指導方法を開発するためには，集団SSTについての実証的研究を積み重ね，それらの結果を比較検討する必要がある。そのためには相応の数の研究が必要となるのであるが，すでに繰り返し述べてきたように，幼児を対象とした集団SSTに関する研究は非常に少ないのが現状である。すでに報告されている金山ら（2000）による研究も統制群の設定や指導効果の維持の確認などといった点で課題が指摘される。したがって，今後は研究結果の比較検討に耐え得る十分な手続きを踏んだ実証的研究を蓄積していく必要があるだろう。

　集団SSTに関する保育者向けの実践マニュアルが開発され（佐藤ら，1999），一部の地域では保育者による実践活動が展開される（宮崎日日新聞2001年2月7日付）など，保育現場における集団SSTへの関心は徐々にではあるが高まりつつある。今後，こうした動きを広げていくためには，集団SSTが保育現場でどのように活用できるのか検討を重ねる必要がある。研究レベルでは効果的であるとされている手続きであっても，現実の保育活動の中での実践が困難なものであれば，保育者によって使用される可能性は低いだろうし，その意義を高く評価されることもないだろう。集団SSTの保育現場への普及を進めていくためには，集団SSTに対する保育者の認識や評価を知るための研究が必要となるだろう。

文　献

相川充：人づきあいの技術——社会的スキルの心理学——，サイエンス社，2000．

Bierman, K.L. & Furman, W.: The effects of social skills training and peer involvement on the social adjustment of preadolescents. Child Development, 55: 151-155, 1984.

Hymel, S., Wagner, E., & Butler, L.J.: Reputational bias: View from the peer group. In Asher, S.R. & Coie, J.D. (Eds.) Peer rejection in childhood, pp.156-186, Cambridge University Press, New York, 1990.

金山元春・日高瞳・西本史子・渡辺朋子・佐藤正二・佐藤容子：幼児に対する集団社会的スキル訓練の効果——自然場面におけるコーチングの適用と訓練の般化性．カウンセリング研究33：196-204, 2000．

小林真：幼稚園教諭・保育士と小学校教諭の間に見られる子どもに指導すべき目標についての意識の違い．富山大学教育学部紀要55：73-78, 2001．

前田健一：幼稚園児と小1の仲間内地位，孤独感，社会的行動特徴の同時的関連と縦断的関連．愛媛大学教育学部紀要（教育科学）43(2)：111-127, 1997．

前田健一：幼児のソシオメトリック地位の長期的持続と変動　幼稚園児から小学5年生までの5年間比較．愛媛大学教育学部紀要（教育科学）45(2)：105-117, 1999．

Michelson, L., Sugai, D.P., Wood, R.P., & Kazdin, A.E.: Social skills assessment and training with children, Plenum Press, New York, 1983.（高山巖・佐藤正二・佐藤容子・園田順一訳：子どもの対人行動——社会的スキル訓練の実際，岩崎学術出版社，1987．）

宮崎日日新聞：友達と付き合う技術　保育園で指導法研究．宮崎日日新聞2001年2月7日付朝刊．

佐藤正二：子どもの社会的スキル・トレーニング．相川充・津村俊充（編）：社会的スキルと対人関係——自己表現を援助する，誠信書房，pp.173-200, 1996．

佐藤正二・日高瞳・後藤吉道・渡辺朋子：幼児に対する集団社会的スキル指導の効果．宮崎大学教育文化学部附属教育実践研究指導センター研究紀要7：63-72, 2000a．

佐藤正二・金山元春：基本的な社会的スキルの習得と問題行動の予防．精神療法27：240-253, 2001．

佐藤正二・佐藤容子・岡安孝弘・高山巖：子どもの社会的スキル訓練——現状と課題．宮崎大学教育文化学部紀要（教育科学）3：1-105, 2000b．

佐藤正二・佐藤容子・岡安孝弘・立元真：保育所における幼児の対人行動訓練の実践的研究——集団社会的スキル指導マニュアルの開発．平成10年度産学連携等研究（宮崎県児童家庭課）報告書，1999．

佐藤容子・佐藤正二・高山巖：攻撃的な幼児に対する社会的スキル訓練——コーチング法の使用と訓練の般化性．行動療法研究19：13-27, 1993．

渡邉朋子・岡安孝弘・佐藤正二：幼児用社会的スキル尺度の標準化に関する研究．日本行動療法学会第25回大会発表論文集，pp.104-105, 1999．

第14章

小学校で行う集団SST

I はじめに

　社会的スキルの学習不足は，特定の子どもだけの問題ではなく，今日の子どもたちにとって共通の問題となりつつある。このような背景の中で，最近では，学校現場において望ましい対人関係を形成，維持する方法の1つとしてSSTが注目を集めるようになってきた（佐藤・立元，1999）。さらに，とくに盛んに実践されるようになってきたのが，予防的・発達的な観点から，学級に在籍するすべての子どもに対して，社会的スキルを学習する機会を意図的に提供しようとする，学級単位の集団SSTである。

　集団SSTでは学級に在籍するすべての子どもを対象としていると同時に，社会的不適応にある，あるいはその兆候を示している子どもに対しても，社会的スキルを習得する機会を提供することになる。集団SSTでは学級内の全児童が共通の社会的スキルについて学習するので，お互いの行動上の変化に気づきやすく，児童相互によるフィードバックの促進が期待できるからである（Merrell & Gimpel, 1998）。

II 小学生を対象とした研究

　わが国の集団SSTに関する研究においてもっとも多く，かつ早い時期から報告されてきたのが小学生を対象とした実践である（石川，1997；鈴木ら，1998）。これらの実践はわが国における集団SSTの先駆的取り組みとして評価されるものの，訓練効果を見出すまでには至っていなかった。そうしたなか，一定の訓練効果を見出したのが，藤枝（1999）の研究である。ここでは，2つのスキルで訓練による有意な得点の増加が認められた。しかしながら，彼らの研究には統制

群が設定されていなかったために，こうした得点の増加がSSTの効果であったことを証明することができない。

これに対して，統制群を設定した上で集団SSTの効果を実験的に検討したのが後藤ら（2001）による研究である。彼らは小学2年生を対象に3つの社会的スキル（積極的な聴き方・あたたかい言葉かけ・感情を分かち合う）を用いて集団SSTを行った。その結果，訓練群の社会的スキルの自己評定に統制群と比して有意な評定得点の増加が見出された。さらに彼らは，同学年の別の学級に対して同様の訓練を実施した。その結果，訓練群に統制群と比して社会的スキルの自己評定と教師評定において有意な増加が見出された。

これらの研究結果から，集団SSTは社会的スキルの習得を促すための有効な技法であることが示された。しかし，SSTでは，社会的スキルの習得を前提としながらも，その結果として対象児の社会的適応に何らかの改善がもたらされたことを証明しなければならないだろう。なぜなら，SSTの本来の目的は社会的スキルの習得を通して訓練対象児の社会的適応を改善させることにあるからである（Maag, 1994; Ogilvy, 1994）。

この点を検証するために，後藤ら（2000）は小学2年生1学級を対象として仲間からの好意性評価に及ぼす集団SSTの効果について検討している。好意性評価とは，仲間関係改善の指標として，好意性にかかわる3項目（親切な人，たくさんの人に好かれている人，みんなのことを考えてくれる人）の特徴に当てはまる子どもを指名させるものである。ここでは3セッションに渡る訓練が実施された。その結果，社会的スキルの自己評定において訓練群に統制群と比して有意な改善が認められた。また，社会的スキルの教師評定による結果も訓練群に有意な改善が見られた。さらに，好意性に関する項目について，訓練群の平均指名数が統制群のそれと比して訓練後に有意に増加していることが示された。この結果は，訓練群の子どもたちは訓練を通してお互いを好意的に認知するようになったことを示している。

この他にも，心理的ストレスの軽減（太田ら，1999）や学校享受感の向上（藤枝ら，2000）に及ぼす訓練効果が検討され，集団SSTがこうした指標に対して有効に作用することが確認されている。これらの研究結果が示唆するように，指標はさまざまであるけれども，集団SSTは社会的スキルの習得を促進する働きをもつだけでなく，子どもの社会的適応を良好にするための有効な技法であると言える。

ところで，オギルビー（Ogilvy, 1994）はSSTの有効性を評価する基準として，①スキルの習得，②習得されたスキルの般化と維持，③社会的に価値のある結果（すなわち，社会的適応状態の改善）の3点を挙げている。これらの点について集団SSTでは，学級全体の変化として検証されてきた。しかしその一方で，集団SSTによる学級内の特定個人への訓練効果についても検討する必要がある。学級の中でも社会的スキルを早急に習得する必要があるのは社会的不適応の状態にある，あるいはその兆候を示している子どもであり，彼らに対する訓練効果を確認しておくことは，教育上非常に重要であると考えられるからである。そこで，小学4年生を対象とした集団SSTが，学級集団と多動不注意傾向にある子どもに及ぼした効果について検討することにした。

Ⅲ 教室におけるSST

1．対象児

今回のスキルトレーニングは，LDと診断され，多動不注意傾向にあるA子を含む小学校4年生，1クラス全員（36名）が対象児とされた。

A子は，低学年の頃は指示に従うことが少なく，学習面での遅れが目立っていた。遊びは活発で外遊びを好むが，集団行動が苦手で，言動が一方的になりがちになるなどの社会性の問題があり，友人とのトラブルが多かった。また，興奮すると衝動的な行動が見られた。学年が進むにつれ，学級内でのトラブルが増え，教室から外に出て過ごすことが見られるようになった。4学年時に医療機関にてLDであり，多動不注意の傾向を併せもつとの診断を受ける。

周りの子どもたちは，本児の行動について理解していたが，トラブルが絶えなかった。また，本児は特別なニーズをもつので，特別支援の教室（通級指導）との連携が不可欠であった。

2．査定

a．行動観察

①手続き

行動観察は，遊び場面をビデオカメラの収録および直接観察によって行った。

遊び場面は，休み時間10分間をビデオカメラによって収録したものと，昼休み時間45分間にカテゴリー表を用いて直接観察したものをサンプルとした。多

表14-1 行動観察カテゴリーとその定義

カテゴリー	定義
適切な働きかけ	仲間に対して言語的，非言語的に適切な働きかけをする（仲間に対しての遊びへの呼びかけや頼みごとなど）。
適切な応答	仲間からの働きかけに言語的，非言語的に適切応答する（仲間からの遊びへの誘いや頼みごとに対する応答）。
身体的攻撃	仲間や教師，その他の人や物に対し身体的な攻撃を行う。
言語的攻撃	仲間や教師，その他の人に対し攻撃的及び不適切な言葉を使う。
協調行動	仲間とのやりとりのある遊びや作業をする。
平行行動	仲間の近くで類似した遊びや作業をするが，仲間との相互作用はない。
孤立行動	1人で遊具などで遊ぶ，遊んでいる仲間の近くに1人でいて関心をもってその様子を見ているが遊びに参加しない，目的もなく歩き回る行動などを含む。
その他	ある場所から場所への移動など，どのカテゴリーにも当てはまらない行動。

動不注意傾向の子どもを対象とし，観察者2人で行った。遊び場面の行動観察は2日をかけて行った。

②行動観察カテゴリー

本研究で採用した行動観察カテゴリーは，佐藤ら（1993）を参考にして作成した。表14-1は，行動観察カテゴリーとその定義を示したものである。収録した対象児の行動観察データは，すべてのカテゴリーにおいて観察者間一致度が80％以上に達するように訓練を受けた4名の評定者によってコーディングされた。また，分析ではイベントサンプリング法と10秒のタイムサンプリング法を併用した。

b．社会的スキルの自己評定

本研究では，渡辺ら（2000）によって開発された社会的スキル尺度（小学生版）を使用した。この尺度は，仲間強化（10項目），規律性（6項目），社会的働きかけ（3項目），先生との関係（3項目），葛藤解決（4項目），主張性（3項目）の5下位尺度，合計29項目から構成されている。評定方法は，自己評定による頻度の4点尺度（ぜんぜんそうしない＝1；あまりそうしない＝2；ときどきそうする＝3；いつもそうする＝4）である。

c．教師による社会的スキルの評定

本研究では，SSTの社会的妥当性を確認するために，担任教師によって訓練前，訓練終了後，3カ月後のそれぞれにおいて，子どもの社会的スキルの評定が行われた。

本研究で使用した児童用社会的スキル評定尺度は，磯部ら（2001）によって標準化された，教師評定用の社会的スキル尺度の児童版である。この尺度は，社会的スキル領域と問題行動領域から構成され，社会的スキル領域（26項目）の下位尺度は，社会的働きかけ（6項目），学業スキル（6項目），自己コントロールスキル（5項目），仲間強化（5項目），規律性（4項目）の5尺度であり，問題行動領域（12項目）の下位尺度は，外面化問題行動（8項目），内面化問題行動（4項目）の2尺度である。評定方法は，頻度の5点尺度（まったく見られない＝1；少し見られる＝2；ときどき見られる＝3；よくみられる＝4；非常によくみられる＝5）である。

d．対人的自己効力感尺度

友人との対人的場面において，適切な社会的行動をどの程度自分がうまくできると思うかについての主観的評価を測定することを目的とした質問紙で，ウェラーとラッド（Wheller & Ladd, 1983）などを参考に松尾・新井（1998）が作成したものである。この尺度は，15項目から成り，回答はそれぞれの行動が，絶対できると思う＝4，たぶんできると思う＝3，たぶんできないと思う＝2，絶対できないと思う＝1のいずれかを選択する4件法で求め，得点が高いほど対人的自己効力感が高いことを示す。

3．ターゲット・スキル

本研究では，集団SSTを通して多動不注意傾向にある対象児の不適応行動を改善するとともに，対象児に対する仲間の好意性を促進することをねらいとしているので，ターゲット・スキルの選択にあたっては，好意的な働きかけと応答，感情コントロールにかかわる社会的スキルを選ぶように配慮し，以下の3つのスキルを選択した。

・積極的に聴く
・気持ちをわかって働きかける
・気持ちのコントロール

まず第一のターゲット・スキルは，好意的に応答するためには必須のスキルと

言える「積極的に聴く」スキルであった。このスキルは，従来から子どものSSTのターゲット・スキルとして取りあげられることが多い。つまり，働きかける相手の話に関心をもって積極的に聴いてあげることは，仲間からの好意的反応を引き出す基本的なスキルであると考えられるからである。

　第二のターゲット・スキルは，好意的な働きかけスキルである。相手が困っているとき，あるいは相手が喜びを表わしているときに，相手の感情を理解した上で，その場にふさわしい社会的働きかけ（言葉かけ）をすることは，好意性を高めるのに重要であろう。そこで，相手の感情を理解するために必要なスキルである「気持ちをわかって働きかける」スキルを教えることにした。

　第三のターゲット・スキルは，怒りの感情を理解させ，不快な感情の静め方を教える感情のコントロールスキルであった。怒りの感情を静めた後に，さらに，その場にふさわしい適切なスキルが使えるようにすることは，周囲にポジティブな評価を与えることにつながると考え，「気持ちのコントロール」スキルを教えることにした。

4．SST

　a．セッティング

　1つのターゲット・スキルにつき，授業時間（45分），朝自習の時間（20分）の2セッション，3つのターゲット・スキルで合計6セッション実施された。トレーニングは，学級担任を中心にトレーナー2～3名で行われた。

　b．教室での集団SST

　1週間に1つのターゲット・スキルを対象とし，各行動については，おおよそ以下のような段階で進んでいった。これらは，コーチング法に基づくSST（たとえば，佐藤ら，2000b）において使用されたものとほぼ同一であった。

　①つかむ（インストラクション）
　・具体的な場面を視聴させ，望ましいスキルについての概念や知識の教示をする。
　・その行為がどんな結果をもたらすかに気づくことで，必要性を理解させる。

　②気づく（モデリング）
　・適切なモデルを見せて，まねをさせる。
　・そのスキルがどんな結果をもたらすかを見せることで，そのスキルの重要性を理解させる。

③やってみる（リハーサル）
・具体的場面を想像して適切なスキルについて，練習をさせる。
・同じ行動について改善を加えながら繰り返し行わせる。
③振り返る（フィードバック）
・行動リハーサルに対して，適切である場合にはほめ，不適切である場合には，修正を加える。
・活動に対して肯定的な評価をする。
⑤活かす（般化）
・学んだことを日常生活で実践してみようという意欲を持たせる。
・振り返りカードへの記入方法とその基準を知らせる。

たとえば，「上手に聴く」については，ポイントとして次の5つを教示した。
　1．他の活動をやめる
　2．話している人に体を向ける
　3．相手を見る
　4．うなずきながら
　5．自分なりの言葉で返す
　リハーサル段階におけるグループ活動では，「何が出るかなトーク」で友だちの話を上手に聴く練習を行った。グループ活動の間，多動不注意傾向の子どものグループにトレーナーが専属としてつき，フィードバックおよび社会的強化（たとえば，賞賛，ほほえみなど）を行った。他のグループには，担任教師ともうひとりのトレーナーが巡回して，フィードバックおよび社会的強化を行った。ここでは，肯定的な評価をこまめに与えることで，適切なフィードバックをさせていった。
　c．ゲーム遊び場面でのSST
　1時間の授業の後，朝の活動の時間20分ほどで，授業時間に学習したスキルについて，ゲームを通して練習していった。ここでは，学習したスキルが使用されやすいように，教師が必要に応じてプロンプトやフィードバックなどの介入を行った。学習した社会的スキルをできるだけ多く実行できる機会を意図的に設定するように努めた。そして適切な社会的スキルをうまく実行した場合には，社会的強化が与えられた。楽しく練習していくことで，目標スキルへの動機づけや般化の促進などを図った。

表14－2　上手な聴き方～授業編～

【ねらい】人の話を聴けることにより，相手の気持ちや考えが理解でき，相手に関心を伝えられるようになることで，人間関係の形成に役立てる。

段　階	活動及び内容	指導上の留意点	資料・準備
つかむ	1　約束事を確認する。 　・笑わない 　・はずかしがらない 　・ひやかさない 2　紙芝居を見て人の話を聴くことの大切さを考える。 　○学習内容の理解 　○周りの人との会話 3　本時のめあてを知る。 　人の話をきちんと聴けるようになろう。	話を聴くことは，情報を得るとともに，相手に与える影響もあることを気づかせる。	紙芝居 めあてカード
気づく	4　良い聴き方とまずい聴き方の違いを知る。 　○話し手の気持ちを考える。 5　良い聴き方のポイントを知る。 　1．他の活動をやめる。 　2．話している人に体を向ける。 　3．相手を見る。 　4．うなずきながら。 　5．自分なりの言葉で返す。	話し手と聞き手のそれぞれの気持ちを押さえておく。 ひとつひとつポイントを押さえながらまとめていく。	短冊カード
やってみる	6　グループ毎に上手な聴き方の練習をする。 　○何が出るかなトーク 　サイコロの出た目の内容について1人が話す。それを他の子どもは，ポイントに注意して聴く。	上手に聴くポイントに注意しながら，上手な聴き方ができていることをほめていく。	グループ分のサイコロ
振り返る	7　本時の活動を振り返る。 　○わかったことや感じたことを発表し合い，まとめる。	聴き方の練習に対する態度も賞賛していく。	
生かす	8　学習のまとめをする。 　○振り返りカードに記入をする。	生活の中でも実践しようとする意欲をもたせる。	振り返りカード

図14-1 上手な聴き方〜ゲーム編〜『伝言ゲーム』

ゲームの流れ

子どもの活動	主な援助
1 上手な聴き方の4つのポイントをおさえる。	○上手に聴くポイントに気をつけながら聴く。
2 『伝言ゲーム』 ①全員グループごとに列を作って，教室の後ろに並ぶ。 ②1人だけを呼び，文章を聴いて覚えさせる。 ・待っている子どもは，耳をふさいでおく。 ③伝えられた子どもはまた次の子どもを呼び，伝える。 ④最後の子どもは，伝えられたことを紙に書く。	○ゲームの様子を見て，うまく聴く行為について評価する。 ○上手に聴き，うまく伝えることができたことを褒める。
3 本時の活動を振り返る。	

たとえば，「感情のコントロール」の学習のあとは，「天使さん助けて！ゲーム」を行った。2人1組となり，一方がイライラしている役，もう一方が天使役を行う。天使役がやってきて，イライラを抑える方法を横で教えて，2人でイライラをなくす練習をしていくというものであった。

d．留意点

トレーニングの際，留意したい事項として小林・相川（1999）にしたがってまとめてみると以下のようなことが挙げられる。

①楽しい雰囲気

あたたかい人間関係を作るための活動である。明るくあたたかい受容的な態度で臨み，楽しい雰囲気作りを心がける。

具体的には，子どもの考えや感情を受け入れ，ゆっくりとしたペースで進めたい。

②約束事

明るい雰囲気の中でも，冗談や冷やかしをせずに，伸び伸びと自己表現できる雰囲気を作るために約束事をする。

活動の際の約束は，次の3点である。

・はずかしがらない

表14-3　気持ちをわかって働きかける～授業編～

【ねらい】相手の感情を読み取り，適切に働きかけることで，他者とともに生き，他者を大切にする心を育てる。

段　階	活動及び内容	指導上の留意点	資料・準備
つかむ	1　よい聴き方と3つの約束について振り返る。 2　気持ちを分かち合う良さを考える。 ○友だちが一緒に喜んでくれると，もっと嬉しくなる。 ○悲しい時，友だちが一緒に悲しんでくれると，悲しさは減り，良い気分になる。 3　めあてをつかむ。 　友だちの気持ちがわかるようになろう。	・「上手な聴き方」を振り返り，そこから発展する「共感」について考えさせる。 ・気持ちを分かち合うことが良さを，2つの面から考えさせる。	サイコロ
気づく	4　友だちの気持ちが分かるようになるには，どうしたらよいかを考える。 ○相手の話を聞いてみる。 ○相手をよく見る。 5　気持ちを分け合っていることを相手に伝える方法を考える。 ○飼っていた犬が逃げた。 ○家族でハワイ旅行することになった。	・相手の気持ちを知る方法には2つ方法があることを伝える。 ・肯定的反応と否定的反応の対応の違いに気づかせ，どうすれば気持ちを分かち合えるのかを考えさせる。	数枚の顔の写真
やってみる	6　グループで，気持ちをわかって働きかける練習をする。 ○1人が演じ，もうひとりが適切な働きかけの行う練習をする。 ○それぞれ役割を交替しながら行う。	・2人が演じる役を行い，他の子どもは，それを見て感想を述べ合う。 ・うまくロールプレイできない子どもには，援助をする。	いろいろな場面を想定したカード
振り返る	7　振り返りカードに記入し，今日の活動を振り返る。	・適切に働きかけを具体的にしていたことをほめる。	振り返りカード
生かす	8　振り返りカードの記入の仕方を知る。 ○普段の生活の中で，今回学習したことを生かせるように奨励する。	・日常の中で，気持ちを分かちあっていけば素晴らしいことを伝える。	

図14－2 気持ちをわかって働きかける～ゲーム編～『体で伝えて！』

ゲームの流れ

子どもの活動	主な援助
1　気持ちをわかって働きかけるの4つのポイントをおさえる。	○ゲームを通して人の気持ちを知る練習をすることをつかませる。
2　『体で伝えて！』 ①グループごとに列を作って，教室の後ろに並ぶ。	○ルールは「伝言ゲーム」とほぼ同じ。言葉を使わず，体で伝えることを約束する。
②グループの1人だけを呼び，文章を聴いて覚えさせる。 ・待っている子どもは，耳をふさいでおく。 ③伝えられた子どもは次の子どもを呼び，身体表現のみで伝える。 ④最後の子どもは，伝えられたことを紙に書く。	○伝え終わった子どもには，うまく体で表現できたことをほめる。
3　本時の活動を振り返る。 ・グループで感想を話し合う。	○体での表現を分かることができたことと，その態度を評価する。

図14－3 気持ちのコントロール～ゲーム編～『天使さん助けて！ゲーム』

ゲームの流れ

子どもの活動	主な援助
1　気持ちのコントロール法をおさえる。	○ゲームを通して人の怒りの気持ちをコントロールする練習をすることをつかませる。
2　『天使さん助けて！』 ①2人組になり，いらいらしている子ども役と天使役になる。	○天子役は怒りコントロールを用いてアドバイスを与えることをつかませる。
②1人がいらいらしている場面を演じる。天使役は，気持ちを抑えるようアドバイスを与える。 ③役割を交代して違う場面を演ずる。	○それぞれの役に，うまく怒りをおさめることができたことをほめる。
3　本時の活動を振り返る。 ・2人組やグループで感想を話し合う。	○怒りをコントロールする方法をつかむことができたことと，その態度を評価する。

表14－4　気持ちのコントロール～授業編～

【ねらい】自分のイライラに気づき，気持ちを静め解決策を考えることで，感情をコントロールする方法を身につけさせる。

段　階	活動及び内容	指導上の留意点	資料・準備
つかむ	1　3つの約束について振り返る。 2　紙芝居を見て怒りについて考える。 　○いろいろな気持ち 　○周りの人との会話 3　本時のめあてを知る。 気持ちをコントロールする方法を知ろう。	・ジャイアンはすぐカッとなって，暴力をふるうというエピソードを聞かせる。 ・間違った怒り方をすると生じてくる問題について考える。 ・自分も他の人もなるだけ嫌な気持ちにならない方法を考えていくことを提案する。	表情カード めあてカード
気づく	4　人が怒る理由を知る。 5　気持ち（とくに怒り）のコントロールについて考える。 　○シグナルポスターを使ったコントロール法。 　赤…行動する前に考え深呼吸する。 　黄…どうすればいいか考える。 　青…実際に行動してみる	・怒りのメカニズムについて，図を用いて簡単に説明する。 ・実際に起こりそうな場面を見て解決方法を考えさせる。 ・赤で「止まれ」と言って深呼吸，黄色で「どうしたらいいかな？　こんな風にやってみよう」と考える，というように具体的につかませる。	シグナルポスター
やってみる	6　気持ちのコントロールの方法を練習する。 ・いらいらや腹が立ちそうな場面を設定し練習をする。	・シグナルポスターに基づき，気持ちを口に出しながら，適切な対処の練習を行う。	
振り返る	7　振り返りカードに記入し，本時の活動を振り返る。	・感情に応じた対処の仕方ができていたことを具体的に評価するとともに態度についてほめる。	振り返りカード
生かす	8　生活の中で，今回学習したことを生かせるように奨励する。	・感情をコントロールできれば，よりよい人間関係が築けることを押さえ，励ます。	

・笑わない

・冷やかさない

③生活場面に適した練習内容

　モデルや練習内容は，生活に適したものにし，普段の生活とかけ離れた活動にならないようにする。また，課題が平易すぎたり難しすぎたりしないようにする。

④適切な評価をこまめに

　教師はもとより，周囲の友だちからも適切な振る舞いに対して，適切な評価を与える。また，活動に対して，ひとつひとつ評価を与えることで，適切なフィードバックをさせるとともに，実践への意欲を持たせたい。

5．トークン強化法

　本研究では，訓練効果をより確実なものにするために，全員に対してトークン強化法を適用した。トークンカードとトークン（シール）を用意し，各セッションの終了時にトークンカードを提示して，シールの枚数が増えるように奨励した。ここでは，学習したスキルを1日に1度でも使用したと報告したら，担任教師から1日に1枚のシールが与えられた。トークンカードに提示されたすべての数のシールを集めると，手製のカレンダーが与えられた。

6．指導の結果

　図14－4～5は，学級全体の教師評定，図14－6は，学級全体の自己評定の平均得点を示したものである。

　・教師評定においては，社会的スキルの平均得点は増加し，訓練の効果が見られた。3カ月後も訓練直後の効果の維持が見られた。

　・教師評定における問題行動領域においては，訓練後に得点の減少が見られた。3カ月後も訓練直後の効果の維持が見られた。

　・自己評定においても，同様に訓練後増加が見られ，3カ月後も維持効果が見られた。

　教師評定においても自己評定においても，集団での社会的スキル訓練の効果が現れたことが示された。これは，多動不注意傾向の子どもに焦点を当てたターゲット・スキルによるSSTは，学級集団にも有効であることが示された。

　図14－7～8は，教師評定におけるA子の得点を示したものである。社会的

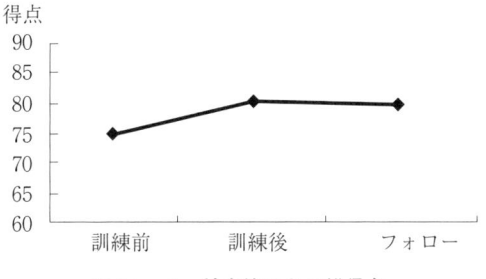

図14-4　社会的スキル総得点

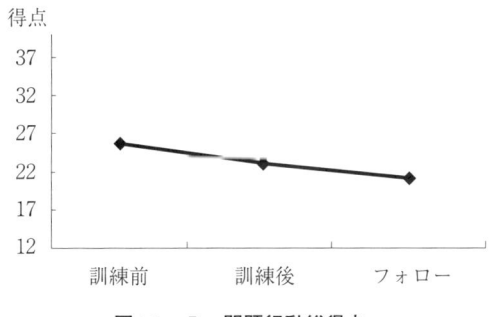

図14-5　問題行動総得点

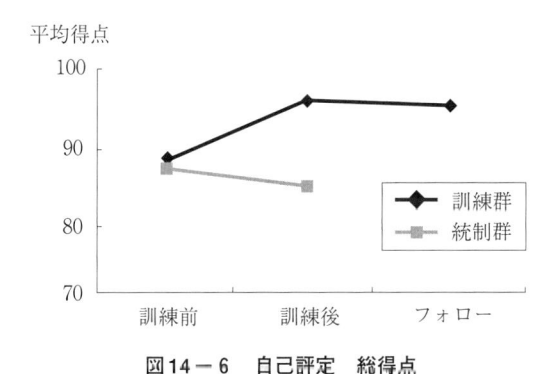

図14-6　自己評定　総得点

スキル得点，問題行動得点ともにポジティブな得点の変動が見られた。
　図14-9はA子の自己評定であるが，ここでも同様の効果が見られた。
　図14-10〜11は行動観察の結果を示したものである。ここでは，攻撃行動や

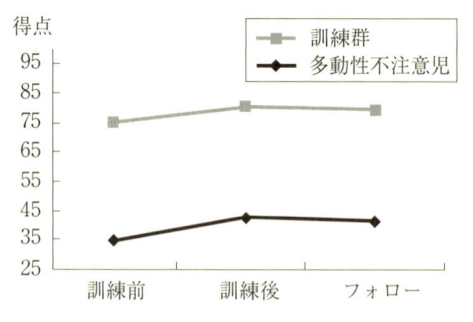

図14－7　社会的スキル総得点

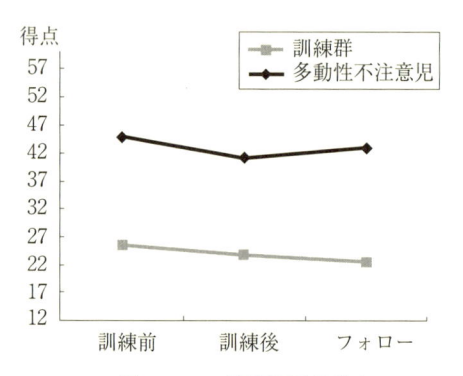

図14－8　問題行動総得点

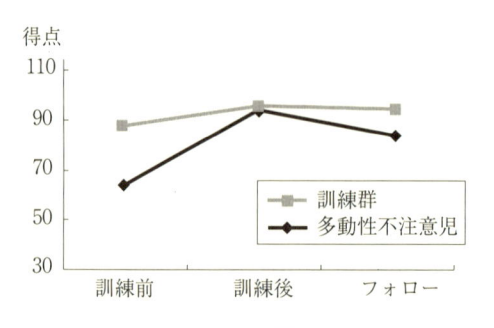

図14－9　自己評定総得点

孤立行動において大幅な減少がみられた。また，適切な応答や協調遊びが大幅に増加した。これらの結果から，尺度における得点の変動だけでなく，日常の行動

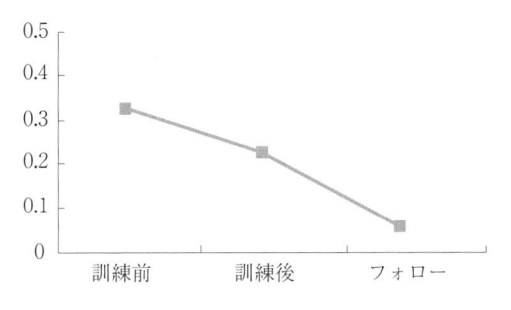

図14-10　身体的攻撃

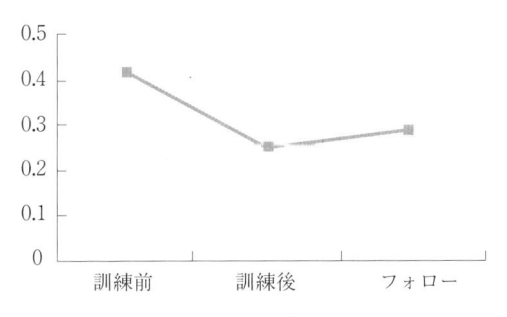

図14-11　言語的攻撃

面においても集団SSTが，A子にポジティブな効果をもたらしたことが確認された。

これらの結果から，集団SSTが，学級集団全体に対して適応されたばかりでなく，多動不注意傾向にある子どもについてもトレーニングの効果が現れたことが示された。

Ⅳ　今後の課題

わが国における集団SSTの実践例は徐々に増えてきているものの，さらに多くの実践を積み重ねていくことで研究結果を広く一般化できるように努める必要があるだろう。今後の課題は山積みだが，それらの中でもとくに重要であると考えられる点を以下に挙げる。

1点目は，実践計画の整備である。小学校においては，低学年と高学年に対する実践を同じように論じることはできないだろう。いずれは学年（発達段階）毎

に検討を加えた詳細な研究が行われる必要がある。

次に，効果判定の指標についての検討である。社会的適応の指標に関しては，孤独感（金山ら，2000a）や心理的ストレス（飯田ら，2001）等がすでに適用されているが，今後は集団SSTの有効性を反映するのに最適な指標は何であるのかを検討していく必要があるだろう。

3点目は，家庭や地域との連携である。社会的スキルが社会的場面全般に渡って必要なものであるならば，集団SSTの効果は学校場面に限定されることなく，家庭や地域に波及していくことが望まれる。ジョーンズ（Jones, et al., 1993）は，家庭場面への般化を促す取り組みとして，学校でのSSTに関する情報を親に伝え，家庭でのスキルの使用状況や改善の度合いを学校に報告してもらう"Home practice report"の使用を推奨している。

今後は，こうした学校規模あるいは家庭との連携を含めた地域ぐるみによる取り組みを展開していくことが望まれる。

文　献

藤枝静暁・相川充：学級単位による社会的スキル訓練の試み．東京学芸大学紀要1 (50)：13-22, 1999.

藤枝静暁・相川充：学級を対象とした社会的スキル訓練の効果に関する研究(3)――学級教授間の分析を中心として．日本教育心理学会第42回総会発表論文集，p.52, 2000.

後藤吉道・佐藤正二・高山巌：児童に対する集団社会的スキル訓練の効果．カウンセリング研究34：127-135, 2001.

後藤吉道・佐藤正二・佐藤容子：児童に対する集団社会的スキル訓練．行動療法研究26：15-24, 2000.

伊佐貢一・勝倉孝治：クラスワイド社会的スキル訓練が児童の学校ストレス軽減に及ぼす影響．日本教育心理学会第42回総会発表論文集，p.51, 2000.

石川芳子：小学校高学年における社会的スキルの向上を目指した援助のあり方．平成8年度東京教員研究生研究成果報告書，1997.

磯部美良・岡安孝弘・佐藤容子・佐藤正二：児童用社会的スキル尺度の作成．日本行動療法学会第27回論文集，pp.225-226, 2001.

金山元春・後藤吉道・佐藤正二：児童の孤独感低減に及ぼす学級単位の集団社会的スキル訓練の効果．行動療法研究26：83-96, 2000a.

小林正幸・相川充（編）：ソーシャルスキル教育で子どもが変わる，図書文化社，1999.

Maag, J.W.: Promoting social skills training in classrooms: Issues for counselors. The School Counselor, 42: 100-113, 1994.

Jones, R.N., Sheridan, S.M. & Binns, W,R.: Schoolwide social skills training: Providing

preventive services to at-risk. School Psychology Ouarterly, 8: 57-80, 1993.
松尾直博・新井邦二郎：児童の対人不安傾向と公的自己意識，対人的自己効力感との関係．Japanese Journal of Educational Psycology, 46: 21-30, 1998.
Merrell, K.W. & Gimpel, A.: Social skills of children and adolescents: Conceptualization, assessment, & treatment. Lawrence Erlbaum Associates, New York, 1998.
Ogilvy, C.M.: Social skills training with Children and adolescents: A review of the evidence on effective. Educational Psychology, 14: 73-83, 1994.
太田玲子・島田洋徳・神村栄一：小学生における主張訓練のストレス反応軽減効果．日本行動療法学会第25回発表論文集，pp.96-97，1999.
佐藤正二・佐藤容子・高山巌：引っ込み思案幼児の社会的スキル訓練――社会的孤立行動の修正――．行動療法研究19：1-12. 1993.
佐藤正二・立元真：児童生徒の対人関係と社会的適応・要望的介入．教育心理学年報38：51-63, 1999.
佐藤正二・佐藤容子・岡安孝弘・高山巌：子どもの社会的スキル訓練――現状と課題．宮崎大学教育文化学部紀要（教育科学）3：81-105, 2000b.
鈴木秀行・夏野良司・辻河昌登：小学生のための社会的スキル訓練（Social Skills Training）――学級における実践例の分析．日本教育心理学会第40回総会発表論文集，p.373, 1998.
渡辺朋子・佐藤正二・佐藤容子・岡安孝弘・立元真：児童・生徒の社会的スキル能力と学校適応に関する研究．研究報告書（未刊行），2000.
Wheller,V.A. & Ladd, G.W: Assesment of children's self-efficacy for social interaction with peers. Developmental Psycology, 18: 798-805, 1983.

第15章

中学校で行う集団SST

I 中学生を対象とした集団SSTの意義

　子どものSSTは，発達早期に実施することの重要性が多くの研究者によって指摘されている（たとえば，佐藤・金山，2001）。そのため，これまで学校における集団SSTは，主に小学校を中心に行われていたが，発達段階に応じて，それぞれの時期で指導していく重要性が最近になって指摘されはじめており，ここ数年において中学校でも集団SSTが活発に行われるようになってきている。中学生は，思春期にあたり，自分は他人からどうみられているかなどの自意識が高まり，内面の葛藤に満ちた時期である。また，中学生になると不登校生徒の数が急激に上昇する。中学校での不登校体験者を対象とした調査によると，不登校のきっかけとして「友人関係をめぐる問題」が45％ともっとも多く（現代教育研究会，2001），中学生の学校適応において友人関係がいかに重要であるかが伺われる。したがって，中学生に対して対人関係を営むのに必要な社会的スキルを指導することは，学校不適応を予防し，よりよい人間関係を築く上で大変重要であると考えられる。

　また，中学生は，身体的な成長に伴い思考など認知面での発達も著しいため，行動面でのスキルだけでなく，認知的な側面も指導に取り入れることができると考えられる。たとえば，社会的スキルの指導とあわせて問題解決スキルや怒りのコントロールなど，幅広いプログラムを組み合わせることが可能となる。

　この他，中学校でSSTを集団で行う利点としては，クラスの生徒全員を対象とすることで，中学校での固定化しやすい人間関係の幅を広げ，相互交流する機会を提供することができるという点が上げられる。また，個別や小集団でのSSTを中学校で実施することは，指導する人員や時間の確保，生徒自身が他の生徒の目を気にするなど，難しい問題が少なくない。そのため，クラス全体で実

施する集団SSTは，社会的スキルが不足していたり，何らかの原因によってそれをうまく使えないことによって不適応状態にある子どもたちへの支援という面からも有効であると考えられる。

このような理由から，最近，各地で中学校における集団SSTが行われはじめている。

Ⅱ 中学生を対象とした集団SSTに関する研究

前述のように，中学生を対象にした集団SSTに関する研究の数は，徐々にではあるが，年々増加してきている。たとえば山城・小泉（2001）は，中学校新入生を対象に入学直後の自然教室で集団SSTを行い，ストレス反応や学校適応感に及ぼす影響について検討している。その結果，社会的スキルの向上した生徒たちは，短期的にはストレス反応が低減し学校適応感は高くなったことを示している。また，渡辺・山本（2003）は，中学校1年生の1クラスを対象に4セッションからなる集団SSTを行っている。その結果，自己評定において統制クラスに比べて訓練クラスの「向社会性」（社会的スキルの下位因子）が上昇し，指導前に社会的スキルの自己認知が高かった生徒は自尊心も向上したことが報告されている。

さらに，学校規模での集団SSTの試みも始まっている。金山ら（2003）は，中学校1年生から3年生を対象に「あいさつ」，「積極的な聞き方」，「あたたかい言葉かけ」を指導目標に3セッションからなるクラス単位の集団SSTを行っている。その結果，目標スキルに得点の上昇がみられたものの，学校生活満足感には改善がみられなかったことが報告されている。

これらの研究はいずれも比較的短期間での集団SSTの実践報告である。それに対して江村・岡安（2003）は，中学校1年生の学年の年間計画に組み込んで，体系的な集団SSTを約半年間にわたり実践している。その詳細は次節で詳しく紹介する。

Ⅲ 中学生を対象とした集団SSTの実践例

前述の江村・岡安（2003）によって実施された，中学校1年生を対象にした集団SSTの実践内容は以下の通りである。

1．参加者

中学校1年生，4クラス133名（男子73名，女子60名）の生徒が参加した。

2．指導目標の選定

指導目標の選定は，先行研究を参考に中学校の教師と大学院生，心理学を専門とする大学教員で協議した。生徒の発達段階，学校生活を送る上での必要性，最近の生徒にみられる学校不適応や問題行動の実態を考慮して，①自己紹介，②仲間の誘い方，③あたたかい言葉かけ，④協力を求める，⑤お互いを大切にする，⑥上手な断り方，⑦気持ちのコントロールの7つを指導目標とした。各授業における指導目標とそのねらいは，表15−1に示した通りである。

3．SST実施準備

各クラスの担任教師が授業者となるため，教師に対するSSTについての研修を実施前と実施中の各1回，心理学を専門とする大学教員が行った。SSTの授業の前後では，毎回，指導内容や留意点の確認と授業の振り返りのために大学院生と教師による話し合いが行われた。また，授業内容がクラス間で一定に保たれるように，すべてのクラスが，共通の指導案を使用した。なお，その指導案は，関係教師と大学教員，大学院生が共同して作成したものであり，授業の実践方法について十分な共通理解が得られるまで話し合いを重ねた。

4．SSTの実施方法

各クラス単位で集団SSTを実施した。指導期間は6月から11月の約半年間であり，総合的学習の時間が利用された。

集団SSTの授業は1回100分で（50分授業×2），8回実施した。各クラス担任（4名）が授業者となり，各クラスにそれぞれ2名の大学院生が参加し，トレーナーとしてクラス担任をサポートした。

それぞれの授業は，①適切な社会的スキルを用いることの重要性についての説明，②問題となる場面の提示，③適切な社会的スキルのモデリング，④仲間との役割を交代しながら実施する行動リハーサルとフィードバックおよび社会的強化，⑤社会的スキルの使用を促す活動，⑥日常生活での社会的スキル使用の奨励の6つの要素から構成されていた。その際，中学生が対象であることから，社会的スキルの重要性や必要性などの教示部分に時間をかけ，社会的スキルを使用す

表15－1　SST実施計画と各回のねらい

セッション	実施日	指導目標	ねらい
1	6月3日	自己紹介	自分自身について考え，自分を他の人に伝えることができるようにする。
2	6月17日	仲間の誘い方	仲間に入ったり，誘うことの難しさや仲間に誘われたり，入れたときのうれしさを体験し，日常生活での友人関係の形成・拡張を促す。
3	7月15日	あたたかい言葉かけ	自分の発する言葉が，相手にどのような影響を与えるかに気づき，あたたかい言葉かけとは何かを知り，状況に応じた言葉かけができるようにする。
4	8月16日	協力を求める	体育祭や文化祭を前に，みんなで協力する大切さを知り，また適切に協力を求めることができるようにする。
5	9月30日	お互いを大切に	お互いの大切さを理解し，仲間はずれが起こらないような関係をつくる。
6	10月7日	上手な断り方	相手と対等な関係を形成するために，相手の要求に応じないことや応じたくないことを適切に断る方法とその正当性を学ぶ。
7	11月4日	気持ちのコントロール	自分のイライラに気づき，気持ちを静め，解決策を考えることで，感情をコントロールする方法を身につけさせる。
8	11月18日	まとめ	SSTについての理解と今後の社会的スキル使用の動機づけを高める。

ることによる利点や使用しないことによる不利益について焦点を当てるなどの認知的な側面の指導をより重視した。また，SSTの効果とその維持を促すために，社会的スキルの使用を促進する活動を組み込んだ構造化されたゲームなどの活動を取り入れた。

5．授業の構成

　各回の授業は，以下のような流れで構成されている。ここでは，第2回の「仲間の誘い方」を例に取り上げ説明する。この回の授業の指導案は表15－2に示してある。

　第2回では，適切に仲間を誘えるようになることを目的として行われた。最初に前セッションの「自己紹介」の復習と今回学習する「仲間の誘い方」のウォーミングアップをかねた活動を行った。ウォーミングアップでは，より多くの人に

表15－2　仲間の誘い方の指導案（その1）

【ねらい】仲間に入ったり，誘うことの難しさや，仲間に誘われたり，入れたときのうれしさを体験し，日常生活での友人関係の形成・拡張を促す。

学習指導過程　　　　　　　　　　　　　　　　　　　　　　　　　　　　　（50分×2）

時間	活動内容	主な指示と発問	教師の支援	準備
前時を振り返る	前時の確認をする。 1　約束事の確認 　　（10分）	○心の健康とこれからの授業との関連を話し合う。 ○この授業の時間は3つの約束事があることの確認をする。 ・笑わない ・恥ずかしがらない ・文句や悪口を言わない		体操服 約束カード
ウォーミングアップ15分	2　ウォーミングアップ活動	「ごちゃまぜビンゴ」というゲームをする。（班をつくる） ○ルールを説明する。 　このゲームは名前でビンゴをしようというゲームです。まず最初は，2人のペアを作って，お互いに質問しあって下さい。それで当てはまるものがあったら，相手に名前を書いてもらってください。 そして，次に他の人を探してください。原則として，1人に1つずつ書いてもらってください。当てはまるものがなくてもかまいません。1人の人が質問し終わったら，必ず相手の人の質問も聞いてください。 ○時間がきたら，終了の合図をして，感想を聞く。	ビンゴになることより，多くの人と話すことが大切なことを強調する。 1人でいる子どもをサポートする。 ビンゴになった子どもにはみんなで拍手をする。 楽しく行えたこと，普段話さない人とも話していたことなど，いい点を見つけてフィードバックする。	ビンゴ用紙
インストラクション5分	3　仲間の誘い方について考える	生徒が遊んでいる場面をたずねる。 「みんなは昼休み何してる？」 ・運動場で遊んでる ・教室で遊んでる ○運動場で遊んでいる時に遅れて入ってきた人がいました。その時みんなはどうしますか？ ・一緒にやろうって言う ・無視する ・入りたいって言ったら入れる ○ここで何も言われなかったら，遅れてきた人はどんな気持ちになるだろう？	何人かの生徒に指名または挙手で意見を聞く	

表15－2　仲間の誘い方の指導案（その2）

時間	活動内容	主な指示と発問	教師の支援	準備
インストラクション（つづき）		・さびしい ・つまらない ○みんなも誘われて嬉しかったこととか，誘われなくて寂しい思いをしたことがありますか？ ・ある ・ない 今日は上手な仲間の誘い方について考えてみよう。		
	4　場面を設定してロールプレイする	・体育館でバレーをしていた時に遅れて1人やってきました。		

【上手な仲間の誘い方のポイントを押さえられるように，各学級で展開の仕方を工夫する。】

モデリング 20分	〈例1〉 悪い例 ①遠くから小さい声で「一緒に遊ぼう／バレーはいらん？」 ②相手のほうをみないで「一緒に遊ぼう／バレーはいらん？」 いい例 ③すべてのポイントを押さえて ・相手の近くで ・相手を見て ・聞こえる声で ・笑顔で	生徒代表がロールプレイをする。代表が悪い例／いい例を示す 「○○さん／くん，私たち，今バレーボールしているんだけど，一緒に遊ばない？」 ①～③までをする ①の後，今のはどうだった？ ・遠くて誘ってるかわからない ・声が小さい じゃあどうしたらいい？ ・もっと近くで言う ・相手に聞こえる声で言う 今みたいに誘われたらどんな気持ちがするだろう？ ②の後，①の時と同様 ③の後，今のはどうだった？ よかった 良かった点は？ ○誘った方，誘われた方の気持ちを確認する。	代表者が前に出てロールプレイする。 上手な仲間の誘い方のポイントを掲示する。 ↓ 相手の近くで 相手を見て 聞こえる声で 笑顔で 上手な仲間の誘い方のポイントを押さえる→誰でも練習すれば（何度もやれば）できることを強調する。	紙風船またはボール 仲間の誘い方のポイント

（休　憩）

表15−2　仲間の誘い方の指導案（その3）

時間	活動内容	主な指示と発問	教師の支援	準備
		（休　憩）		
リハーサル① 20分	5　班で練習する（場面は昼休みにバレーをしている）	○今確認した上手な仲間の誘い方を押さえて班で練習してみよう。 ○プレートを役割ごとにつけさせる。 ○良かった点を言い合わせる。	なかなか動き出さない班から援助する。 誘う方も誘われる方も，1回ずつはできるようにする。 良かった点を強調してほめる。 班長，副班長が司会役になって進めさせる。	紙風船 ボール など プレート
リハーサル② 15分	6　スキルを使ったゲームをする	「テーマをあてよう」というゲームをする。 ○1人1枚キーワードの書かれたカードを配る。4人1組か5人1組で1つのテーマ（芸能人の名前やアニメなど）が連想されるようになっている。 ○「私／僕のカードは●●なんだけど，○○さん／くんのは何？」 「一緒のグループになろう」 「ちがうかなー」 などと言いながら，仲間を集めていく。 ○最後にそのキーワードから連想されるテーマをあてる		「テーマをあてよう」カード
フィードバック 15分	7　まとめ	○仲間を誘ってみてどうだった？ ○誘われる体験をしてみたどうだった？ ○振り返りシートに今日の授業の感想を書いてみよう	全体のよかったところを見つけて生徒にフィードバックする。	振り返りシート

話しかける必要があり，日常生活では，ほとんど会話をしない人にも声をかけ自分のことを話す機会を多く含むビンゴ活動を行った。また，自発的な働きかけができずにいる生徒には，トレーナーがプロンプトを与えたりして援助し活動に参加できるように配慮した。

次に生徒たちに「休み時間に集団で遊んでいる時に，遅れてきた人がいたらどうするか」という場面について考えるような発問がされた（前述の要素①）。このとき，生徒たち自身が同じ立場になったときにどのような気持ちがするかも合わせて考えさせた。その後，トレーナーと生徒によるロールプレイで問題場面の提示が行われ（要素②），次いで，トレーナーによるモデリングが行われた（要素③）。また，希望する生徒がいた場合には，生徒同士によるモデリングも行われた。その後，生徒は5～6名の小グループに分かれ，同じ場面での行動リハーサルをするよう求められた（要素④）。スキルが適切に使用されている班や生徒には，その都度，正のフィードバックや社会的強化が与えられた。さらに，仲間を誘うスキルを使う練習をするために「テーマをあてよう」という活動を取り入れた（要素⑤）。この活動は，1人1枚のカードをもち，5人そろうと芸能人や食べ物など何かのテーマが連想できるようになっており，テーマを予想しながら仲間を探していくという活動である。この活動も，特定の仲間関係にこだわらず，クラス内のさまざまな人に声をかけ仲間を誘っていくことで活動が成立するようになっていた。最後にまとめとして，生徒は日常生活において積極的に仲間の誘い方のスキルを使用するように教師から言語的な奨励をされた（要素⑥）。

6．指導の結果

SSTの効果を検討するために，介入前（5月），介入中（7月），介入後（11月），フォローアップ（3月）に，生徒に対して社会的スキル尺度と主観的適応状態を調べるための自己評定尺度（ストレス反応，学校ストレッサー，ソーシャルサポート，孤独感，不登校傾向）への回答を求めた。

その結果，社会的スキルを上昇または維持させている生徒は，参加生徒の75％であった。また，指導前から指導後にかけての社会的スキルの変化のパターンを調べるためにクラスター分析を行い，生徒を指導前・中・後の社会的スキルの獲得状況に応じて4つの群に分けた（図15-1）。これら4つの群において主観的適応状態が指導前から指導後にかけてどのように変化したかを調べたところ，社会的スキル上昇群（指導前は社会的スキルが低く，指導中から指導後にか

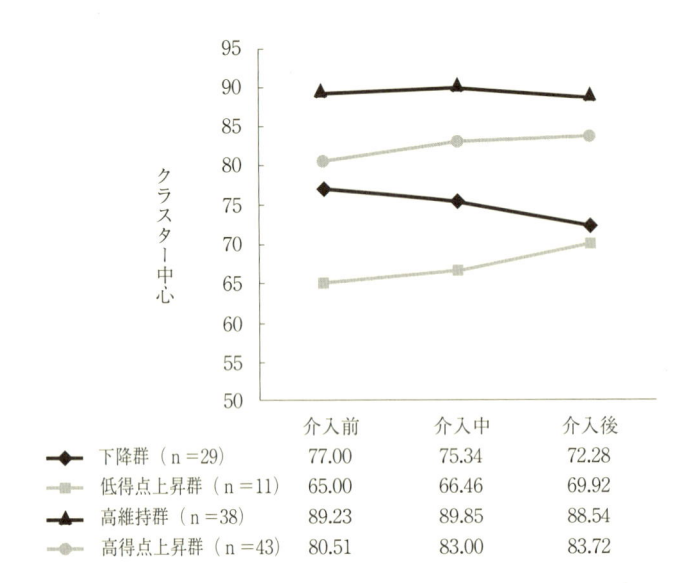

	介入前	介入中	介入後
◆─ 下降群（n=29）	77.00	75.34	72.28
─■─ 低得点上昇群（n=11）	65.00	66.46	69.92
▲─ 高維持群（n=38）	89.23	89.85	88.54
─●─ 高得点上昇群（n=43）	80.51	83.00	83.72

図15－1　各群の社会的スキル得点の変化

けて上昇した群）の生徒たちの孤独感が低下し，友人からのサポートの知覚が上昇していた（図15－2，図15－3）。しかし，一方社会的スキルが指導前から指導後にかけて低下した生徒には，主観的適応感の改善はみられなかった。この社会的スキルが下降した生徒の特徴をみてみると，指導前に攻撃性が強いという傾向がみられた。

これらのことから，中学校における集団SSTは，中学生の社会的スキルを促進し，主観的適応感の改善に一定の効果があることは示唆されたが，指導の効果には個人差が大きく，指導前に何らかの問題を抱えている生徒には指導の効果が及びにくいということも明らかになった。

Ⅳ　今後の課題

中学校における集団SSTの実践において，いくつかの課題があげられる。第1点目として習得した社会的スキルの般化の問題がある。集団SSTの授業中だけでなく，生徒が集団SSTで獲得した社会的スキルを日常場面で使っていくように援助していくことが重要になってくる。そのためには，授業時間だけでなく，

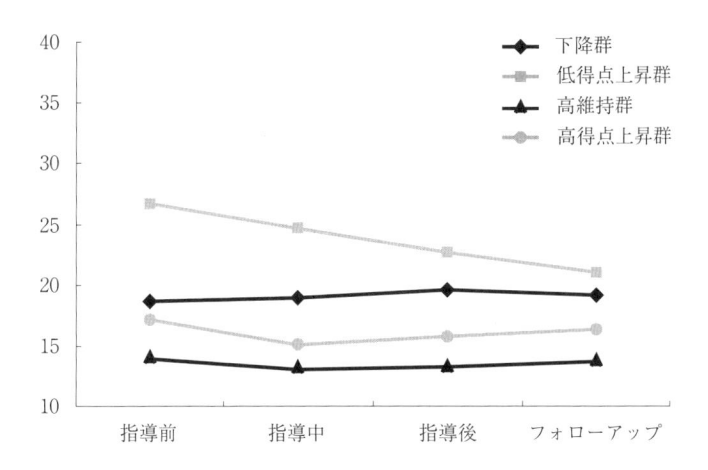

図15-2 社会的スキル各群の孤独感の変化

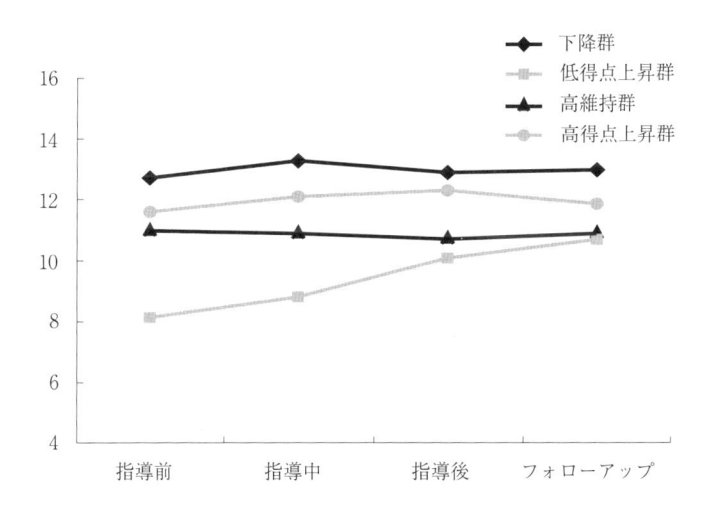

図15-3 社会的スキル各群の友人サポートの変化

他の場面でも生徒が社会的スキルを使っているときに周囲からの社会的強化などが継続して行われる必要がある。

また,第2点目として中学校の3年間は,仲間関係のあり方や情緒的変化の著しい時期であり,それに応じたSSTのプログラムが開発されることが必要であ

る。たとえば，学校規模で集団SSTを実施している中台ら（Nakadai, et al., 2004）と江村ら（Emura, et al., 2004）の一連の研究では，各学年の特徴に応じた集団SSTが行われている。全学年において3セッションからなる集団SSTが行われたが，1年生では，関係を作る社会的スキルを中心に，2，3年生では，授業後の時期に控えていた職場体験を前にして，職場体験に必要となる社会的スキルを指導している。このように今後，学校規模で集団SSTを実践する際には，各学年の心理的特徴やニーズに応じた集団SSTのプログラムを開発していく必要があるだろう。

文　献

Emura, R., Kanayama, M., Nakadai, S., Niimi, N., Isobe, M., & Maeda, K.: School-wide social skills training in a Japanese junior high school (3). World Congress of Behavioral & Cognitive Therapies, 2004.

江村理奈・岡安孝弘：中学校における集団社会的スキル教育の実践的研究．教育心理学研究 51：339-350, 2003.

現代教育研究会（代表：森田洋司）：「不登校の改善に関する実調査——平成5年度不登校生徒追跡調査報告書」文部科学省委託調査研究，2001.

金山元春・中台佐喜子・新見直子・斉藤由里・前田健一：中学校における学校規模の社会的スキル訓練．広島大学大学院教育学研究科紀要（教育人間科学）52：259-266, 2003.

Nakadai, S., Kanayama, M., Emura, R., Saito, Y., Morino, M., & Maeda, K.: School-wide social skills training in a Japanese junior high school (2). World Congress of Behavioral & Cognitive Therapies, 2004.

佐藤正二・金山元春：基本的な社会的スキルの習得と問題行動の予防．精神療法 27：240-253, 2001.

渡辺弥生・山本弘一：中学生における社会的スキルおよび自尊心に及ぼすソーシャルスキルトレーニングの効果——中学校および適応指導教室での実践——．カウンセリング研究 36：195-205, 2003.

山城幸恵・小泉令三：集団を対象とした社会的スキル訓練の実践——中学校新入生の宿泊研修において——．福岡教育大学心理相談室相談研究 5：61-76, 2001.

執筆者一覧

佐藤正二（宮崎大学教育文化学部）第1章，第5章
岡安孝弘（明治大学文学部）第2章，第15章
佐藤容子（宮崎大学教育文化学部）第3章，第6章
磯部美良（明治大学・日本学術振興会特別研究員）第4章
前田健一（広島大学大学院教育学研究科）第4章
野呂文行（筑波大学心身障害学系）第7章
涌井　恵（国立特殊教育総合研究所）第8章
杉山雅彦（広島国際大学人間環境学部）第9章
小野昌彦（奈良教育大学教育実践総合センター）第10章
嶋田洋徳（早稲田大学人間科学学術院）第11章
富家直明（宮崎大学教育文化学部）第12章
金山元春（広島大学大学院教育学研究科）第13章
後藤吉道（宮崎県国富町立本庄小学校）第14章
江村理奈（広島大学大学院教育学研究科）第15章

■編者略歴

佐藤正二（さとう・しょうじ）
宮崎大学教育文化学部教授。広島大学大学院博士課程前期（教育心理学）修了。
主な編著書・訳書に，『実践！ ソーシャルスキル教育 小学校編――対人関係能力を育てる授業の最前線』（共編，図書文化社），『心理療法と行動分析――行動科学的面接の技法』（共訳，金剛出版），『臨床心理学 ベーシック現代心理学』（共著，有斐閣），『子ども援助の社会的スキル――幼児・低学年児童の対人行動訓練』（共訳，川島書店），『子どもの社会的スキル訓練――社会性を育てるプログラム』（共訳，金剛出版）などがある。

佐藤容子（さとう・ようこ）
宮崎大学教育文化学部教授。広島大学大学院博士課程前期（教育心理学）修了。
主な編著書・訳書に，『心理療法と行動分析――行動科学的面接の技法』（共訳，金剛出版），『臨床心理学 ベーシック現代心理学』（共著，有斐閣），『子ども援助の社会的スキル――幼児・低学年児童の対人行動訓練』（共訳，川島書店），『子どもの社会的スキル訓練――社会性を育てるプログラム』（共訳，金剛出版）などがある。

学校におけるSST実践ガイド
子どもの対人スキル指導

2006年3月31日　発行
2009年1月31日　四刷

編　者　　佐藤　正二
　　　　　佐藤　容子
発行者　　立石　正信

発行所　株式会社 金剛出版
印刷・あづま堂印刷　製本・河上製本
〒112-0005　東京都文京区水道1-5-16
電話03-3815-6661　振替00120-6-34848

ISBN978-4-7724-0906-3 C3011　　Printed in Japan　©2006

特別支援教育の理論と実践
（全3巻）

特別支援教育士資格認定協会【編】
上野一彦・竹田契一・下司昌一【監修】

日本LD学会・特別支援教育士資格認定協会の総力を結集した特別支援教育士（S.E.N.S）養成テキスト！

全国3万4,000の小中学校で本年4月より特別支援教育がスタートする。その中心的役割をになうべき特別支援教育士（S.E.N.S）養成のために編まれた指導教科書が本書である。

各領域の第一線で活躍する執筆陣により，特別支援教育を実践していく上での必要な知識と情報が網羅されている。

教育関係者はもとより，学校医やスクールカウンセラー等医療心理関係，行政・福祉領域等々，特別な支援を必要とする子どもたちをとりまく全ての方々に，よりよい特別支援教育のための必携書。

I巻　概論・アセスメント
責任編集：上野一彦・牟田悦子・宮本信也・熊谷恵子
B5判　並製　200頁　定価2,520円

II巻　指　導
責任編集：竹田契一・大石敬子・花熊　曉
B5判　並製　230頁　定価2,730円

III巻　特別支援教育士（S.E.N.S）の役割・実習
責任編集：下司昌一・緒方明子・里見恵子・小西喜朗
B5判　並製　150頁　定価2,100円

価格は消費税込み（5％）です

子どもの社会的スキル訓練

J・L・マトソン，T・H・オレンディック著
佐藤容子・佐藤正二・高山　巖訳
Ａ５判　180頁　定価3,150円

　本書では，社会的スキルの定義，研究の発展，アセスメントの方法を解説し，行動理論に基づいた認知－社会的学習アプローチを実際のセッションを通して詳述している。さらに，精神遅滞，視覚聴覚障害等の障害児への応用も紹介。これから社会的スキル訓練を学ぼうとする初心者にとって本書は，その実践応用のための学習マニュアルとして最適の書といえよう。実践適用のための『マトソン年少者用社会的スキル尺度：MESSY』も収録した。

子どもの対人スキルサポートガイド
感情表現を豊かにするSST

小林正幸・宮前義和編
Ａ５判　200頁　定価2,625円

　基本的な対人スキルからさまざまな問題の解決方法の身につけ方まで，行動のみのソーシャル・スキルにとどまらず，子どもたちの感情・思考へのアプローチもふまえたサポート方法を詳述。
　各章では，対人スキルのアセスメント方法から，学習メカニズムの理論，そして心理療法の視点をふまえ，教室でできるソーシャル・スキル・トレーニング（SST）をわかりやすく解説した。指導シナリオ集・対人スキルのアセスメント器具も収載。

事例から学ぶSST実践のポイント

東京SST経験交流会編（編集代表　舳松克代）
Ａ５判　216頁　定価2,625円

　「SSTをやりたいけれど，どんな風に始めればいいの？」「メンバーにあった課題設定や効果的な練習の方法が知りたい」。このような現場の要望に応えて，「やっていて楽しいSST」「受けてよかったと思ってもらえるSST」を目指す若手実践家が，事例を通してSST実践のポイントと工夫を紹介します。
　全24ケースに登場する援助者・メンバーの生き生きとした姿に出会うと，明日からのSSTがもっと楽しくなるでしょう。

価格は消費税込み（5％）です

子ども相談・資源活用のワザ
衣斐哲臣著　「テクニック」とそこにある「考え方」を，初学者でもわかりやすいように，子どもと家族が直面する事例を通じて考える。　2,940円

子どもと若者のための認知行動療法ガイドブック
P・スタラード著／下山晴彦訳　認知行動療法の，幼少期から思春期・青年期にかけての子どもへの適用について書かれた実践的なガイドブック。　2,730円

軽度発達障害
田中康雄著　「軽度発達障害」という深刻な「生きづらさ」に，ともに繋がりあって生きることを目指してきた児童精神科医の中間報告。　3,990円

認知療法の技法と実践
大野　裕著　精神分析的治療から統合的治療の中における認知療法へと到達した著者の精神療法経験を集大成。精神療法技法を学べる優れた臨床書。　3,780円

心理療法と生活事象
村瀬嘉代子著　クライエントのためにという視点を優先し，百花繚乱の心理療法において屹立する，著者の統合的アプローチへ到る思索と実践の軌跡。　3,360円

子育て支援と世代間伝達
渡辺久子著　乳幼児期〜思春期の各段階で起こる問題を，母子の関係性の障害とし，「世代間伝達」の視点から捉えることで問題の理解と支援を説く。　3,360円

カウンセラー日誌
下司昌一著　教育相談室を舞台にした13の事例を紹介。著者の考えるカウンセリングのあり方を知り，カウンセリングの要諦にふれることができる。　2,310円

発達障害児への心理的援助
鶴　光代編　第一人者がその心理的援助の可能性を探る。発達障害児が抱える問題に対し，さまざまな観点からアプローチし，解決の糸口を導く。　2,940円

発達障害と少年非行
藤川洋子著　事件を多角的に見ることによって不可解さの要因を解明し，非行少年の適切な処遇につなげたいとした著者渾身の論文集。　3,360円

必携 臨床心理アセスメント
小山充道編著　国内で利用される100弱の心理テストについて，詳細な解説と例，ワンポイント・アドバイス等が示された心理テストの大全集。　8,925円

臨床心理アセスメント入門
下山晴彦著　臨床心理アセスメントの進め方を，最新の知見も交えて解説しており，総合的に心理的問題を把握するための枠組みが理解できる入門書。　3,360円

境界性パーソナリティ障害(日本版治療ガイドライン)
牛島定信編　厚生労働省が設置した研究班の6年間の成果を，一般の臨床家向けに書き下ろした。臨床現場で実践可能なガイドラインをめざす。　3,570円

新訂増補 青少年のための自殺予防マニュアル
高橋祥友編著／新井　肇，菊地まり，阪中順子著　学校における相談体制，教師のバーンアウト対策にも言及し，現場で働く人々のニーズに応える。　3,360円

詳解 子どもと思春期の精神医学
中根晃・牛島定信・村瀬嘉代子編　実践的臨床に役立つ内容を重視しながら，児童精神医学の領域の知見を広く，深く集積したリーディング・テキスト。　21,000円

臨床心理学
最新の情報と臨床に直結した論文が満載
B5判160頁／年6回（隔月奇数月）発行／定価1,680円／年間購読料10,080円
（送料小社負担）

精神療法
わが国唯一の総合的精神療法研究誌
B5判140頁／年6回（隔月偶数月）発行／定価1,890円／年間購読料11,340円
（送料小社負担）

価格は消費税込み（5％）です